Reihe Praxis Deutsch
Herausgegeben von Jürgen Baurmann
und Clemens Kammler

Karla Müller

# Hörtexte im Deutschunterricht

Poetische Texte hören und sprechen

**Klett | Kallmeyer**

Einleitung: Zum Themenspektrum des Bandes ........................................................ 8

**1 Grundlagen** ............................................................................................................ 11

1.1 Hörtexte: auditive Literatur im Wandel ...................................................... 12

1.2 Die Lesung ...................................................................................................... 16

    1.2.1 Stimme und Schrift: Sprechausdruck von Geschriebenem .............. 16

    1.2.2 Die Lesung im Hörmedium ................................................................ 24

1.3 Das Hörspiel .................................................................................................. 26

    1.3.1 Formen und Literaturcharakter des Hörspiels ................................. 26

    1.3.2 Elemente des Hörspiels ..................................................................... 29

1.4 Literarische Hörangebote für Kinder und Jugendliche –
Medien und Rezeption im Wandel ............................................................... 31

    1.4.1 Hörangebote im Radio ...................................................................... 31

    1.4.2 Hörangebote auf Kassetten und CDs ................................................ 32

    1.4.3 Hörangebote als MP3-Dateien und Download-Angebote ................ 34

    1.4.4 Nutzung, Rezeptionsweisen und Gratifikationen ............................ 35

1.5 Hörtexte und Textverstehen ......................................................................... 38

    1.5.1 Hören und Hörverstehen ................................................................... 38

    1.5.2 Hörverstehen und Leseverstehen im Vergleich ............................... 42

    1.5.3 Hörverstehen poetischer Texte ......................................................... 45

    1.5.4 Sprechgestalten und Textverstehen ................................................. 49

**2 Hörtexte im Literaturunterricht** ........................................................................ 57

2.1 Hörtexte und Entwicklung ............................................................................ 58

    2.1.1 Hören und Literacy ............................................................................ 58

    2.1.2 Hörtexte und Lesekompetenz ........................................................... 62

    2.1.3 Einschätzung und „Passung" von Hörmedien ................................. 65

2.2 Hörtexte und literarische Kompetenz .......................................................... 74

    2.2.1 Poetische Texte verstehen lernen ..................................................... 75

    2.2.2 Poetische Texte ästhetisch wahrnehmen und genießen .................. 81

    2.2.3 Durch Hörtexte am literarischen Diskurs teilhaben ....................... 81

    2.2.4 Erwerb literarischer Kompetenz im Medienverbund ...................... 83

2.3 Hörtexte in den KMK-Standards und Aufgabenkultur ............................... 85

2.4 Poetische Texte hören .................................................................................. 88

    2.4.1 Zuhören vorbereiten ........................................................................... 88

    2.4.2 Eine *Face-to-Face*-Lesung hören, Kindern und Jugendlichen vorlesen und
          Vorlesegespräche führen ..................................................................... 92

    2.4.3 Ein Hörbuch zu einem Bilderbuch hören ........................................... 98

    2.4.4 Hören (Hörmedium) ohne Lesen ........................................................ 99

    2.4.5 Simultanes Hören und Lesen ............................................................ 101

    2.4.6 Hören und Lesen im Wechsel ........................................................... 102

    2.4.7 Hörtexte und Hörmedien beschreiben .............................................. 102

    2.4.8 Ein Hörspiel hören .......................................................................... 103

    2.4.9 Einen Roman hören, ein Hörtagebuch führen ................................... 105

    2.4.10 Lyrik mittels eines Hörmediums hören ............................................ 106

    2.4.11 Dramatische Texte mittels eines Hörtextes erschließen ................... 107

    2.4.12 Hörtexte und Hörmedien bewerten und präsentieren ....................... 108

    2.4.13 Schülerleistungen beurteilen .......................................................... 109

    2.4.14 Rechtliche Fragen .......................................................................... 115

2.5 Poetische Texte hörbar machen und sprechen ............................................ 116

    2.5.1 Lautleseverfahren ............................................................................ 116

    2.5.2 Sprechgestaltung vorbereiten .......................................................... 116

    2.5.3 Eine Sprechfassung erarbeiten ........................................................ 118

    2.5.4 Poetische Texte vorlesen ................................................................. 122

    2.5.5 Poetische Texte vortragen ................................................................ 123

    2.5.6 Poetische Texte szenisch sprechen .................................................. 125

    2.5.7 Eine Lesung auf Hörmedium erstellen .............................................. 127

    2.5.8 Ein Hörspiel erstellen ...................................................................... 130

    2.5.9 Eigene Hörmedien präsentieren ....................................................... 134

    2.5.10 Schülerleistungen beurteilen .......................................................... 136

**3 Praxisbeispiele** ............................................................................................ 147

3.1 Die Praxisbeispiele im Überblick ................................................................ 148

3.2 Praxisbeispiele für das 1. und 2. Schuljahr ................................................ 148

    3.2.1 Ein Hörbuch zum Bilderbuch hören
          (Martin Waddell, Barbara Firth: *Gehen wir heim, kleiner Bär*) ............. 148

3.2.2 Ein Gedicht hören und gestaltend sprechen

(Paula Dehmel: *Rumpumpels Geburtstag*) .................................................. 149

3.2.3 Zu Sprache und Musik Imaginationen entwickeln

(Brüder Grimm: *Der Froschkönig*) ............................................................ 150

3.3 Praxisbeispiele für das 3. und 4. Schuljahr ............................................................ 152

3.3.1 Ein mehrsprachiges Hörspiel hören

(Gcina Mhlophe: *Der Zauber der Schildkröte*) ......................................... 152

3.3.2 Kurzprosa hören und sprachlich gestalten

(Nach Hermann Bote: *Wie Till Eulenspiegel in einen Bienenkorb kroch*) ......... 154

3.3.3 Lautpoesie hören und experimentierend sprechen

(Christian Morgenstern: *Das große Lalulā*) .............................................. 155

3.4 Praxisbeispiele für das 5. und 6. Schuljahr ............................................................ 157

3.4.1 Ein Krimi-Hörspiel hören und im Internet kommunizieren

(Hamburger Bürgerschaft Hrsg.: *Die Alster-Detektive: Giftige Lieferung*) ......... 157

3.4.2 Einen Balladen-Rap hören und sprechen

(Theodor Fontane: *Herr von Ribbeck auf Ribbeck im Havelland*) ............. 158

3.4.3 Buch und Hörspiel vergleichen (Cornelia Funke: *Gespensterjäger auf*

*eisiger Spur*) ............................................................................................... 160

3.5 Praxisbeispiele für das 7. und 8. Schuljahr ............................................................ 162

3.5.1 Buch-Hörspiel und Film-Hörspiel vergleichen (Kurt Held: *Die rote Zora*) ......... 162

3.5.2 Klassische Stoffe über das Hören kennenlernen

(Friedrich Schiller: *Wilhelm Tell*) ............................................................. 164

3.5.3 *Spoken Word Poetry* kennenlernen und mitmachen

(Bas Böttcher: *Sommersonne*) ................................................................. 165

3.6 Praxisbeispiele für das 9. und 10. Schuljahr .......................................................... 166

3.6.1 Ein klassisches Hörspiel hören

(Max Frisch: *Herr Biedermann und die Brandstifter*) ............................... 166

3.6.2 Ein modernes Gedicht über die Hörfassung erschließen

(Albert Ostermaier: *fernsehabend*) .......................................................... 167

3.6.3 Ein Originalton-Hörspiel hören (Ror Wolf: *Rückblick auf große Tage*) ......... 169

3.7 Praxisbeispiele für das 11. und 12. Schuljahr ........................................................ 171

3.7.1 In die literarische Welt eines Autors eintauchen (Franz Kafka: *Das Schloss*) ... 171

3.7.2   Sprechfassungen im historischen Wandel vergleichen
(Johann Wolfgang Goethe: *Prometheus*) ............................................... 173

3.7.3   Die Angemessenheit einer Sprechgestaltungs-Interpretation beurteilen
(Johann Wolfgang Goethe: *Gingo biloba*) ............................................. 176

**4  Anhang** ............................................................................................................ 179

4.1  Literaturverzeichnis ........................................................................................ 180

4.2  Initiativen, Quellen, Tipps ............................................................................... 193

4.2.1   Initiativen ............................................................................................ 193

4.2.2   Spielerische Hörschulung ................................................................... 193

4.2.3   Wettbewerbe, Hörspielproduktion ...................................................... 194

4.2.4   Rechtliche Fragen ............................................................................... 194

4.2.5   Orientierungshilfen, Preise ................................................................. 194

4.2.6   Download-Portale ............................................................................... 195

4.2.7   Radioangebote .................................................................................... 195

4.2.8   Apps ................................................................................................... 196

4.3  Synopsen zu den in Kapitel 3 behandelten Hörtexten ....................................... 198

4.3.1   Synopse der behandelten Hörtexte nach Kompetenzen und Aspekten des
literarischen Lernens ......................................................................... 198

4.3.2   Synopse der behandelten Hörtexte nach Gattungen und Formen .......... 200

4.4  Arbeitsblätter ................................................................................................. 202

4.5  Übersicht über die Materialien auf der CD ....................................................... 214

# Einleitung: Zum Themenspektrum des Bandes

Es ist fast 40 Jahre her, dass Werner Klose (1974) und Birgit Lermen (1975) sachkundige Monografien zur Didaktik des Hörspiels vorlegten. Damals hatte die Diskussion um das „Neue Hörspiel" das Interesse geweckt. Die beiden Monografien stellten einen deutlichen Fortschritt gegenüber den Anfängen der Hörspieldidaktik in den 50er und 60er Jahren dar, aber schon Mitte der 80er Jahre wurde es wieder ruhig um das Thema Hörspiel im Deutschunterricht. Der Siegeszug der audiovisuellen Medien, allen voran Film und Fernsehen, ließ eine Kunstform, bei der es keine bunten bewegten Bilder zu sehen gab, alt aussehen. Im Leben der Schülerinnen und Schüler schien das Hörspiel nur noch in der Form „akustischen Schrotts" (Dringenberg 2001, S. 674) fortzuleben – als nicht recht ernst zu nehmende Kinderkassetten für die Kleinsten und triviale Krimireihen (die man heute differenzierter sieht). 1991 versah Gerhard Haas zwar den Titel seines deutschdidaktischen Artikels „Das Hörspiel – die vergessene Gattung?" mit einem Fragezeichen, doch hätte er ebenso gut ein Ausrufezeichen setzen können.

Es ist das Verdienst vor allem von Heinz-Jürgen Kliewer (1984, 1988) in den 80er Jahren und Jutta Wermke ab Mitte der 90er Jahre, das Thema Hören im Deutschunterricht grundsätzlicher gedacht und damit ein Fenster aufgestoßen zu haben, durch das wir dieses Thema bis heute umfassender wahrnehmen. Kliewer sprach von „Texten zum Hören" – was viel mehr umfasst als nur Hörspiele, sondern auch Lesungen und Reden einschließt. Es geht um auditive Texte schlechthin und deren Bedeutung für den Deutschunterricht. Wenn man bedenkt, wie vergleichsweise gering entwickelt 1984 die technischen Möglichkeiten waren und wie arm der Hörmedienmarkt damals war, muss man von einer „Vision" sprechen, die sich erst in den letzten 10 Jahren zu erfüllen begann. Jutta Wermke (1997) schließlich stellte zum einen das Hören in eine in den Deutschunterricht integrierte Medienerziehung. Zum anderen steht ihr Werk für die Konzeption einer umfassenden Hörerziehung/Hörästhetik für alle Schularten und -stufen, die die Gegenstandsbereiche „Welt", „Literatur" und „mündliche Kommunikation" in den Vermittlungsarten „verbal/nonverbal", „auditiv-medial" und „musikalisch/theatralisch" erfasst (zusammenfassend Wermke 2010, S. 186). Dieser umfassende Ansatz begreift „Hörästhetik" als einen Bereich mit Eigenwert, der über die klassischen Zielsetzungen des Deutschunterrichts hinausreicht und auch nichtsprachliche Phänomene einschließt (zuerst: Wermke 1995a und b, viele weitere Publikationen).

Nicht nur seitens der Deutschdidaktik wurde „Hören" neu ins Gespräch gebracht, auch von außen drängte sich das Thema auf. Seit gut 15 Jahren erleben wir eine öffentliche und private Renaissance des Hörens – kulturwissenschaftlich gesehen sehr erstaunlich –, ablesbar an Inszenierungen von Hörerlebnissen, vor allem aber an den Produktions- und Verkaufszahlen von Hörbüchern und der Nachfrage nach entsprechenden Download-Angeboten. Es gibt offensichtlich eine neue Lust am Hören über alle Generationen hinweg. Noch nie war der Markt an attraktiven, qualitätvollen und leicht zugänglichen Texten zum Hören größer, wie selbstverständlich erscheinen Hörmedien im Verbund mit Buch und Film, Hörtexte sind in unterschiedlichsten medialen Varianten präsent.

So war es ein wenig überraschender Zufall, dass 2004 gleich vier Zeitschriften deutschdidaktische Themenhefte dem Hören widmeten, davon zwei explizit dem Hören von Literatur: „Literatur hören und hörbar machen" (*Praxis Deutsch*, H. 185, hrsg. von Müller) und „Literatur hören" (*Der Deutschunterricht*, H. 4, hrsg. von Seibert/Hachenberg). Eine Fülle von Unterrichtsmodellen wurde seither publiziert. CDs mit Tondokumenten als Bestandteil von Zeitschriften sind keine Seltenheit mehr. Audio-CDs werden auch passend zu Schulbüchern produziert. Eines durchzieht dabei fast alle neueren Publikationen wie ein roter Faden: Zum Hören gehört auch das Hörbar-Machen (z. B. Hagen/Huber 2010, S. 185), sei es das eigene gestaltende Sprechen, sei es das Herstellen von Geräuschen zu Texten oder Ähnliches. Wie die berühmten zwei Seiten derselben Medaille entfalten beide Aktivitäten erst im Wechselspiel ihr didaktisches Potenzial.

Deutlich wurde: Hörmedien sind ein wieder- und neu zu entdeckendes Thema für den Deutschunterricht – gleichwohl wäre es ein Trugschluss gewesen, aus der puren Existenz von Hörbüchern schon die Notwendigkeit einer Befassung mit ihnen abzuleiten. Zu fragen ist nach der Bedeutung der Gegenstände für den Kompetenzaufbau. Deutlicher als früher sehen wir die Relevanz des Hörens für zentrale Prozesse im Lese- und Literaturunterricht und leiten daraus aus deutschdidaktischer Perspektive die Legitimation einer Beschäftigung mit Hörmedien ab. Keineswegs geht es um eine neue „Mystifizierung des Hörens" und ein Ausweichen vor der „Mühsal des Lesen- und Schreibenlernens" (Brenner 2006, S. 234). Im Gegenteil: Im Gefolge der von „PISA" angestoßenen Forschungen zur Lesekompetenz und Lesemotivation widmeten sich auch empirische Forschungsvorhaben dem Thema „Hören" und erbrachten aufschlussreiche Ergebnisse.

So ist das Themenspektrum des vorliegenden Bandes zwar umfangreich, kann aber auch sinnvoll eingegrenzt werden:

▸ „Hörtexte" meint hier beides: Texte zum Hören und Texte, die zu Gehör gebracht werden (im ersten Fall rezipieren die Schülerinnen und Schüler einen Text auditiv, im zweiten Fall produzieren sie einen akustischen Text).

▸ „Hörtexte" werden im vorliegenden Band ausschließlich im Kontext des Literaturunterrichts gesehen. Dabei werden die Begriffe „poetische Texte", „literarische Texte" und „Literatur" synonym gebraucht. Von welchem Literaturbegriff wird ausgegangen? Zum einen zählen dazu alle Texte der klassischen Gattungstrias Lyrik, Epik und Dramatik, die gedruckt vorliegen und in irgendeiner Form zu Gehör gebracht werden können. Zum anderen zählen dazu eigenständige auditive Kunstformen wie Hörspiele und *Spoken Word Poetry*, deren Literaturcharakter sowie mediale und performative Besonderheiten am gegebenen Ort zu reflektieren sind. Zumindest etwas Sprache muss jedoch immer dabei sein; komplett nichtsprachliche Klang-„Texte", zum Beispiel *Soundscapes* oder Ähnliches, sollen hier ausgeschlossen werden (übereinstimmend mit Kliewer 2002a, S. 167, anders als Wermke 1995b).

▸ Durch die Beschränkung auf poetische Texte ist die Verwendung von „Hörtext" in dem vorliegenden Band auch enger, als dies zum Beispiel in der Fremdsprachendidaktik oder neuerdings auch in Vergleichstests in Deutsch der Fall ist, wo es auch um mündlich vermittelte Texte der Alltagskommunikation und Sachtexte jeglicher Art geht. Ferner ist literarisches Verstehen eine andere Zielkompetenz als das bloße Hörverstehen, auch wenn es auf diesem aufbaut.

▸ Dezidierte Radioarbeit bleibt im Rahmen dieses Buches ausgespart, weil Radio wesentlich mehr enthält als nur Auseinandersetzung mit Literatur. Hier musste eine Grenze gezogen werden, auch wenn das Radio als Publikationsort eigener Hörprodukte infrage kommt.

▸ „Hörtexte im *Deutsch*unterricht" meint im Rahmen dieses Buches, dass Deutsch Erstsprache ist oder vergleichbar gut beherrscht wird. Eine systematische Befassung mit Hörtexten im Rahmen von Deutsch als Zweitsprache oder Deutsch als Fremdsprache kann hier nicht geleistet werden.

Es geht um Literatur für das Ohr. Aber das Ohr ist auch selbst Thema in der Literatur. Dort finden wir es als Symbol für Aufmerksamkeit, für Erkenntnis, für Erinnerung und für Lust (Butzer/Jacob 2008, S. 256f.): Möge dieses Buch dazu beitragen, dass diese vier Bereiche in einem Literaturunterricht, der Hörtexte einbezieht, vertreten sind!

Passau, im Dezember 2011
Karla Müller

# 1 Grundlagen

## 1.1 Hörtexte: auditive Literatur im Wandel

Wenn man danach fragt, wie Literatur rezipiert wird, antworten wohl die meisten Menschen spontan: durch (stilles) Lesen. Das *laute* Lesen scheint für Spezialfälle reserviert zu sein. Man hat in der Schule reihum gelesen (und oft keine guten Erinnerungen daran) und man liest kleinen Kindern vor. Selbst in die Hörerrolle zu schlüpfen, schien lange Zeit eine etwas angestaubte Art der Literaturbegegnung, praktiziert von älteren Herrschaften, die Dichterlesungen besuchen, in denen es weihevoll zugeht. Mit der massenhaften Produktion und Verbreitung von Hörbüchern hat sich das verändert. Aber der Grund scheint oberflächlich: „Double your time", heißt die Devise von Menschen, die lange im Auto sitzen oder am Bügelbrett stehen, also mit eintönigen Tätigkeiten beschäftigt sind – ein Effizienzdenken, das wenig mit dem angeblich „eigentlichen", konzentrierten Lesen von Literatur gemeinsam hat. Doch diese Betrachtungsweise führt auf die falsche Spur. Lautes Lesen und Hören haben kulturgeschichtlich essenziell mit Literaturwahrnehmung zu tun. Das ist für eine Selbstvergewisserung gegenwärtigen deutschdidaktischen Tuns von Bedeutung. Ein kleiner – notwendig selektiver – Rückblick mag dies illustrieren. Dabei liegt die Konzentration auf dem Wechselspiel von Hören und Lesen, hingegen wird die Überlieferung von rein mündlicher Literatur (z.B. nicht verschriftete mündliche Erzählungen) ausgeklammert.

„Der Deutsche liest nicht laut, nicht für's Ohr, sondern bloss mit den Augen: er hat seine Ohren dabei in's Schubfach gelegt. Der antike Mensch las, wenn er las – es geschah selten genug – sich selbst etwas vor, und zwar mit lauter Stimme; man wunderte sich, wenn Jemand leise las und fragte sich insgeheim nach Gründen", wusste schon Nietzsche (*Jenseits von Gut und Böse*, Nietzsche 1980, S. 190). In der Tat waren Epos und Lyrik zum Hören bestimmt, wie Ueding (1998) dargelegt hat. Autorinnen und Autoren konzipierten ihre Werke auf die akustische Wirkung hin, in der Ausbildung hatte die „*auditio*" einen wichtigen Platz und auch noch als die Werke schriftlich fixiert wurden, las man in der Regel laut entweder allein oder kollektiv als „gemeinschaftsstiftendes Erleben" (S. 52f.). So wurden „Hören" und „Lesen" noch in der Spätantike synonym gebraucht (S. 51–53). Als das laute Lesen später nicht mehr die dominante Form des Lesens war, war diese Tradition noch nicht vergessen. In Goethes *Faust* platzt Wagner in Fausts Studierstube. Er glaubt den Gelehrten, der sich gerade mit dem Erdgeist unterhalten hat, allein und erklärt sich daher Fausts erregtes, lautes Sprechen so: „Verzeiht! Ich *hör'* Euch *deklamieren*; / Ihr *last* gewiß ein griechisch Trauerspiel?" (V. 522f.) [Kursivierungen K. M.]

Das laute Lesen für sich selbst ist jedoch nur einer von mehreren Traditionssträngen, in denen literarische Hörtexte stehen. Ein anderer ist das Vorlesen vor anderen. Schon in den mittelalterlichen Klöstern wurde in den Speiseräumen vorgelesen und im Barock bildeten sich literarische Vorlesezirkel. Jedoch stand und fiel die Wertschätzung gesprochener Literatur mit der Wertschätzung der Stimme. Als im 16. Jahrhundert die Schrift- und Buchkultur sich ausbreitete, wuchs auch das Misstrauen gegenüber der Stimme wegen deren emotionaler Wirkung, eine Skepsis, die auch noch in der Aufklärung zu konstatieren ist (Korff Schmising 2003, S. 22). So war das 18. Jahrhundert geprägt von einem „Schub der Verschriftlichung" und erst durch den Einfluss Herders und der Romantik „verlor Oralität, vor allem mündlich geprägte Literatur, ihre gesellschaftliche Stigmatisierung" (ebd.). Dennoch: Bis weit in das 18. Jahrhundert hinein waren Interpunktionszeichen Hinweise für die mündliche Realisierung von Texten, nicht auf deren syntaktische Struktur. Und von vielen Autorinnen und Autoren wissen wir, dass sie sowohl Prosa (z. B. Schiller) als auch Lyrik (z. B. die romantische Schule) entschieden mit dem Ohr und für das Ohr konzipierten. Schon deshalb ist es mehr als angebracht, im Unterricht diese Literatur bewusst in ihrer Klanggestalt – sprechend und hörend – wahrzunehmen.

Mit der Romantik begann eine Epoche ästhetischer Stimmkultur, man hoffte auf einen „Aufstieg der Sprechkultur als ästhetische Gegenwelt zum Buch" (Korff Schmising 2003, S. 23). Was war der kultursoziologische Hintergrund? Erich Schön hat das Ende des lauten Lesens um 1800 als „Verlust der Sinnlichkeit" – so der Titel seines Buchs – im Sinne eines Verlusts an körperlicher Erfahrung des Textes und damit eines Verlusts an sinnlichem Erleben (Schön 1987, S. 326) und als Indiz für einen Wandel im Leseverhalten und Mentalitätswandel im Verhältnis zur Literatur beschrieben. Zugleich erklärt er den interessanten Sachverhalt, dass auch um 1800 eine Kultur des gemeinsamen Rezipierens von Literatur in der Vorlesesituation zu beobachten ist. Diese Form bürgerlicher Geselligkeit in Salons, Freundeskreisen und in der Familie unterschied sich jedoch von früheren Vorlesesituationen. Es ging nicht mehr um eine von Autorität bestimmte, an einem explizierbaren Textsinn und Normvermittlung orientierte Konstellation, sondern um „literarisches Erleben", das „weder auf Explikation des Textsinns angelegt war, noch überhaupt eines explizierbaren Textsinns bedurfte", sondern als eine Art „empathisches Rollenspiel" (S. 327) zu verstehen ist.

Die Unterscheidung von autoritativer und geselliger Vorlesesituation ist noch heute in systematischer Hinsicht für die Deutschdidaktik wichtig. „Zuhören im Unterricht" muss sich nämlich bisweilen gegen Vorurteile zur Wehr setzen. Bei oberflächlicher Befassung wird es mit einer Unterrichtssituation konnotiert, in der die Lehrkraft qua Autorität den „gehorchenden" Schülerinnen und Schülern Instruktionen erteilt und Texte vorsetzt – also dem Gegenteil eines modernen, konstruktivistisch orientierten, schüleraktivierenden Unterrichts. Schon lange hat aber die Deutschdidaktik dem lenkenden, fragend-entwickelnden Instruktionsgespräch das gesellige, literarische Gespräch gegenübergestellt, wobei die Vorstellung eines normativen, explizierbaren Textsinns („Was will uns der Dichter damit sagen?") als überholt gilt und längst einer Auffassung von Literaturunterricht gewichen ist, in der eigene Bedeutungskonstruktionen und subjektives ästhetisches Erleben Platz haben. Dass Letzteres nicht notwendig in die Irrationalität führen muss, sondern durchaus mit philologischem Textverstehen vereinbar ist, wird im Verlauf des vorliegenden Buchs zu zeigen sein.

Einer spannenden Entwicklung von Stimme und Sprechkünsten im 20. Jahrhundert ist Meyer-Kalkus (2001) nachgegangen. Seine umfassende kulturgeschichtliche Argumentation hier auch nur in groben Umrissen nachzuvollziehen, würde zu weit führen. Jedoch verhilft er dazu, die Lautpoesie, die sich in der Schule einiger Beliebtheit erfreut, nicht als kuriose Randerscheinung der Literatur zu sehen, sondern zu kontextuieren. Das Phänomen ist international, existiert bis heute und hat viele Namen: auditive/akustische/phonetische Dichtung, Sprechgedichte, *poésie sonore, poesia fonetiche, sound-poetry* und so weiter. So unterschiedlich die Ausdrucksformen, so divers die poetologischen Hintergründe der Gedichte, ob sie nun dem Dadaismus, dem Futurismus, den Lettristen oder der Auseinandersetzung mit dem Dialekt entstammen, sprachkritisch zu interpretieren sind, im Zusammenhang mit Jazz-Improvisationen stehen oder einfach die Möglichkeiten der menschlichen Stimme ausloten: Gemeinsam ist allen, dass es sich hier um Dichtung handelt, die zu Gehör gebracht, gehört werden muss und sich über das stille Lesen nicht erschließt, sofern sie überhaupt mit Buchstaben darstellbar ist. Der bekannteste Vertreter dieser Art Dichtung ist sicher Ernst Jandl. Ein frühes Exemplar, Christian Morgensterns *Das große Lalulā* (1905), wurde in dieses Buch als Praxismodell aufgenommen (Kapitel 3.3.3).

Mit *Poetry Slam* (dazu Anders/Abraham 2008; Anders 2010) hat seit ca. 2000 eine besondere Form mündlich inszenierter Literatur Einzug in das literarische Leben gehalten. Unter Wettbewerbsbedingungen werden selbst verfasste Texte vorgetragen. Dabei kommt es wesentlich auf die sprachliche Performance an; der Text gilt als polyvalente Vorgabe (Partitur), die sprechend unterschiedlich gestaltet werden kann. Dementsprechend sind die Texte auf die mündliche Situation hin konzipiert, reich an Lautspielereien und Reimen. Das gleiche Phänomen ohne Wettbewerb bezeichnet man als „Lesebühne". Wird die Dichtung live inszeniert (und gegebenenfalls auf einem Hörmedium gespeichert), spricht man von *Spoken Word Poetry*. Ein Beispiel wurde in den Praxisteil aufgenommen (siehe Praxisbeispiel 3.5.3, *Sommersonne*). Mit den Lesebühnen ist der vorläufige Endpunkt einer Tradition *live* vermittelter mündlicher Literatur erreicht. Daneben hat sich seit weit über 100 Jahren ein zweiter Strang entwickelt: die Literatur in auditiven Medien.

Als Hörmedien gelten alle medialen Angebote, die „ausschließlich auditive bzw. akustische Zeichen zum Inhalt haben" (Reißmann 2009, S. 16). Vom Informations-, Kommunikations- und Massenmedium Radio, das bis zu seiner Digitalisierung und Verknüpfung mit dem Internet nur *on air* zu hören war, sind elektronische *Speicher*medien (Tonträger-/Tonspeichermedien, zuerst: der Phonograph Edisons 1877) zu unterscheiden. Mündlichkeit ist damit nicht nur von der physischen Präsenz des oder der Sprechenden gelöst (wie schon beim Radio), sondern auch überdauerbar. Zeitversetztes, ortsunabhängiges und wiederholtes Hören wird möglich und eröffnet in der Konsequenz vielfältige, flexible Möglichkeiten für den Unterricht. Es handelt sich insgesamt um Phänomene „tertiärer Oralität", nämlich um Mündlichkeit, die durch Medien vermittelt wird. Davon zu unterscheiden sind die primäre Mündlichkeit vor der Erfindung der Schrift und die sekundäre Mündlichkeit inmitten einer literalen (Schrift-)Kultur (Frederking/Krommer/Maiwald 2008, S. 104).

Das Radio brachte seit den 20er Jahren des 20. Jahrhunderts eine eigene Kunstform hervor, das Hörspiel. Ihm ist in diesem Buch ein eigenes Kapitel gewidmet. Als wichtige akustische *Speicher*medien haben sich im Laufe des 20. Jahrhunderts Schallplatten, Kassetten und CDs herausgebildet. „Hörbücher", seit der Jahrtausendwende weit verbreitet, sind inzwischen ein Gegenstand wissenschaftlicher Erforschung. Doch der Begriff „Hörbuch" wird uneinheitlich gebraucht. Er wurde 1954 erstmals verwendet, nämlich für Tonträger für Blinde. Die Deutsche Grammophon benutzte ihn seit 1987 für ein eigenes Buchhandelssegment, das eine vereinfachte Form des Literaturkonsums ermöglichen sollte, was sofort stark kritisiert wurde (Rühr 2008, S. 91, 114 f.). Von diesem Imageschaden erholte sich das Hörbuch bis zu Anfang der 90er Jahre nur langsam. Mit der Gründung des Hörverlags – heute Marktführer – kam der Umschwung. 2006 erklärte der Hörverlag, der zunächst den Namen „*Audiobook*" favorisiert hatte, nun den Begriff „Hörbuch" zu verwenden und zwar als Oberbegriff für Hörspiel, Lesung, Feature und Tondokument (Rühr 2010, S. 61). Dieser weite Hörbuch-Begriff setzt sich auch in der Forschung immer mehr durch. Im Folgenden sei mit Häusermann (2010, S. 13) unter „Hörbuch" ein auf einem Speichermedium festgehaltener akustischer Text verstanden – zu ergänzen wäre: mit überwiegend sprechsprachlichen Anteilen (also nicht Gesang). Keinesfalls sind Hörbücher auf poetische Texte beschränkt; es gibt Texte aller Art als Hörbuch, von Ratgeberliteratur angefangen bis hin zu Zeitschrifteninhalten. Sehr oft wird der Begriff – in einem engen Sinn – synonym verwendet für „Lesung" und steht dann in Opposition zum Hörspiel. Dies verführt jedoch zu der falschen Annahme, das Hörbuch „als Zweitverwertungsorgan für gedruckte Bücher anzusehen" (Rühr 2008, S. 467). Hörbücher lassen sich jedoch „als eigenständige Medien charakterisieren". Es handelt sich eben nicht um ein „Buch zum Hören", sondern um eine „komplexe Hörszenerie" (Rühr 2010, S. 138).

Bedeutsam für das Verständnis der Hörmedien in unserer Zeit ist der Begriff der Konvergenz. Konvergente Technik meint das Zusammenwachsen von Einzelmedien in einem Ausgabegerät und konvergente Inhalte die zeitgleiche Mehrfachvermarktung eines Medieninhalts (Marci-Boehncke 2010, S. 489). Beides ist gerade für Hörmedien typisch: Man kann sie mittlerweile am Computer hören, als Audio-DVDs, vom MP3- oder MP4-Player. Und die Mehrfachvermarktung beginnt schon, wenn zum Buch das Hörbuch erscheint, zum Film das Hörspiel, zum Bilderbuch die beiliegende Lesung und so weiter. Dies ist beim Literaturunterricht mit zu bedenken. Zunächst ist jedoch zu fragen: Was geschieht eigentlich, wenn ein sprachlicher Text von einem geschriebenen zu einem gesprochenen wird?

## 1.2 Die Lesung

### 1.2.1 Stimme und Schrift: Sprechausdruck von Geschriebenem

Als Kennzeichen der Lesung gilt idealtypisch, dass ein einziger Sprecher oder eine einzige Sprecherin den gesamten, unveränderten Text vorliest (Weitendorf 2007, S. 27). Bei oberflächlicher Betrachtung könnte man also meinen, hier denselben Text zu hören, den man auch lesen würde. Es ist aber eine „Denkfalle" zu glauben, „ein künstlerisches Produkt könne in zwei Gestalten auftreten" (Eckert 2006, S. 17). In Anlehnung an Krech (1987, S. 28) soll die folgenden Darstellung zeigen, dass es sich bei geschriebenem und gesprochenem Text um zwei Texte handelt. In der Abbildung wird aus Gründen der Übersichtlichkeit vernachlässigt, dass es sich bei dem Prozess der Rezeption wiederum um einen Konstruktionsvorgang handelt, der einen weiteren, dritten Text im Kopf des Hörers und der Hörerin erzeugt.

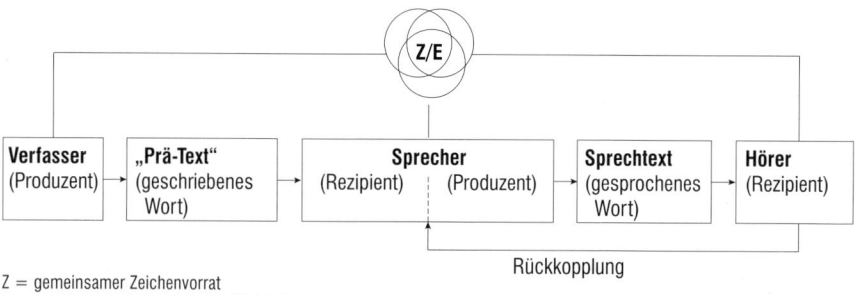

Z = gemeinsamer Zeichenvorrat
E = gemeinsamer Erkenntnis- und Erlebnisvorrat

Geschriebener und gesprochener Text

Als „Prä-Text" wird die gedruckte Vorlage des gesprochenen Textes bezeichnet, weil sie aus der Sicht des gesprochenen Textes zeitlich vorgelagert ist und dessen Vorlage darstellt.

Dessen Codierung erfolgt in einem grafischen Code, die Codierung des Sprechtextes durch die Stimme dagegen in einem akustischen Code. Je nach Hörsituation können weitere Codes hinzukommen, zum Beispiel in der *Face-to-Face*-Situation beim Vorlesen auch optische Codes (Mimik, Gestik, Blickkontakt, Haltung usw.), im Hörmedium häufig Musik, bisweilen auch Geräusch-Codes. Es muss von einem Medienwechsel oder Medientransfer gesprochen werden.

| | Verfasser/-in | Sprecher/-in | | Hörer/-in |
|---|---|---|---|---|
| **medial mündlich/ schriftlich** | geschriebener Text | gelesener schriftlicher Text | mündlich vorgelesener Text | gehörter mündlicher Text |
| **Code** | grafisch | | akustisch | |

Zwei Merkmale dieses Medienwechsels sind vor allem für die Didaktik von Bedeutung. Erstens ereignet sich gesprochene Sprache in einem anderen Raum-Zeit-Kontinuum als gedruckte Schrift, nämlich im Zeitablauf. Die Theaterwissenschaftlerin Erika Fischer-Lichte stellt in ihrer „Ästhetik des Performativen" fest: „Geradezu paradigmatisch für die Flüchtigkeit von [Theater-]Aufführungen ist ihre Lautlichkeit." (Fischer-Lichte 2004, S. 209) Das Spezifische der Ästhetik einer Aufführung ist gerade ihre Prozesshaftigkeit und damit Flüchtigkeit. Im Folgenden wird von „Flüchtigkeitsaspekt" gesprochen. Dessen Folgen werden in Kapitel 1.5.1 behandelt. Zweitens interpretiert gesprochene Sprache den Prä-Text: Gesprochene Sprache gibt zahlreiche Zusatzinformationen, wobei prosodische Muster wirksam sind. An dieser Stelle sei näher auf diesen „Prosodieaspekt" eingegangen und darauf, wie er beschrieben werden kann.

Hörtexte werden nicht nur, aber wesentlich mittels Stimme hervorgebracht. Was aber kennzeichnet eigentlich „Stimme"? Ihre Merkmale können physiologisch-anatomisch, kulturell oder intentional bedingt sein.

| physiologisch-anatomisch bedingt | kulturell bedingt | intentional bedingt |
|---|---|---|
| **relativ konstant:**<br>▸ Tonumfang als äußere Begrenzung<br>▸ Indifferenzlage als natürliche Stimmlage: mittlere Tonhöhe, Lautstärke<br>▸ Stimmklang, Klangfarbe | **relativ konstant:**<br>▸ gendertypische Stimmen<br>▸ berufstypische Stimmen<br>▸ kulturkreisspezifische Stimmen | **relativ konstant:**<br>▸ situationsspezifischer authentischer Stimmklang |
| **variabel:**<br>▸ im Verlauf des Lebens<br>▸ situativ: Veränderung des Klangs als Ausdruck von Emotionen | **variabel:**<br>▸ historischer Wandel<br>▸ Moden, z. B. beeinflusst durch Vorbilder in Medien | **variabel:**<br>▸ „die Stimme verstellen": andere Stimmen nachahmen<br>▸ einen bestimmten Klang bewusst herbeiführen |

Bedingungsfaktoren für Merkmale von Stimmen

Die Stimme ist zum Teil von physiologisch-anatomischen Gegebenheiten beeinflusst und in diesem Rahmen nicht beliebig veränderbar. Bei der Singstimme kennen wir zum Beispiel die Unterscheidung in Stimmlagen (Sopran, Alt, Tenor und Bass) je nach Tonumfang und Höhe. Auch die Lautstärke ist natürlich bedingt, zumindest was die Indifferenzlage angeht, also die mittlere Sprechstimmlage, auf der das Sprechen unverkrampft und natürlich klingt. Allerdings verändern sich Tonumfang, Tonhöhe und Modulationsfähigkeit im Laufe des Lebens. Die individuelle und charakteristische Klangfarbe (Timbre) ergibt sich aus der Mischung von Grundton und Obertönen und wird von der Beschaffenheit der Resonanzräume (alle Hohlräume, in denen die Luft in Schwingung geraten kann, also Rachen-, Mund- und Nasenraum) beeinflusst (Husler/Rodd-Marling 1965). Da diese Hohlräume nicht fix sind, sondern sich bei Bewegung verändern, kann es zu Schwankungen des Klangs kommen, sobald sich Mimik, Atmung und Tonhöhe ändern. Weil dies so ist, kann man den Stimmklang auch in Maßen beeinflussen.

Aber auch unbewusst ändern sich die Parameter, nämlich bei wechselnden Emotionen. So gibt die Stimme Hinweise auf die momentane psychisch-emotionale Befindlichkeit, ohne dass wir dies beeinflussen können. Als stimmvermittelte Elementarmitteilungen, die insbesondere der Sozialregulation dienen, nennt Friedrich Wut, Erregung, Spannung, Ekel, Trauer, Angst, Freude, Lust, Liebe und so weiter. Interessant ist, dass solche „phonatorischen Signale" durchaus eine interkulturelle Universalität aufweisen (Friedrich 2000, S. 65). Mit der Tatsache, dass Stimme die momentane Gestimmtheit verrät, lässt sich auch die bekannte Erfahrung erklären, dass man am Telefon oft schon nach der Begrüßungsformel weiß, in welchem emotionalen Zustand das Gegenüber ist, oder dass die Stimme bisweilen den Lügner oder die Lügnerin verrät.

Eckert/Laver (1994) haben darauf hingewiesen, dass der Mensch zwar mit bestimmten Sprechwerkzeugen geboren wird, aber die Stimmeigenschaften dadurch nicht völlig festgelegt, sondern erlernbar und veränderbar sind. Die Wahl einer Stimme geschieht oft unbewusst, zum Beispiel sprechen amerikanische Männer im Durchschnitt tiefer als deutsche, ohne dass physiologische Unterschiede feststellbar wären (S. 28). Solche kulturellen Muster sind historisch wandelbar und modeabhängig. In alten Spielfilmen reden Frauen höher als heute. Von den kulturell bedingten Stimmvarianten sind kulturell und regional bedingte Aussprachevarianten zu unterscheiden (siehe unten).

In diesem Zusammenhang muss das Phänomen erwähnt werden, dass Stimmmerkmale oft dazu verleiten, Rückschlüsse auf Persönlichkeitsmerkmale zu ziehen. Die Haltbarkeit solcher Stereotype, die ausschließlich auf subjektiven Theorien beruhen und nicht empirisch belegbar sind (Imhof 2003, S. 160), scheint erstaunlich, aber ist vielleicht dadurch erklärlich, dass – wie oben beschrieben wurde – tatsächlich Emotionen auf die Stimme durchschlagen, zum Beispiel Unsicherheit sich in einer „dünnen" Stimme bemerkbar machen kann. Eine Verallgemeinerung „dünne Stimme" ≈ „unsichere Persönlichkeit" ist aber aus mindestens drei Gründen abwegig: zum einen, weil von einer momentanen Befindlichkeit nicht auf eine allgemeine Disposition geschlossen werden kann, zum anderen, weil es zu prüfen wäre, ob die „dünne" Stimme nur die Abweichung von einer anderen Indifferenzlage ist (und dann auf einen momentanen Zustand der Unsicherheit schließen lässt) oder ob die „Dünne" der Stimme ein unveränderliches Merkmal der Stimme und physiologisch bedingt ist, zum dritten, weil man nicht ausschließen kann, dass es sich um einen bewussten Stimmgebungseffekt handelt. Hinzu kommt, dass die Koppelung von Stimmeigenschaften und Persönlichkeitsmerkmalen stark abhängt von der eigenen kulturellen Prägung durch die Normen einer Sprechergemeinschaft und subjektive Projektionen. Süddeutsche halten bestimmte Stimmeigenschaften von Norddeutschen für Zeichen von Distanziertheit, die in Norddeutschland selbst nie jemand so empfinden würde. Norddeutsche halten Süddeutsche aufgrund ihrer Sprechweise für gemütlich und werden dann unter Umständen überraschend eines anderen belehrt. Knapp und Hall (zit. nach Imhof 2003, S. 161) haben 1997 herausgearbeitet, dass die Koppelung von Stimmmerkmalen und Persönlichkeitsstereotypen hinsichtlich Männern und Frauen unterschiedlich ausfallen kann. „Kehlig" sprechende Männer gelten zum Beispiel als „reif und gebildet", ebenso sprechende Frauen hingegen als „weniger intelligent, rüpelhaft". Hier wird die Genderperspektive des Phänomens Stimme überdeutlich. Gleichwohl: Es wird beim Einsatz von Sprecherinnen und Sprechern in der Werbung, bei der Synchronisation von Filmen und nicht zuletzt bei Hörbüchern bewusst mit solchen – historisch wandelbaren – Persönlichkeitstereotypen gearbeitet (siehe auch das Arbeitsblatt 6, ein Unterrichtsmodell zu dem Thema: Pabst-Weinschenk 2004).

Stimmeigenschaften kann man bewusst und intentional verändern. Zwar behalten die meisten Menschen stimmliche Gewohnheiten in bestimmten Situationen bei, sie können aber auch fest erscheinende Merkmale ändern, wenn es zum Beispiel der Beruf notwendig macht und sie ein Stimmtraining besuchen. Sie können auch bewusst Stimmmerkmale erzeugen, in der Hoffnung, damit Persönlichkeitsmerkmale glaubhaft zu machen, zum Beispiel Lautheit, die auf Entschlossenheit hinweisen soll, behauchtes Sprechen, das erotisch klingen soll. Wie schon oben erwähnt, können Mimik, Tonhöhe und Atem die Stimmfarbe verändern. Angestellten in Callcentern wird deshalb mancherorts empfohlen, lächelnd zu sprechen. Außerdem können Menschen ihre Stimmen komplett verstellen, wie dies beim rollenspielartigen Lesen auf Hörmedien oft zu registrieren ist. Solche Stimmverstellungen gelingen oft erstaunlich gut, können aber nicht dauerhaft durchgehalten werden und sind anstrengend, werden also in der Regel gezielt und punktuell in künstlerischen Kontexten eingesetzt.

Natürliche Stimmeigenschaften und bewusste Stimmgebung interpretieren bereits einen Text, eben weil der Stimmklang einigermaßen zuverlässig Rückschlüsse auf Geschlecht, Alter, regionale Herkunft und Befindlichkeit einer Figur zulässt sowie darüber hinaus Assoziationen hinsichtlich Beruf, sozialer Schicht und so weiter auslöst – bis hin zu Persönlichkeitsmerkmalen, mögen sie auch klischeehaft und unzutreffend sein.

Stimmen beeinflussen aber nicht nur die kognitive Ebene, sie rufen auch auf emotionaler Ebene Reaktionen auf den Text hervor. Bei poetischen Texten kann die Abneigung gegen oder die Sympathie für bestimmte Stimmen die Rezeption des Textes völlig überlagern und schon auf der Ebene der Hörbereitschaft einen Filter darstellen.

Ist der Prä-Text vor dem Hören bekannt und hat bereits eine eigene Bedeutungskonkretisation im Kopf der lesenden Person stattgefunden, werden Stimmen als „passend" oder „unpassend" klassifiziert. Im Grunde handelt es sich um ein ähnliches Phänomen wie bei der Betrachtung von Verfilmungen, nur dass bei Hörmedien in der Regel die Beschreibung dessen, was man hört, schwerer fällt. Die Schwierigkeiten beruhen darauf, dass Stimme subjektiv und ganzheitlich erlebt wird. Deshalb hat sich auch noch keine einheitliche Terminologie für die charakteristische Eigenart von Stimmen durchgesetzt. Während Umfang, Höhe und Lautstärke messbar sind, entzieht sich die Klangfarbe (Timbre) der eindeutigen Beschreibung. Mal versucht man es mit physiologischen Erklärungen („kehlig"), mal mit akustischen Vergleichen („metallisch") oder Vergleichen aus anderen Wahrnehmungsbereichen („warm", „samtig", „hell") oder man wendet die erwähnten Persönlichkeitsstereotype an („streng", „distanziert"). Selbst Agenturen, die Sprecherinnen und Sprecher vermitteln, bezeichnen Stimmen unsystematisch und metaphorisch.

Etwas leichter tut man sich mit der Beschreibung von Sprechausdruck, der von der angeborenen Stimme und der bewussten Stimmgebung zu unterscheiden ist und sich hauptsächlich auf prosodische Mittel stützt. Zur Begriffsklärung vorab:
▸ verbale Zeichen: die Wörter;
▸ paraverbale Zeichen: die Sprechausdrucksmittel, prosodische Mittel;
▸ nonverbale Zeichen: Kinesik (Mimik, Gestik, Körperhaltung, Blickkontakt), Proxemik (Abstand zum Hörer, Veränderung des Abstands).

Stimmliche Phänomene wie Seufzen, Jauchzen, Stöhnen kommen bei szenischen Lesungen häufig vor und können im schulischen Kontext der Einfachheit halber dem paraverbalen Bereich zugeordnet werden. Wissenschaftlich korrekt müsste man sie differenzieren in verbale Zeichen (wenn sie lexikalisch gefasst sind, etwa im Wort „Juhu") und in paraverbale Strategien (wenn sie stimmlich an eine verbale Äußerung gekoppelt sind, zum Beispiel gleichzeitiges Gähnen beim Sprechen). Sie können aber auch dem nonverbalen Bereich angehören, zum Beispiel dem Weinen.

Die nonverbale Ebene wird vor allem in *Face-to-Face*-Vorlesesituationen bedeutsam (im Hörspiel ist sie Bestandteil der Hörspieldramaturgie), aber die verbale und paraverbale Ebene sind in jedem Fall wirksam.

Für die prosodischen Mittel (Sprechausdrucksmittel) hat Schau eine praktikable Übersicht erstellt, die hier leicht modifiziert wurde. Er unterscheidet:

| Tempo | Dynamik | Melodie | Artikulation |
|---|---|---|---|
| ▸ Geschwindigkeit<br>▸ Geschwindigkeits-<br>  wechsel<br>▸ Pausendauer<br>▸ Pausenart | ▸ Betonung (Akzent)<br>▸ Betonungswechsel<br>▸ Lautstärke<br>▸ Lautstärkewechsel | ▸ Tonhöhe<br>▸ Tonhöhenverlauf/<br>  Satzmelodie<br>▸ Klangfarbe | ▸ Deutlichkeit<br>▸ Deutlichkeitswechsel<br>▸ Lautung<br>▸ Laut-, Wort-,<br>  Satzbindung |

Sprechausdruck (nach Schau 1996, S. 56)

Der Artikulation hat insofern eine besondere Stellung, als sie ein Phänomen auf segmentaler Ebene ist, nämlich die Phonemrealisation in einer linearen Folge von sprachlichen Segmenten bezeichnet. Die anderen drei Aspekte (Tempo, Dynamik, Melodie) befinden sich als intonatorische Mittel auf einer die segmentale Ebene überlagernden „suprasegmentalen Ebene" (Krech 1987, S. 70). Auf den ersten Blick sieht es so aus, als befände man sich hier auf eindeutigerem Terrain als bei den Versuchen, Stimmen zu beschreiben. Geschwindigkeit und Pausenlänge kann man messen, Betonungen objektiv ermitteln und Tonhöhenverläufe grafisch darstellen. Aber schon die Kategorie Deutlichkeit hängt sehr stark vom sprachlichen Vorwissen des Hörers oder der Hörerin ab und für Klangfarbe gibt es – wie erwähnt – nur metaphorische Ausdrücke. Im Wunsch, keine banalen Feststellungen zu machen („schnell"), sondern treffend zu beschreiben oder zu interpretieren, werden schnell mal die Perspektiven gewechselt: von der Ursachenvermutung („gehetzt") über die Wirkung („verwirrend schnell") bis hin zu Persönlichkeitsurteilen („Quasselstrippe"). Vermeidbar ist dies nicht, aber Gegenstand der Reflexion sollten solche Zuschreibungen sein.

Auch die Lautung ist eine problematische Kategorie, wenn sie normativ gesetzt wird. Sie impliziert Vorstellungen von einer lautrichtigen Artikulation, die als Maßstab die Standardsprache (bzw. Normen für die Bühnensprache) setzt. Dementsprechend werden regionale Varianten als Abweichungen von der Norm abgewertet. Dies ist aber zumindest für die Schule eine falsche Botschaft. Schüler und Schülerinnen sollen hier ihre sprachlich-stimmliche Identität bewahren, so wie dies auch viele Prominente in sympathischer Weise tun, und nicht zu Profis getrimmt werden. Gleichwohl ist das – nicht wertende, sondern nur feststellende – Erkennen mundartlicher Varianten wichtig, weil mit ihnen gezielt in Hörtexten gearbeitet wird. Ja, es ist gerade interessant zu analysieren, welche Vorstellungen mit welchen regionalen Varianten klischeehaft verbunden werden.

So wie poetische Mittel bei der Textanalyse nur hinsichtlich ihrer Funktion bedeutsam sind, so ist auch das Erkennen prosodischer Mittel kein Selbstzweck. Aus wissenschaftlicher Sicht (Günther 1999) lassen sich die Funktionen der Prosodie einteilen in

▸ grammatikalische Funktionen: Kennzeichnung von Fokus-Hintergrund-Gliederung (gezielte Hinlenkung auf wichtige Informationen im Satz, Nebensächliches bleibt unbetont); Kennzeichnung der phrasalen Struktur (Verdeutlichung von Satzkonstruktionen);

▸ pragmatische Funktionen: Kennzeichnung illokutiver Sprechakte (Fragen, Aufforderungen, Drohungen usw.); Vermittlung von Einstellungen und Emotionen; Steuerung von Diskursen (z. B. Sprecherwechsel erkennbar machen).

Dem entspricht die einfache Gliederung, die Ertmer (1996, S. 39 ff.) für die Schule verwendet:

▸ Die *strukturierende Funktion* gibt Hinweise auf Eigenschaften des Prä-Textes, zum Beispiel Gliederung von Text und Satz (*Igor // sagt Julia // kann sehr gut Englisch* vs. *Igor sagt // Julia kann sehr gut Englisch*) oder Hervorhebung von sinndifferenzierenden Wörtern (*Ich habe* gestern *Julia gesehen* [nicht heute] vs. *Ich habe gestern* Julia *gesehen* [nicht Igor]).

▸ Die *expressive Funktion* gibt Hinweise auf die Eigenschaften der Sprechenden beziehungsweise der dargestellten Figur, signalisiert Hörenden die Stimmung, aus der heraus gesprochen wird: *Was für ein Tag!* [traurig oder fröhlich gesprochen].

Diese Funktionen haben entscheidende Auswirkungen auf das Textverstehen der Hörerinnen und Hörer: Sie erleichtern deren Verständnis des Prä-Textes, indem sie ihnen Strukturierungsarbeit abnehmen. Und sie schränken die Interpretationsmöglichkeiten der Hörerinnen und Hörer ein, denn sie spiegeln das Textverständnis der Sprecherin oder des Sprechers, stellen eine bestimmte Konkretisation dar und reduzieren die Deutungsoffenheit eines Prä-Textes erheblich.

Von den prosodischen Mitteln, die sich auf Einzelheiten der Textgestaltung beziehen, sind verschiedene Sprechstile zu unterscheiden, die den Gesamtvortrag charakterisieren. Rösener (1979) hat den „Werksprecher", den „Selbstsprecher" und den „Rhapsoden" unterschieden. Während der „Werksprecher" sich darum bemüht, dem Werk in seinem historischen Kontext und in seiner syntaktischen und semantischen Struktur gerecht zu werden, verabsolutiert der „Selbstsprecher" seine persönlichen Empfindungen und Denkweisen, er stellt Subjektivität über Textnähe, er will sich selbst darstellen. Der „Rhapsode" schließlich spricht um der Wirkung auf die Hörenden willen. Die Unterscheidung ist für die Schule problematisch, nicht nur weil der Begriff der Rhapsoden nicht geläufig und in diesem Zusammenhang sehr eigenwillig angewandt ist. Die Unterscheidung „Werksprecher" und „Selbstsprecher" suggeriert zu sehr, dass es eine objektiv passende Sprechweise gäbe, und entwertet die persönlichen Versuche, eigenwillige Wege zu gehen. Sicher gibt es Fälle, in denen der Wunsch nach Selbstdarstellung dominiert, doch ist generell das Experimentieren mit Sprechfassungen als eine Form der Auseinandersetzung und Aneignung in der Schule ausdrücklich erwünscht. Sinnvoll erscheint freilich eine Orientierung an den Bühlerschen Funktionen der Sprache, die sich aber schon dem Prä-Text selbst zuordnen lassen und dementsprechende Sprechhaltungen nach sich ziehen: Darstellungsfunktion, Ausdrucksfunktion, Appellfunktion.

Auch die Begriffe „Deklamieren" und „Rezitieren" bezeichnen Sprechstile. Krech (1991) ergänzt das Begriffspaar um „Zitieren". Deklamation ist demnach durch übertriebenes Pathos und extreme Stimmungswechsel gekennzeichnet und herrschte als dominanter Sprechstil vom letzten Drittel des 19. Jahrhunderts bis zum Ende des II. Weltkriegs vor. „Zitieren" bedeutet in dieser Terminologie dagegen ein sachlich-unterkühltes Sprechen, eine große Distanz der Sprechenden zum Sprachkunstwerk und zu den Hörenden und ist seit 1945 zu bemerken. „Rezitieren" steht gleichsam in der Mitte und bezeichnet eine natürliche und differenzierte Ausdruckshaltung, wobei eine Grundstimmung über Teilstimmungen dominiert. Die Dominanz bestimmter Sprechstile in historischen Zeitabschnitten ist nachvollziehbar und erklärlich. Ein besonders expressiver Sprechstil wurde beispielsweise durch Theodor Siebs *Deutsche Bühnenaussprache* (1898) beeinflusst, hielt sich im Theater bis in die 1920er Jahre und fand seine Fortsetzung in der Rhetorik der Nationalsozialisten. Dennoch kann man nicht alle Varianten des Sprechstils historisch erklären, da auch innerhalb der Gegenwartskultur Unterschiede erkennbar sind.

Einige neuere Künstlerinnen und Künstler wie Rufus Beck sprechen unpathetisch, aber keineswegs sachlicher oder emotionsloser als frühere Sprecherinnen und Sprecher, sie „rezitieren" nicht einfach, aber sie „deklamieren" auch nicht. Was kennzeichnet ihre Sprechweise? Aufschlussreich ist hier die von Eckert (2006) der Fremdsprachendidaktik entlehnte Differenzierung von „Lesen als Simulation" und „rollenspielartigem Lesen". Im ersten Fall rezitieren die Vorlesenden zwar ausdrucksvoll und mit überlegten Betonungen, sie verbleiben jedoch in einem Erzählstil, sie stellen sich vor, was sie lesen, aber sie bleiben diejenigen, die sie sind. Es gibt nur eine Stimmeigenschaft: die der Sprechenden. Im zweiten Fall verwandeln sich die Erzählenden zu Akteuren. Sie legen sich quasi Sprechmasken an, durch die sie die literarischen Figuren darstellen. Es gibt dann so viele Stimmeigenschaften wie Romanfiguren, denn die Figuren werden durch die Stimmgebung charakterisiert (S. 19). Um Verwechslungen vorzubeugen: Auch beim rollenspielartigen Lesen wird der epische Text gelesen und nicht in einen dramatischen Text umgeformt. Die textliche Grundlage ist dieselbe. Den Unterschied macht die Sprechgestaltung. Die Sprechenden verstellen beim rollenspielartigen Lesen ihre Stimme je nach Figur, um die Illusion zu wecken, hier wären die verschiedenen Figuren selbst zu hören, zum Beispiel ein Mäuschen mit hoher, piepsiger Stimme, ein Bär mit tiefer, voller Stimme. Typische Beispiele für rollenspielartiges Sprechen sind Rufus Becks *Harry-Potter*-Interpretation, Harry Rowohlts *Winnie the Pooh*, einige Interpretationen durch Stefan Kaminski und die Lesung der einzelnen Protagonisten des *Grüffelo* durch Ilona Schulz. Typisch ist dabei die Verwendung von Aussprachevarianten.

Unter Aussprachevarianten versteht man bestimmte typische prosodische Muster, die von der Standardaussprache abweichen (Hirschfeld/Stock 2011, S. 47 f.), zum Beispiel regionale Varianten, gesprochene und gesungene Varianten, Gruppenvarianten (nach Alter, Geschlecht, Beruf, sozialer Schicht, sozialer Gruppe, historische Varianten, fremdsprachige Akzente, individuelle Varianten). Sie dienen, gerade bei Hörmedien, der akustischen Unterscheidung von Figuren oder deren Charakterisierung bis hin zur gezielten Verspottung.

Es gibt Mischformen, in denen ein und dieselbe sprechende Person zwischen Simulationspassagen und Rollenspielpassagen wechselt. Wie immer sind klare Abgrenzungen schwierig. Bei der *Face-to-Face*-Vorlesesituation geht das rollenspielartige Lesen mittels der Stimme oft fließend über in szenisches Interpretieren. Mimik, Gestik und Körperhaltung passen sich der Rolle an und stellen eine zweite – optische – Zeichenebene dar, die das Verstehen beeinflusst. Häufig wird dann jedoch der Text auswendig gesprochen, sodass man weniger von einer Lesung als von einem Vortrag sprechen müsste. Lutz Görner hat viele seiner Gedichtrezitationen in dieser Weise „performt", wie im Fernsehen zu sehen war und noch immer im Internet betrachtet werden kann. Unter der Adresse http://www.rezitator.de ist Goethes *Zauberlehrling* ein anschauliches Beispiel. Auch *Spoken Word Poetry* auf Lesebühnen ist mehr Vortrag als Lesung, selbst wenn der Künstler oder die Künstlerin das Textblatt in der Hand hält. Das Aussehen und die Körpersprache beeinflussen die Wirkung des Textes. Bei Live-Lesungen oder -Vorträgen kann auch Musik hinzutreten. Da es in diesem Kapitel jedoch nur um das Verhältnis von Stimme und Schrift gehen sollte, wird dieser Aspekt im nächsten Kapitel behandelt.

## 1.2.2 Die Lesung im Hörmedium

Die Sprechstile, die in Live-Lesungen auftreten, finden sich auch in Hörmedien. Anscheinend noch nicht erfasst wurde jedoch die Unterscheidung zwischen einem – gedämpften – Studioton, und einem – rufenden, oft halligen – Bühnenton im Hörmedium. Bei manchen Sprecherinnen und Sprechern meint man, sie nah am Mikrofon stehen zu sehen, bei anderen klingt die Lesung so, als stünden sie an der Rampe im Schauspielhaus und wollten noch die letzte Reihe erreichen. Auch wenn heute auf dem Theater nicht mehr pathetisch gesprochen wird: Im ersten Fall wird „vorgelesen", im zweiten „vorgetragen". Die Unterschiede sind vor allem bei Gedichten hörbar, die von ausgebildeten Sprecherinnen und Sprechern anders als von ausgebildeten Schauspielerinnen und Schauspielern vorgetragen werden (zu Rilke-Gedichten: Müller 2004b). Studioton und Bühnenton sind Sprechstile, die bei ganz normalen Lesungen vorkommen können. Ein anderer Fall sind Live-Mitschnitte von Auftritten, was man manchmal an Publikumsreaktionen hört (so z. B. Praxisbeispiele 3.5.3, *Sommersonne*, und 3.6.2, *fernsehabend*). Dass hier der Bühnenton vorherrscht, erklärt sich aus der Aufführungssituation.

Lesungen können sehr unterschiedlich wirken, je nachdem ob und wie sie mit Musik kombiniert werden, was bei Hörmedien oft vorkommt. Es gibt Lesungen und Musikstücke im Wechsel, wobei die Musikstücke nur akustische Gliederungselemente sind, oder es gibt Kombinationen, bei denen die Musik den Text gleichsam weitererzählt, wie bei den Märchenproduktionen der Edition See-Igel (siehe Praxisbeispiel 3.2.3, *Der Froschkönig)*. Auf jeden Fall beeinflusst die Musikauswahl die Bedeutung und Wirkung des Textes, selbst wenn sich die beiden nicht überlappen. Es gibt auch mit Musik unterlegte Rezitationen, wie das *Rilke-Projekt*, wobei zudem oft in den Text eingegriffen wird.

Eingriffe in den Text sind bei Hörmedien jedoch auch dann nicht selten, wenn es sich um einfache Lesungen handelt. Das mag überraschen und Hörbuchkäufer enttäuschen, die ein hohes Maß an Werktreue erwarten. Auch bei Lesungen auf professionell hergestellten Hörbüchern gibt es meist eine Regie. Diese nimmt häufig Kürzungen oder Umstellungen vor. Angelika Schaack von der Hörcompany verteidigt dies mit sehr unterschiedlichen Argumenten: Eine nachvollziehbare Begründung ist der Preis, der mit jeder weiteren CD innerhalb eines Titels steigt. Eine andere Begründung basiert auf dem Medienwechsel vom geschriebenen Wort zur Stimme und ist ebenfalls einleuchtend, zumindest wenn der Sprecher expressiv liest: „Wenn es im Buch heißt: ‚brach es aus ihm heraus‘, ‚er konnte ein Schluchzen in seiner Stimme nicht unterdrücken‘ […], dann kann der Sprecher das durch seine Stimme zum Ausdruck bringen. Man kann auf den Text verzichten, ohne dass Inhalt verloren geht.“ (Mucke 2011b, S. 6) In der Tat würde andernfalls eine sogenannte Doppelpunktdramaturgie entstehen, wie man sie auch bei Hörspielen als wenig kunstvoll empfindet.

Die dritte Begründung impliziert eine Vorstellung davon, was ein Hörbuch zu sein hat beziehungsweise welche Funktion es zu erfüllen hat: „Kürzen bedeutet, den Text dem Medium Hörbuch anzupassen. Oft werden in Büchern Stimmungen, Personen oder Landschaften in großer Ausführlichkeit beschrieben. Als Leser kann man diese Passagen überlesen oder überblättern, wenn man möchte. Das ist beim Hören nicht möglich. Eine Kürzung erleichtert es dem Hörer, in diesem Fall dichter an der Geschichte zu bleiben.“ (Mucke 2011b, S. 6) Dieses Argument, welches „Geschichte“ mit „Action“ gleichsetzt und davon ausgeht, dass es in literarischen Texten überflüssige Stellen gibt, die sowieso keiner liest, ist poetologisch gesehen einigermaßen kurios. Es zeigt eine Vorstellung von Literaturvermittlung, die sich dem schnellen Rhythmus unseres Alltags unterordnet. Es wird gar nicht von aufmerksamen Hörenden ausgegangen, möglicherweise weil viele Hörbücher tatsächlich „nebenher“ konsumiert werden. Das mag eine pragmatisch berechtigte Sicht des Mediums sein, steht aber im diametralen Gegensatz zu einem Umgang mit Literatur, dem es auf genaue Befassung mit dem Text ankommt, nicht nur auf beiläufige Klangberieselung und Befriedigung psychischer Bedürfnisse nach Spannung und Unterhaltung. Der Literaturwissenschaftler Zymner (1999, S. 211) spricht spöttisch von „Schrumpfbuch“ oder „Fast-Food-

Hörbuch". Darüber sollte freilich nicht übersehen werden, dass es neben dem philologischen Umgang mit Literatur auch noch andere Umgangsweisen gibt, die ihre Berechtigung haben, soll Literatur überhaupt noch in unserer Gesellschaft fortleben. Einen akzeptablen Mittelweg stellt die „autorisierte Lesefassung" dar, bei der die Autorin oder der Autor die Kürzungen genehmigt hat.

Einen noch stärkeren Eingriff stellen „inszenierte" und „szenische" Lesungen dar. Auch hier gibt es die eher textgetreue Lösung: Dabei bleiben Dialoge und Erzählstrecken im Wortlaut bestehen und werden von einem Ensemble vorgetragen. Sie kann „geringfügig musikalisch illustriert und anschließend mit Geräuschen versehen werden" (Weitendorf 2007, S. 28). Aber es gibt auch Lesungen, die sich mit Spielszenen abwechseln. Hier ist der Übergang zu einem Hörspiel, das ja auch oft eine Erzählinstanz kennt, fließend. Überhaupt ist die Bandbreite der Möglichkeiten groß.

## 1.3 Das Hörspiel

### 1.3.1 Formen und Literaturcharakter des Hörspiels

Wenn das Hörspiel Gegenstand von *Literatur*unterricht ist, wird es stillschweigend in eine Reihe mit poetischen Texte gestellt, jedoch ist der Literaturcharakter des Hörspiels keineswegs unumstritten. Was für eine Art von Text ist aber ein Hörspiel und wie verhält es sich zur „Literatur"? Huwiler (2008) geht der Frage mithilfe eines historischen Längsschnitts nach: 1924, ein Jahr nach dem offiziellen Start des Rundfunks in Deutschland, wurde das erste deutsche Hörspiel ausgestrahlt, Hans Fleschs *Zauberei auf dem Sender*. Es war ein sogenanntes Originalhörspiel, weil es eigens für den Hörfunk geschrieben worden war. Autorinnen und Autoren wurden damals durch Preisausschreiben animiert, solche Hörspiele zu verfassen. Mangels Masse wurden jedoch daneben Literaturadaptionen produziert und gesendet. Obwohl die Adaption nicht einfach eine nachrangige Zweitverwertung der zugrunde liegenden Texte ist, sondern ein neues, eigenständiges Kunstwerk, wurde sie doch bis in die 60er Jahre von einigen Theoretikern als weniger wertvoll erachtet.

Das sogenannte „traditionelle" Hörspiel erlebte seine erste Blütezeit gegen Ende der Weimarer Republik und eine zweite zwischen 1950 und 1958. Viele bekannte Schriftstellerinnen und Schriftsteller der Nachkriegszeit schrieben Hörspiele: Bachmann, Böll, Dürrenmatt, Eich, Frisch, Aichinger, Hildesheimer und andere. Es galt das Primat der Sprache – im Unterschied zum Neuen Hörspiel, das gleich noch erläutert wird. Es wäre jedoch falsch zu glauben, es handelte sich nur um schlichte, szenisch erzählte Geschichten, die die Illusion von Wirklichkeit erzeugen wollten. Auf diese Weise funktionieren zwar heute noch einige Kinderhörspiele (auf hohem Niveau: Praxisbeispiel 3.4.1, *Die Alster-Detektive*) und haben gemäß ihrer Intentionen so auch ihre Berechtigung. Doch die Existenz des Hörspiels hat ebenfalls schon früh theoretische Entwürfe hervorgebracht, die von einer eigenen Ästhetik dieser Kunstform ausgehen. Sie aufzuzählen, würde hier zu weit führen. Es war unter den meisten Hörspielschaffenden Konsens, dass das Hörspiel besonders geeignet sei, die innere Wirklichkeit und das Nicht-Sichtbare zu zeigen (z. B. Eichs *Träume*, 1951). Dies sollte auf einer „inneren Bühne" entstehen, die durch „Imagination, Einfühlung und Identifikation des Hörers" (Dringenberg 2001, S. 671) entstand und nach einer entsprechenden Rezeptionshaltung verlangte.

Demgegenüber wurden in den 60er Jahren Forderungen nach einer neuen Hörspieldramaturgie laut: Schallspiel-Experimente ohne Fabel waren angesagt. Der Hintergrund war gesellschaftspolitisch und aufklärerisch: „Mit dem Ziel der Sprach-, Medien- und Gesellschaftskritik und der Veränderung distanzloser, passiver Rezeptionsgewohnheiten wurde konkretes Sprachmaterial – Gesprochenes, Gedrucktes, Sprachklischees – collagiert [...], unter Nutzung radiophoner Mittel [...] verfremdet und transparent gemacht." (Schöning, zit. nach Dringenberg 2001, S. 672) Huwiler weist schlüssig nach, dass das Neue Hörspiel jedoch ebenso deutlich von literarischen Mustern geprägt ist wie das sogenannte „traditionelle", nur eben nicht *narrativer* Literatur folgt, sondern andere literarische Traditionsstränge aufnimmt, zum Beispiel Lautpoesie (Huwiler 2008, S. 277). So stammt denn auch das bekannteste Beispiel von Ernst Jandl und Friederike Mayröcker (*Fünf Mann Menschen*, 1969).

Das Originaltonhörspiel der 70er Jahre setzte den aufklärerischen Impetus fort. Dieser Hörspieltyp arbeitet mit authentischem Material. Gleichwohl ist auch er Literatur. Kann jedoch ein Hörspiel, das – wie Ror Wolfs Fußballcollagen (siehe Praxisbeispiel 3.6.3, *Rückblick auf große Tage*) zum größten Teil aus Radiosendungen (z. B. Sportberichterstattungen) besteht, als Literatur angesehen werden? Die Radiocollagen verwenden primäre Sprache in einem neuen Zusammenhang, also sekundär. Sie benutzen dieses Sprachmaterial gleichsam als Rohstoff, aus dem durch Montage (Schnitt, Blende, Auswahl, Neukombination, Ergänzung durch zusätzliche Geräusche und Musikelemente, Reihung, Rhythmisierung, Kontrastierung) etwas Neues entsteht, ein System, das seine Bedeutung nicht mehr aus der Referenz auf die Wirklichkeit erhält, sondern aus den Bezügen seiner Zeichen. Es entsteht ein Modell von Welt, das im Sinne des Semiotikers und Literaturtheoretikers Jurij M. Lotman eindeutig als Literatur bezeichnet werden kann.

Ab den späten 70er Jahren gibt es eine Weiterentwicklung des Hörspiels zur Akustischen Kunst (*ars acustica*), die nun keinen Bezug zur Sprache mehr haben muss und zur experimentellen Musik überleitet: „Charakteristisch für die Akustische Kunst ist die Orientierung am Klang. Musikalische und rhythmische Klangstrukturen sind die künstlerischen Mittel von Musik-Geräusch-Kompositionen, und die Klänge der privaten und öffentlichen Umwelt gehen in sogenannte Soundscapes oder Klangskulpturen auf." (Schmedes 2002, zit. nach Huwiler 2008, S. 278) So umfasst der Hörspielbegriff vieles und „das Hörspiel" ist theoretisch auf einem Spektrum zwischen dramatisierter Lesung am einen Pol und Akustischer Kunst am anderen Pol anzusiedeln (S. 280). Vor diesem Hintergrund ist die gegenwärtige Hörspielproduktion von Formenmischung und großer Vielfalt gekennzeichnet.

Zunächst aber schien die Einführung des dualen Rundfunks 1985/86 mit der Konkurrenz der populären Privatsender dem Hörspiel den Garaus zu machen. Es überlebte freilich durch drei Entwicklungen, die auch für unser Thema von Bedeutung sind (Huwiler 2008, S. 284): durch mediale Doppelverwertungen, also Co-Produktionen des Hörfunks mit Hörverlagen, die es möglich machen, im Radio gesendete Hörspiele auch auf CD zu kaufen; durch eine stärkere Rückorientierung an Publikumswirksamkeit, sprich: durch vermehrte Produktion von Literaturadaptionen; durch mediale Diversifizierung der Audio-Kunst: Hörspiele gibt es heute nicht mehr nur im Radio und auf CD, sondern auch als Live-Performance und im Internet (Letzteres bietet auch die Möglichkeit, Eigenproduktionen zu verbreiten).

Für die Perspektive des vorliegenden Bandes sind folgende Aspekte leitend: die Beschränkung – gemäß der Zielsetzung „Literaturunterricht" – auf bestimmte Segmente aus dem Gattungsspektrum des Hörspiels, nämlich auf diejenigen Kunstformen, die noch auf Sprache basieren und literarischen Mustern folgen. Das traditionelle und das Neue Hörspiel sind demnach vertreten – in besonders typischen Exemplaren (Max Frischs *Herr Biedermann und die Brandstifter*, Ror Wolfs *Rückblick auf große Tage*). Wichtig ist für uns ferner die Unterscheidung in Originalhörspiel und adaptiertes Hörspiel. Gerade das Letztere ist für das deutschunterrichtlich bedeutsame Phänomen der Medienkonvergenz wichtig und soll daher näher bestimmt werden. Huwiler (2005, S. 93, 265) unterscheidet:

▸ *die Übertragung:* Sie liegt dann vor, wenn sich die Elemente der Handlung im gleichen verbalen Zeichensystem manifestieren, also wenn zum Beispiel im Schrifttext etwas erzählt und im Hörspiel dies mit den gleichen Worten erzählt wird.

▸ *die Bearbeitung:* Sie liegt vor, wenn etwas verändert wird: in der narrativen Bearbeitung, wenn die Handlung (Inhalte, Abfolge, Streichungen) verändert wird, und in der medialen Bearbeitung, wenn ein anderes Zeichensystem eingesetzt wird. Letzteres ist zum Beispiel der Fall, wenn eine Frau im Ausgangstext als „jung" bezeichnet wird, aber im Zieltext durch die Art der Stimme als jung erkennbar ist. Die meisten Hörspieladaptionen sind sowohl narrative als auch mediale Bearbeitungen.

▸ *die mediale Transformation:* Sie liegt dann vor, wenn durch spezifisch akustische Mittel die narrativen Komponenten des Prä-Textes ganz oder teilweise auf eine Weise transformiert werden, die nur im akustischen Medium möglich ist. Dies ist zum Beispiel in dem Kinderhörmedium *Die Königin der Farben* der Fall, bei welchem der spärliche Text der Bilderbuchvorlage gute 4 Minuten in Anspruch nimmt, in der restlichen Zeit (ca. 35 Minuten) aber Musik und Geräusche die Geschichte erzählen.

Die literarische Vorlage eines adaptierten Hörspiels kann das Buch selbst sein, es kann aber auch die filmische Adaption des Buches sein. Dementsprechend müssen das Hörspiel zum Buch und das Hörspiel zum Film (Filmhörspiel) unterschieden werden: Es handelt sich bei Letzterem um eine Auskoppelung aus einem Film, ergänzt durch eine Erzählinstanz. Aber auch wenn man meinen könnte, es handele sich einfach um den Soundtrack, liegt doch – technisch gesehen – eine neue Abmischung vor: Adaption einer Adaption!

Auf jeden Fall muss man, wenn man von „Hörspiel" spricht, genau genommen unterscheiden zwischen dem Autorenmanuskript, das dem Sender oder der Realisationsstätte als Vorlage zur Produktion dient, dem Sendemanuskript, das die Absprachen und Hinweise für die Mitwirkenden enthält, sowie der Aufnahme selbst (Hörburger 1996, Sp. 1574). Während das Sendemanuskript in der Regel nicht vorliegt, ist doch für den Deutschunterricht die Unterscheidung zwischen Autorenmanuskript (z. B. dem gedruckten Hörspiel *Herr Biedermann und die Brandstifter*) und der Aufnahme (z. B. der von 1971) von größter Bedeutung, weil Letztere als eigenständiges Werk mit ganz anderen Mitteln arbeitet als der gedruckte Text.

## 1.3.2 Elemente des Hörspiels

Das Hörspiel ist eine Kunstform, in der mehrere Zeichensysteme einzeln oder in Verknüpfung auftreten und Bedeutung generieren. Zu den relevanten Zeichensystemen gehören Sprache, Stimme, Geräusch, Musik, Stille, Blende, Schnitt, Mischung, Raumklang, elektroakustische Manipulation und Originalton – Phänomene, die im Folgenden kurz erläutert werden sollen.

Die Unterschiede von Sprache und Sprechen sowie die Besonderheiten der Stimme wurden bereits in Kapitel 1.2.1 beschrieben.

In Bezug auf Geräusche ist vor allem die Unterscheidung nach Funktionen wichtig: Dienen sie als Inhaltselement, als symbolisches Ausdrucksmittel oder Strukturelement (Huwiler 2005, S. 60)? Sie können naturalistisch oder stilisiert wirken, dann entweder der Kontextuierung dienen und als Existenzbeweis gelten, oder rätselhaft, mehrdeutig und auf atmosphärische Art bedeutungstragend wirken (Weber 1997, S. 53). Dabei wurde schon früh eine sogenannte Doppelpunktdramaturgie, die zum Gesagten lediglich das illustrierende, passende Geräusch hinzufügt, als künstlerisch simpel empfunden.

Auch bei Musikelementen (darunter auch einzelne Töne und Klänge) kann man verschiedene Funktionen unterscheiden: eine syntaktische Funktion als Gliederungselement, als Einleitung oder Beendigung, oder eine semantische

Funktion als Zeichen, das seine Bedeutung entweder aus der Textumgebung erhält oder aber Bedeutung mitbringt im Sinne bekannter Melodien, die quasi automatisch mit bestimmten Situationen oder Schauplätzen in Verbindung gebracht werden. Musikelemente können illustrierend und charakterisierend sein. Musik kann aber auch durchaus Eigenständigkeit behaupten und dann zum Beispiel kontrastierend eingesetzt werden oder innere Befindlichkeiten von Personen darstellen, die auf der Sprachebene nicht zum Ausdruck kommen (Huwiler 2005, S. 61). Im Praxisbeispiel 3.2.3 (*Der Froschkönig*) ist die Musik eigenständig, stellt eine zweite Erzählebene dar und tritt in eine assoziative Verbindung zum Text.

Der Begriff „Originalton" bezeichnet akustisches Material, das nicht extra für das Hörspiel hervorgebracht, sondern in der Realität vorgefunden und aufgenommen wurde. Stille ist kein eigenes Zeichensystem, sondern nur in Abhängigkeit von anderen Zeichen bedeutungstragend. Zu unterscheiden sind Pausen und Schweigen – Letzteres ein Bestandteil des Zeichensystems Sprache.

Durch den technischen Vorgang der Montage werden die einzelnen Teile des Hörspiels zusammengefügt. Blende, Schnitt und Mischung sind am Mischpult erzeugte technische Verfahren zur Herstellung linearer Kontinuität, gleichsam die Verknüpfungsmittel der akustischen Zeichen. Das Aufblenden und Abblenden mithilfe des Öffnens und Schließens des Summenreglers war schon früh ein eigenständiges Gestaltungsmittel mit vielfältigen Möglichkeiten, die aufzuzählen aber für den schulischen Gebrauch zu weit führen würde. Der Schnitt setzt im Unterschied zur Blende eine deutliche Zäsur zwischen Einheiten der Hörspiel-„Syntax". Mischung dagegen bezeichnet die Überlagerung mehrerer Klangquellen (z.B. Stimmen und Hintergrundgeräusche), die in ihrer Lautstärke aufeinander abzustimmen sind.

Raumklang (herkömmlich: Stereofonie) wird bei Huwiler (2005, S. 64) anschaulich „räumliche Schallquellen-Positionierung" genannt. Es handelt sich – so Armin Paul Frank um „jene akustische Qualität, die den drei akustischen Elementen Stimme, Musik und Geräusch als sinnlich wahrnehmbares Indiz für die Größe des Raums, in dem sie erklingen, untrennbar anhaftet" (Huwiler 2005, S. 64). Im monofonen Hörspiel rief unterschiedliche Distanz zum Mikrofon den Eindruck von Räumlichkeit hervor, für die eigene Hörspielproduktion von Schülerinnen und Schülern noch immer ein probates Mittel. Stereofonie und Kunstkopftechnik stellten weitere Verbesserungen dar. Seit 2005 strahlt der WDR Hörspiele in Surround-Technik aus. Hier handelt es sich um eine Rundum-Technik, bei der man das Gefühl hat, mitten im Geschehen positioniert zu sein, sodass die Klänge von allen Seiten kommen. Kinder und Jugendliche kennen diese Technik schon aus Computerspielen und Filmen. Entscheidend für den Eindruck eines geschlossenen Raums ist letztlich der Nachhall. Wenn kein Nachhall zu hören ist, spricht man von raumloser Stimme, wie sie zum Beispiel oft bei Erzählinstanzen zu finden ist. Signifikant ist die unterschiedliche Funktion des Raums im Hörspiel. Schon im traditionellen Hörspiel gab es zwei Positionen: Entweder sollte die Illusion eines möglichst realen Raums im Sinne von Schauplätzen akustisch vermittelt werden oder der akustische Raum sollte die Stimmungen der Figuren ausdrücken und den Blick in das Innere der Menschen lenken. Im „Neuen Hörspiel" dagegen sollte die Illusion eines imaginären Raums ganz abgeschafft werden und stattdessen die Sprache selbst im Mittelpunkt stehen.

Mittels elektroakustischer Manipulation schließlich lässt sich akustisches Material durch Studiotechnik verfremden.

## 1.4 Literarische Hörangebote für Kinder und Jugendliche – Medien und Rezeption im Wandel

Wir befinden uns in einer Zeit rasanten technologischen Wandels auf dem Gebiet der Kommunikations- und Unterhaltungsmedien, sodass auch das vorliegende Buch zum Zeitpunkt des Erscheinens sicher die neuesten Entwicklungen schon nicht mehr berücksichtigt. Andererseits lösen die Medien einander nicht einfach ab, sondern alte und neue existieren oft nebeneinander und ergänzen sich. In ihren Nutzungsgewohnheiten greifen Kinder und Jugendliche zu Neuem, aber auch auf Altes zurück. Das Kinderradio erfährt gerade eine Renaissance. Auch öffnen Rundfunkanstalten ihre Tonarchive und publizieren alte Sendungen, ist dies doch immer billiger als eine Neuproduktion. Ganz ohne einen Blick zurück auf den geschichtlichen Wandel können wir also die Gegenwart nicht verstehen (wobei hier leider die Entwicklung in der DDR noch nicht angemessen dargestellt werden kann). Es soll fokussiert werden, inwiefern Hörmedien literarische Texte an Kinder und Jugendliche vermittelten und noch vermitteln (siehe Müller 2011a) und welche Nutzungsgewohnheiten und Rezeptionsweisen Kinder und Jugendliche an den Tag legen.

### 1.4.1 Hörangebote im Radio

Die Geschichte der Hörmedien mit kinder- und jugendliterarischen Inhalten beginnt mit dem Radio. Seit 1924 gab es dort Angebote für Kinder, die der Bildung und gehobenen Unterhaltung dienen sollten. In der Zeit des Nationalsozialismus stieg durch die gezielte Verbreitung des Volksempfängers die Anzahl der Radiogeräte in den Haushalten stark an. Sie sollten der politischen Indoktrination dienen. Dem hatten sich auch die Unterhaltungssendungen unterzuordnen. Gelten die Jahre zwischen 1930 und 1950 – was die Reichweite angeht – generell als „große Ära des Radios" (Hartung 2009, S. 113), so war speziell nach dem II. Weltkrieg der Hörfunk schon deshalb *das* zentrale Massenmedium, weil Papier knapp und das Fernsehen noch nicht verbreitet war. Mit der Ausbreitung des Fernsehens in den 60er Jahren verlor das Kinderradio wie der Hörfunk insgesamt an Attraktivität, zumal es zunächst versäumt wurde, das Medium zu modernisieren. Erst in den 70er Jahren erhielten spezielle Jugendformate mit Popmusik und gesellschaftskritischen Wortbeiträgen gute Sendeplätze und aufwändig hergestellte Hörspiele nahmen Tendenzen der neueren Kinder- und Jugendliteratur auf. Dennoch blieben sie ein Nischenprodukt. Die Kinderprogramme wurden zwischen 1978 und 1987 um fast ein Viertel reduziert (Weber 1997, S. 9). Die öffentlich-rechtlichen Sender produzierten aber weiterhin hochwertige Sendungen für Kinder, darunter attraktive Kinderhörspiele und Lesungen anspruchsvoller Kinder- und Jugendliteratur. Innerhalb dieser Nische entwickelte sich seit den 70ern – weitgehend unbemerkt, weil nicht langfristig verfügbar – das traditionelle, literarische Kinderhörspiel zum Neuen Kinderhörspiel, das sich experimentierfreudiger zeigte und neben neuen Inhalten auch einen bis dahin unbekannten Formenreichtum aufwies (Weber 1997, S. 35). Bis heute senden Rundfunkanstalten Programme für Kinder mit teils teuren Produktionen (siehe Radioangebote für Kinder, Kapitel 4.2.7). Deren Stunde scheint nun mit der Digitalisierung des Hörfunks und mit der Fusion aus Radio und Internet erneut gekommen.

## 1.4.2 Hörangebote auf Kassetten und CDs

Von Anfang an arbeiteten Schallplattenproduzenten mit dem Hörfunk zusammen, und so reichen auch die ersten Schallplatten für Kinder in die 20er Jahre zurück. Doch ein massenwirksames Medium waren diese Scheiben lange nicht. Nach dem II. Weltkrieg setzte sich die Vinylplatte durch und beherrschte bis Ende der 80er Jahre den Schallplattenmarkt für Kinder (Umlauf/Sarnowski 2000, S. 29). Bei diesen Kinder(sprech)platten handelte es sich um anspruchsvolle Angebote, oft Märchenproduktionen und Bearbeitungen klassischer Kinderbücher; seltener wurden die Werke zeitgenössischer Kinderbuchautoren auf Vinylplatte verewigt (Rühr 2008, S. 77). Das Hören einer Sprechplatte war etwas Besonderes, an dem Eltern und Kinder gemeinsam aufmerksam Anteil hatten, um das einzige Abspielgerät im Haus geschart. Eine Konkurrenz zum Buch war die Kinderplatte nie, allerdings entwickelten sich im Laufe der Jahre – Hand in Hand mit einer Ausweitung der Inhalte – erste Medienverbünde aus Buch und Schallplatte, aus Kinderfunk und Schallplatte, aus Film und Schallplatte (z. B. *Winnetou*).

Mit der Verbreitung der Tonkassette (auch dann MC/Musikkassette genannt, wenn sie nur Sprache enthielt) ab 1963 wurde vieles anders. Der niedrige Preis, die Unempfindlichkeit, einfache Handhabbarkeit und geringe Größe machten massenhafte Verbreitung möglich. Kinderprogramme wurden zum zweithäufigsten Inhalt. Das Hörmedium wanderte nun ins Kinderzimmer, in dem bald die meisten Kinder ein eigenes einfaches Abspielgerät zur Verfügung hatten. Dabei wandelte es sich zum Nebenbei-Medium (siehe Kapitel 1.4.4). Zu dieser Rezeptionsform passen Inhalte, die wenig Ansprüche an die Aufmerksamkeit stellen und die dem Kind das Gefühl von Vertrautheit vermitteln: Kinderkassetten-Serien, die es bis heute gibt, erfüllen diese Anforderungen ideal, weil sie innerhalb einer Serie nach dem immer gleichen Schema funktionieren.

Als Funnys, die man gemeinhin meint, wenn man von Kinderkassetten spricht, bezeichnet man Serien für die Kleinen wie *Benjamin Blümchen* und *Bibi Blocksberg* sowie Krimis für die etwas Älteren wie *Fünf Freunde*. Rogge/Rogge (1999, S. 14) haben als deren Merkmale herausgearbeitet: eine geradlinige Handlung, die von Action und Betriebsamkeit geprägt ist; Hauptfiguren, die an ihren (manchmal überzogenen) Stimmen schnell identifizierbar sind und schon durch den Klang ihrer Stimme in „Gut" und „Böse" einzuordnen sind; meist starke und allmächtige Helden, denen Nachdenklichkeit eher fremd ist; Verbindung von Spannung und Komik. Wermke hat als signifikant eine an audiovisuellen Medien orientierte Ästhetik herausgearbeitet, bei der „die Dominanz von Tempo, Rhythmus und Kontrast im Unterschied zu inhaltlichen Merkmalen" sowie „eine nachrangige Bedeutung von (akustischer) Verständlichkeit, Handlungslogik, interner Schlüssigkeit gegenüber assoziativ verknüpften Mustern, Zitaten, Effekten" (Wermke 1999, S. 197) zu beobachten ist. „Literatur für Kinder" – nach Buchvorlagen, als Lesung oder Hörspiel – blieb auf Kassette dagegen ein „sehr kleines Segment" (Umlauf/Sarnowski 2000, S. 153). Dennoch seien hier und im Folgenden auch „Funnys" als Literatur im weitesten Sinne behandelt.

Obgleich es CDs als Trägermedium seit 1982 gibt, spielten sie bis Mitte der 90er Jahre für Kinder nur eine untergeordnete Rolle. Ab 1997 war jedoch eine klare Verschiebung zugunsten der CD beobachtbar (Stenzel 2008b, S. 446). CDs können ebenfalls von Kindern selbstständig abgespielt werden. Die Einteilung in Tracks, die direkt angesteuert werden können, erleichtert den Ein- und Ausstieg und das Wiederfinden bestimmter Stellen im Vergleich zur MC deutlich, sodass sich die CD besser zum Hören längerer und anspruchsvollerer Texte eignet. Ein wachsendes Interesse an Literatur auf Hörmedien zeichnete sich erstmals 1997 mit der Hörspielfassung von Jostein Gaarders *Sofies Welt* ab, einem außerordentlichen Verkaufserfolg, der aber durch die Lesungen der *Harry-Potter*-Romane durch Rufus Beck ab 1999 noch in den Schatten gestellt wurde. Dass neue Kinder- und Jugendromane zeitgleich als Print- und Hörmedium auf den Markt kommen, ist heute häufig der Fall, nicht zuletzt seit 1993 acht Gesellschafter, darunter führende Verlage, den Hörverlag gegründet haben. Die Digitalisierung der Hörspielproduktion machte sie nämlich von teuren Hörfunkstudios unabhängig. An dem seit ca. 2001 boomenden Hörbuchmarkt haben Kinderhörmedien einen beträchtlichen Anteil, jedoch nicht nur als Zusatzverwertung zum Buch, sondern als „eigenständiges Medium mit eigenem Kreations- und Produktionszyklus" (Lepa/Ehrenspeck 2008, S. 36). Kinderhörbuch-Bestenlisten, -Empfehlungskataloge, -Rezensionen und -Preise gehören zur gegenwärtigen Renaissance des Hörens, einem unerwarteten „acoustic turn" (Frederking/Krommer/Maiwald 2008, S. 108).

### 1.4.3 Hörangebote als MP3-Dateien und Download-Angebote

Mit der Erfindung des MP3-Players stand seit den 90ern ein noch kleineres und leistungsfähigeres Speicher- und Abspielgerät zur Verfügung. Die Abkürzung MP3 steht für eine Methode, Audio-Informationen auf eine handliche Größe zu komprimieren, ein Datenformat, das seit 1992 in standardisierter Form zugänglich ist. Die MP3-Daten sind auf verschiedenen Medien wie CD-ROMs oder als Downloads aus dem Internet verfügbar und lassen sich auf MP3-Playern, DVD-Abspielgeräten, dem PC und anderen Geräten wiedergeben. Wie immer im technologischen Bereich ist auch bei MP3-Playern nach einigen Jahren ein Preisverfall eingetreten, sodass der Verbreitungsgrad unter Kindern und Jugendlichen hoch ist (siehe unten).

Mit der Möglichkeit, Downloads aus dem Internet zu beziehen, also Dateien von einem Server auf einen lokalen Rechner zu übertragen, begann um 2004 die „Entmaterialisierung des Hörbuchs" (Rühr 2008, S. 176). Beides zusammen – Downloads/Podcasts und MP3-Player – bedeuten, dass Hörbücher und andere Audiodateien in noch größerer Fülle als vorher zur Verfügung stehen, noch leichter zu beschaffen sind und mit noch kleineren Geräten zu transportieren und zu hören sind. Noch 2008 hielt Krug den „Hörbuchmarkt [für] weitgehend CD-fixiert" (Krug 2008, S. 163) und Frederking/Krommer/Maiwald (2008, S. 110) beobachteten, dass literarische Sujets wegen der teuren Urheber- und Veröffentlichungsrechte kaum kostenfrei distribuiert würden, sodass sie bislang auch wenig als Podcast zu finden seien. In der Tat werden vor allem Texte, bei denen die Urheberrechte bereits abgelaufen sind, angeboten. Doch da man erkannt hat, dass man auf diesem Weg viele Kinder erreicht, setzen hier inzwischen Fördermaßnahmen an. Ein Beispiel wird stellvertretend in Kapitel 3.4.1 (Krimi-Hörspiel *Die Alster-Detektive*) behandelt. Daneben wächst die Zahl der kostenpflichtigen Downloads (siehe Kapitel 4.3) auch für Kinder – im Grunde kein Anlass zur Empörung, handelt es sich doch um einen Distributionsweg neben vielen anderen, für die ebenfalls gezahlt werden muss. Außerdem sind Downloads oft billiger als die CD mit gleichem Inhalt. Allerdings wird es eine Aufgabe der Medienerziehung sein, Kinder aufzuklären, wie ihnen hier unter Umständen – und sei es in kleinen Beträgen – das Geld aus der Tasche gezogen wird, ohne dass sie es so deutlich merken wie an der Kaufhauskasse.

Doch das Internet hatte auch Auswirkungen auf das Radio. Man spricht von dessen „Neuerfindung" ab 2000 aufgrund seiner „digitalen Entgrenzung" (Krug 2008, S. 10, 149). In dem Maße, in dem das Fernsehen tendenziell an Attraktivität verliert, weil Computer (und Handy als jederzeit verfügbare Schnittstelle zum Computer) multimediale Unterhaltung aller Art bieten, haben auch auditive Angebote wieder eine Chance, weil sie leicht gefunden, zeitversetzt und unabhängig von Reichweitenbeschränkungen gehört werden können. „Mit großem Engagement erobert der Kinderfunk Hörer zurück" (Partzsch 2009, S. 26): Begleitende Internetauftritte bieten den Kindern interaktive Seiten, auf denen sie sich über die gehörten Sendungen austauschen und Zusatzmaterial finden können (dazu auch das Praxisbeispiel 3.4.1, *Die Alster-Detektive*). Und schon ist die nächste technologische Runde eingeläutet: Bessere Kompressionsmethoden beginnen, MP3 abzulösen, und entsprechende Dateiformate wie MP4, MPA (für Audiodaten) und MPB (speziell für Hörbücher) werden gebräuchlicher.

Seit 2010 sind Tablet-Computer (nach Vorläufern, die Nischenprodukte blieben) auf dem Markt und wurden schnell populär bei denen, die sie sich schon leisten können. Natürlich gibt es für diese Geräte, die „alles können" (so die Werbung), auch Zusatzprogramme (Applications, Apps), die Hördateien zur Verfügung stellen. Aber das ist im Moment für die Schule noch Zukunftsmusik.

Ebenso neu und bisher ausschließlich im Freizeitbereich im Einsatz sind sogenannte Hörstifte, eine Kombination aus Lesegerät und MP3-Player. Mit einem Sensor an der Stiftspitze wird ein Code auf den Seiten speziell präparierter Bücher eingelesen. Der Stift erkennt beim Antippen von Bildern oder Texten den Code, sucht in seinem Index und spielt die passende Datei über den integrierten Lautsprecher ab. Im Moment wenden sich die Titel vor allem an die Kleinen, die sich auf diese Weise kurze Texte vorlesen lassen, Tierstimmen hören, Musikelementen lauschen, Geräusche vernehmen können und so weiter. Auch das Fremdsprachenlernen bietet sich als Anwendungsbereich an. Es wird abzuwarten sein, ob sich die Technologie durchsetzt und auch literarische Angebote folgen, und wie sich die Preisentwicklung gestaltet.

### 1.4.4 Nutzung, Rezeptionsweisen und Gratifikationen

Eine ältere empirische Untersuchung aus den Jahren 1992 bis 1994 sei im Hinblick auf Nutzungsgewohnheiten und Gratifikationsmuster herangezogen, weil vor diesem Hintergrund Hörtraditionen und Besonderheiten der Gegenwart deutlicher werden. Es ging damals um die Bedeutung von Hörkassetten für Grundschulkinder (Treumann/Schnatmeyer/Volkmer 1995, S. 37 ff.). Man fand heraus, dass die Tonkassetten häufig (in abnehmender Reihenfolge) als Einschlafhilfe genutzt, in Situationen der Langeweile und als Stimmungsregulativ bei Einsamkeit und Traurigkeit angehört wurden, dem sozialen Rückzug dienten, dass aber auch viele Kinder sich trafen, um gemeinsam Kassetten zu hören, über sie zu sprechen und sie auszutauschen, dass Kassetten oft nebenbei (beim Spielen, Malen) gehört wurden (sogenannte „Klangtapete"), ein Drittel der Kinder die Inhalte nachspielte und den Rekorder auch als Produktionsmedium benutzte.

Rogge/Rogge (1999) beobachteten bei Grundschulkindern darüber hinaus eine besonders starke emotionale Beteiligung, die Distanzierung und Loslösung schwer macht, und das Phänomen des Wiederholungshörens, auch nur ganz bestimmter Stellen, um gezielt Stimmungen herbei zu führen.

Die Befunde werden im Nachhinein bestätigt durch Bastian (2003), die als ehemaliges „Kassettenkind" launig über die Generation der in den 70ern Geborenen berichtet und die Funktion der Kassetten für das Gefühl der Geborgenheit und Entspannung hervorhebt, aber auch deren sprachfördernde Wirkung (S. 149) betont. Sie bezieht sich dabei vor allem auf die populären Kinderkrimiserien.

In der Tat verdienen innerhalb des Hörkassettenmarkts Krimis für Kinder (Börder 2007) einen zweiten Blick. Detektivgeschichten wie *Fünf Freunde*, *Die drei ???* und *TKKG* erfüllten zunächst den 9- bis 14-Jährigen das Bedürfnis nach Unterhaltung durch Spannung und abenteuerliche Sujets, nach Weltflucht und Tagträumen, Bedürfnisse, die das Fernsehen früher nachmittags noch nicht in dem Ausmaß bediente wie heute. Seit Anfang des 21. Jahrhunderts hat bezüglich der Serie *Die drei ???* – inzwischen auch als CD vorliegend – eine interessante Entwicklung stattgefunden: Sie wird nun einerseits von Kindern im frühen Grundschulalter gehört, andererseits genießt sie bei jungen Erwachsenen im Durchschnittsalter von 24 Jahren Kultstatus. Kerenkewitz/Schulte (2008) erklären das Phänomen damit, dass diese in der Ambivalenz von Geborgenheit und Rätselhaftigkeit/Anspannung eigene Entwicklungsaufgaben bearbeiten. Interessanterweise tauchen zwei der drei populärsten Krimiserien noch 2010 als beliebter Stoff bei 6- bis 12-Jährigen auf. Die KIM-Studie 2010 (Medienpädagogischer Forschungsverbund Südwest 2011, S. 24) fragte, welche Bücher „zurzeit" gelesen würden. Dabei wurden unter den ersten sieben auch *Die drei ???* und *Fünf Freunde* genannt – in diesem Zusammenhang zwar als Buch, aber es ist wahrscheinlich, dass die Titel den Kindern auch als Hörmedium vertraut sind. Nach einer vergleichbaren Liste in Bezug auf Hörmedien wurde nicht gefragt.

2006 veröffentlichte der Börsenverein des Deutschen Buchhandels eine im gleichen Jahr durchgeführte Befragung von 1.142 Kindern, Jugendlichen und jungen Erwachsenen im Alter zwischen 5 und 21 Jahren zum Thema Hörbuchnutzung. Die Ergebnisse sind vor dem Hintergrund zu sehen, dass die Befragung auf der Leipziger Buchmesse stattfand, was eine bestimmte Selektion buchaffiner Befragter zur Folge hatte. So besuchten 66 % das Gymnasium. Aber die Befragung verdient Aufmerksamkeit, weil hier der Altersschwerpunkt nicht im Grundschulbereich, sondern mit 52 % bei den 14- bis 17-Jährigen lag. 68,2 % gaben an, Hörbücher in der Freizeit zu hören, wobei die Nutzung bei den 6- bis 9-Jährigen mit 88 % am höchsten war, dann auf 61,8 % bei den 14- bis 17-Jährigen absank, um danach wieder auf 69 % bei den über 18-Jährigen anzusteigen. 55 % aller, die schon einmal Hörbücher gehört hatten, fanden diese „total cool", 43 % immerhin „ganz nett". Unter denen, die Hörbücher „total cool" fanden, lagen Jungen und Mädchen praktisch gleichauf (54,3 % und 55,2 %). Die Frage nach den Lieblingsgenres ergab folgenden Befund:

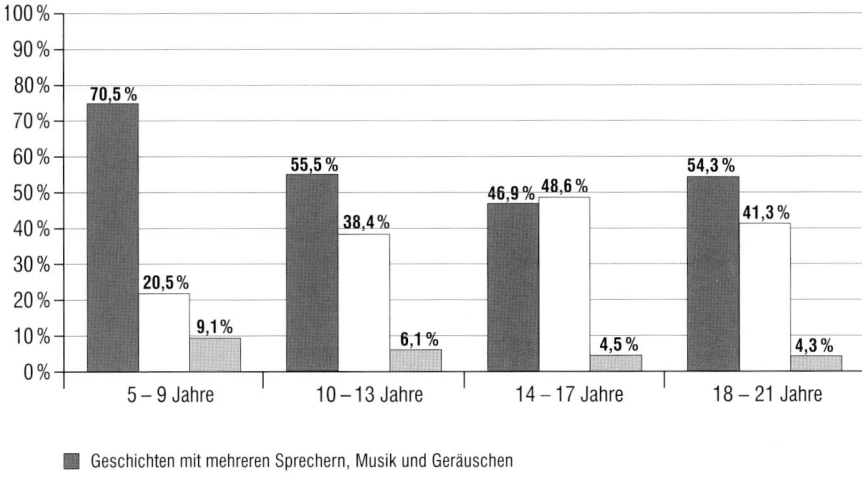

Lieblingsgenres aller Befragten, die bereits Hörbücher gehört haben (© Börsenverein des Deutschen Buchhandels 2006, S. 31)

Bei der Frage nach den Erwartungen an ein Hörbuch konnte unter folgenden Optionen gewählt werden (in Klammern die Ergebnisse):

▸ „unterhalten bzw. entspannen" (85,6 %),

▸ „über Sachverhalte informieren, die ich in der Schule brauchen kann" (13,1 %),

▸ „über Sachen informieren, die mich in meiner Freizeit interessieren" (23,5 %),

wobei der hohe Wert der ersten Kategorie auf alle Altersgruppen zutrifft und völlige Gleichheit bei Jungen und Mädchen zeigt.

Eine jüngere Umfrage unter 120 baden-württembergischen Jugendlichen, die alle aus dem unteren Bildungsmilieu kamen, revidiert den vorschnellen Schluss, es handele sich wohl um eine Besonderheit von Gymnasiastinnen und Gymnasiasten, denn auch bei dieser Testgruppe wurde festgestellt: „Fast zwei Drittel der Jugendlichen mögen Radioberichte, Hörspiele, Hörbücher sowie Podcasts." (Marci-Boehncke/Rath 2009, S. 33)

Dass Hörmedien eine gute Wahl für alle Altersstufen und beide Geschlechter sind, bestätigt auch eine 2007 durchgeführte, von der Deutschdidaktik noch zu wenig beachtete, empirische Untersuchung, bei der 319 Datensätze von 7- bis 16-jährigen Personen im norddeutschen Raum erhoben wurden. Es wurde festgestellt, dass – anders als beim Lesen fiktionaler Printliteratur – das Ausmaß der Hörmediennutzung nicht signifikant mit Alter und Geschlecht korrelierte (Lepa/ Ehrenspeck 2008, S. 41).

Für die Gruppe der 6- bis 13-Jährigen bestätigen Zahlen von 2010, dass zu Hörmedien nach wie vor gern gegriffen wird, wenn die Kinder traurig sind:

| Mache ich am ehesten wenn … (in Prozent) | | | | | | |
|---|---|---|---|---|---|---|
| | Radio/ CD/ MP3 | TV/ Video/ DVD | Telefon/ Handy | Lesen | Computer/ Konsolen- spiel | Internet | nichts davon |
| mir langweilig ist | 7 | 43 | 6 | 11 | 22 | 6 | 4 |
| ich traurig bin | 27 | 26 | 10 | 9 | 7 | 3 | 17 |
| ich Spaß haben will | 6 | 27 | 7 | 3 | 33 | 6 | 19 |
| ich mich geärgert habe | 18 | 22 | 13 | 4 | 15 | 4 | 23 |
| ich was Spannendes erleben will | 2 | 39 | 3 | 9 | 24 | 7 | 15 |
| ich mich alleine fühle | 16 | 42 | 12 | 8 | 10 | 5 | 7 |

KIM-Studie 2010: Funktionen verschiedener Medien (Quelle: Medienpädagogischer Forschungsverbund Südwest 2011, S. 19 – www.mpfs.de)

Es kann angenommen werden, dass Hörmedien in dieser Situation noch immer die Rolle von Stimmungsregulatoren übernehmen und das von Rogge und Bastian konstatierte Geborgenheitsgefühl hervorrufen. So wird Hören als Zuflucht bei kleinen oder größeren existenziellen Krisen empfunden. Dies gilt – mutatis mutandis – auch für Jugendliche. Hier ist es das Radio, das dieses Gefühl vermittelt. Längst hat die psychologische Forschung herausgefunden, dass Stimmungs- und Emotionsregulation durch Medien insgesamt bei Heranwachsenden eine große Bedeutung hat (Schramm/Wirth 2007) und zur Identitätsfindung das emotionale Erleben von Musik und Text eine Rolle spielt: Die „lyrischen Textphrasen" der Populärmusik bieten „Rohmaterial" für die Fantasie. Die Kombination von Musik, Text und jugendkultureller Einbettung wird als „Materialfundus" (Hartung/Reißmann 2007, S. 27) bezeichnet. Kein Wunder also, dass viele Jugendliche, die kaum freiwillig ein Gedicht auswendig lernen würden, ganze Songtexte mitsprechen können, vor allem wenn diese einen eindringlichen Rhythmus haben.

## 1.5 Hörtexte und Textverstehen

### 1.5.1 Hören und Hörverstehen

Andere Sprachen bringen es deutlich zum Ausdruck: Hören und Hören ist nicht dasselbe. Das Englische kennt *hear*, *listen* und *attend*, das Französische *écouter*, *entendre* und *apprendre* (Ackermann 2006). Auch im Deutschen kann differenziert werden. Wermke (2010, S. 182 f.) unterscheidet:

▸ außerhalb von Kommunikationssituationen: Horchen, Lauschen,
▸ innerhalb von Kommunikationssituationen: Zuhören.

Deutschdidaktisch gesehen ist Horchen als kurzfristig aktualisiertes, konzentriertes, analytisches Hören besonders bei Hörsensibilisierungsübungen und bei der Hörspielarbeit wichtig. Lauschen dagegen als „hochkonzentriertes, aber zugleich selbstvergessenes Hören, das sich entspannt den Eindrücken hingibt" (Wermke 2010, S. 183), spielt vor allem eine Rolle bei genusshaftem Hören und ästhetischer Wahrnehmung. Mitunter findet sich eine Begriffsverwendung, die Lauschen als bewusstes Hören im Zusammenhang mit dem Erwerb phonologischer Bewusstheit konturiert, welche heute als eine bedeutsame Vorläuferfertigkeit für einen gelingenden Schriftspracherwerb gilt. Entsprechend heißt das dazu entwickelte Förderprogramm denn auch „Hören, lauschen, lernen" (Küspert/ Schneider 2006). „Zuhören" wird weiter unten ausführlicher erläutert.

Im Folgenden wird überwiegend der Begriff „Hören" verwendet und dann je nach konkretem Fall spezifiziert, ob es sich eher um Zuhören, Horchen oder Lauschen handelt. Es ist schon syntaktisch schwierig, immer mit einem Wort präzise zu bezeichnen, was gemeint ist: Man „hört" nicht einem Roman „zu", sondern der Person, die ihn liest. Also heißt es dann: „einen Roman hören", auch wenn es um eine aufmerksame Zuhörhaltung geht.

Wie aber funktioniert das, was wir als Hören bezeichnen? Durch Geräusche verursachte Schallwellen treffen – über einige Zwischenstationen – auf die Hörschnecke im Ohr. Die dort erzeugten Schwingungen werden über den Hörnerv an das Gehirn weitergeleitet. Imhof (2003, S. 13) bezeichnet als *„akustische Wahrnehmung"* die Verarbeitung der Schallereignisse aufgrund physikalischer Kriterien: Man nimmt ein Geräusch wahr, das Schallereignis wird zum Hörereignis, aber man kann es noch nicht identifizieren. Sobald der eingetroffene akustische Reiz als „etwas Bestimmtes" erkannt wird, zum Beispiel als Musik, als Stimmengewirr, als Umweltgeräusch, laufen bereits Prozesse höherer Ordnung ab, bei denen der Reiz mithilfe kognitiver Operationen bearbeitet wird: die *auditive* Wahrnehmung. Der erste Wahrnehmungsspeicher hat nur eine Aufnahmekapazität von ca. 10 Sekunden. Wenn dann das Gehörte nicht verarbeitet ist, geht es verloren (Pabst-Weinschenk 2007, S. 41). Wenn man sich aber mit dem Gehörten beschäftigt, wird das S-O-I-Modell wirksam:

▸ **S**elektion aus der Fülle der sonstigen Reize,
▸ **O**rganisation, das heißt Strukturierung der Reize mithilfe von bereits vorhandenen kognitiven Mustern (darunter Hörmustern), seien diese bewusst oder unbewusst erworben,
▸ **I**ntegration des Gehörten in die vorhandene Wissensstruktur, die eigentliche Interpretation des Reizes und seiner Umgebung.

Dies alles sind hochgradig aktive Konstruktionsleistungen, die der landläufigen Vorstellung vom passiven Hören widersprechen. Die folgende Grafik beschränkt sich auf die Verarbeitung gehörter Sprache.

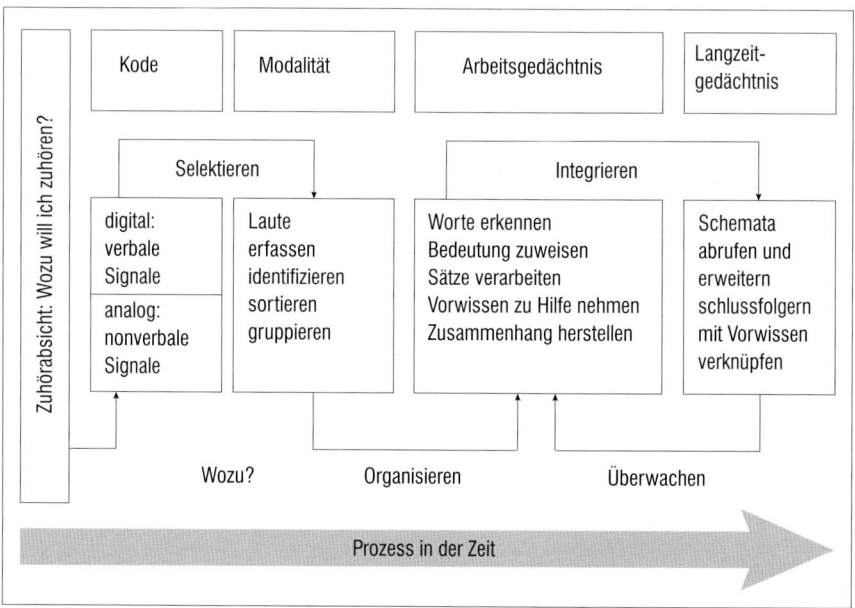

Zuhören als mehrstufiger Prozess der Sprachinformationsverarbeitung (nach Imhof 2010, S. 19)

Zuhören zeichnet sich dadurch aus, dass die S-O-I-Prozesse gerichtet ablaufen, dass hier eine Zuhörabsicht vorliegt. Zuhören impliziert also eine *bewusste* Selektion der Hörreize. Da man das Ohr nicht verschließen kann, sondern immer eine Vielzahl von Reizen darauf eindringt, bedarf es der Konzentration auf diejenigen Reize, die einem gemäß der Zuhörabsicht wichtig sind, und der Fähigkeit, die anderen Reize in den Hintergrund treten zu lassen. Dafür gibt es natürliche Grenzen – wenn die anderen Reize so laut sind, dass sie die akustischen Reize, auf die es einem ankommt, übertönen. Der Mensch ist zwar in der Lage, fehlende akustische Information zu ergänzen, aber je mehr dies nötig ist, umso schneller tritt Ermüdung ein (Behrens 2010, S. 39). Aufmerksames, verstehendes Zuhören ist anstrengend und bedarf hoher Konzentration, umso mehr in einer nicht störungsfreien Umgebung (Behrens 2010, S. 40).

Hörverstehen liegt dann vor, wenn die Sinnkonstitution des Gehörten gelingt. Dabei laufen – wie beim Lesen – vom Vorwissen geleitete *Top-down*-Prozesse und vom akustischen Reiz geleitete *Bottom-up*-Prozesse ab. Sie ergänzen sich wechselseitig, können aber unterschiedlich stark ausgeprägt sein. Bei bekannten Hörsituationen, zum Beispiel typischen Radiosendungen, hören wir *top down*, bei unbekannten akustischen Ereignissen spitzen wir die Ohren und versuchen die akustischen Reize *bottom up* genau zu erfassen (Pabst-Weinschenk 2007, S. 41). Hörverstehen heißt aber nicht automatisch, dass immer nur die *sprachliche* Nachricht verstanden wird. In dem Moment, in dem Umweltgeräusche „verstanden" und bedeutungsvoll werden, können sie von dem eigentlichen Zuhörziel ablenken, selbst wenn sie dieses nicht übertönen, etwa wenn das akustische Stundensignal einer Armbanduhr zu hören ist und man daran denkt, dass der Unterricht bald vorbei ist, oder wenn bei einsetzendem, laut prasselndem Regen einem plötzlich einfällt, dass man den Schirm vergessen hat.

In die Verstehensleistung fließen über den akustischen Input im engeren Sinne auch die Wahrnehmung, Verarbeitung und Interpretation von Sprechermerkmalen und Situationsmerkmalen ein (Imhof 2003, S. 54).

Zu den Sprechermerkmalen zählen diejenigen Aspekte, die sich über Stimme und Sprechweise implizit erschließen lassen, in der *Face-to-Face*-Situation auch Mimik, Gestik und so weiter. Hier werden Weltwissen und Empathiefähigkeit besonders relevant, auch Hörmuster, zum Beispiel das Verständnis typischer Intonationsmuster.

Situationsmerkmale umfassen den Kontext, in dem gesprochen wird, angefangen von Ort und Zeit bis hin zur Personenkonstellation. Hierbei spielt eine Rolle, dass der Hörsinn ein Rundum-Sinn ist, das heißt, dass wir Klang räumlich wahrnehmen, zum Beispiel die Position der Schallquellen zueinander. Aber auch hier werden wieder kognitive Muster in Form von typischen Konstellationen und Verläufen („Frames" und „Skripts") relevant, darunter speziell Hörmuster. Weil bei jedem Menschen unterschiedliche Hörmuster vorliegen, empfiehlt sich der Begriff des Hörhorizonts, den Hagen/Huber (2010, S. 185) verwenden: Mit ihm wird die Menge aller Hörmuster einer Person bezeichnet.

Als nächsten Schritt in einer linearen Staffelung „akustische Wahrnehmung → etwas Hören → Zuhören → Hörverstehen" schlägt Hillegeist (2010, S. 60, im Anschluss an Weißbach) das „aktive Zuhören" vor. Gemeint ist damit eine besonders um Verstehen bemühte, zugewandte Form des Hörens und Verarbeitens, bei dem Zuhörstrategien eingesetzt und Hörverstehensprobleme reflektiert werden und an deren Lösung gearbeitet wird. Der Begriff könnte ein wenig irreführend sein, weil Zuhören von Anfang an ein aktiver Prozess ist, von der ersten Segmentierung des Lautstroms angefangen bis hin zum bewussten Einsatz von Zuhörstrategien. Jedoch kommt dieser Begriff inzwischen öfter in der deutschdidaktischen Literatur vor (auch im Sinne von Höreraktivierung). So ergibt sich eine Stufenfolge, die in Kapitel 1.5.3 noch um das literarische Hörverstehen zu ergänzen sein wird: akustische Wahrnehmung → etwas Hören → Zuhören → Hörverstehen → aktives Zuhören → literarisches Hörverstehen. So muss eine Vielzahl von Voraussetzungen erfüllt sein, damit überhaupt von Hörverstehen die Rede sein kann:

▸ die Bereitschaft zuzuhören (Zuhörmotivation),

- auditive Aufmerksamkeit (Konzentration auf das Hören, Aufrechterhalten der Konzentration, Hörsensibilisierung, bewusstes Hören, Hörabsicht – „Selektionsfähigkeit"),
- Zugriff auf kognitive Muster (Sprachwissen, Textwissen, Weltwissen) und Hörmuster, mit deren Hilfe das Gehörte strukturiert wird – „Organisationsfähigkeit"),
- Hörerinnerung/Hörerfahrung, die in Form bestätigter oder umstrukturierter Hörmuster den Hörhorizont erweitert, die Wahrnehmung und Verarbeitung neuer Höreindrücke beeinflusst sowie die Interpretation des Gehörten ermöglicht („Interpretationsfähigkeit"),
- Zuhörstrategien, um den Vorgang zu überwachen und zu regulieren (aktives Zuhören).

An all diesen Punkten kann Zuhören in der Schule scheitern, weshalb in Kapitel 2.4.1 näher auf methodische Fragen eingegangen wird.

## 1.5.2 Hörverstehen und Leseverstehen im Vergleich

Die Berücksichtigung von Hörtexten im Literaturunterricht bedeutet oft, dass ein Text gehört wird, der auch gelesen werden könnte, ja Hören und Lesen treten in Kombinationen auf. Insofern ist es notwendig, das Verhältnis von Hörverstehen und Leseverstehen genauer zu analysieren. Kürschner/Schnotz (2008) haben aus instruktionspsychologischer Sicht das Thema untersucht. Demnach handelt es sich sowohl beim Lesen als auch beim Hören um den Aufbau mentaler Modelle, die externe Sachverhalte (in diesem Fall den geschriebenen oder gehörten Text) intern kognitiv repräsentieren. Zwischen aktuellen Textinformationen und Vorwissen kommt es zu einem Wechselspiel von aufsteigenden, *Bottom-up*-Prozessen und absteigenden, *Top-down*-Prozessen der Verarbeitung. Diese Verarbeitungsprozesse lassen sich in hierarchisch niedrige und hierarchisch hohe unterscheiden. Eine solche Hierarchie ist zwar „artifiziell", wie Behrens/Böhme/Krelle (2009, S. 363) festgestellt haben, da beim Hörverstehen immer alle Ebenen beteiligt sind – und zwar in dem Maße, wie sie für das subjektive Verstehen von Bedeutung sind –, jedoch ist sie systematisch hilfreich, um zu bezeichnen, wo Probleme auftauchen oder auftauchen könnten beziehungsweise wie diese zu diagnostizieren sind.

Auf den niedrigen Verarbeitungsebenen kann es zu modalitätsspezifischen Prozessen kommen, das heißt, der Modus Hören kann zu anderen Ergebnissen als der Modus Lesen und zu unterschiedlichen mentalen Modellen führen. Auf höheren Verarbeitungsebenen jedoch finden beim Hör- und Leseverstehen vergleichbare Verarbeitungsprozesse statt. Kürschner/Schnotz fassen ihre Ergebnisse in folgender Abbildung zusammen:

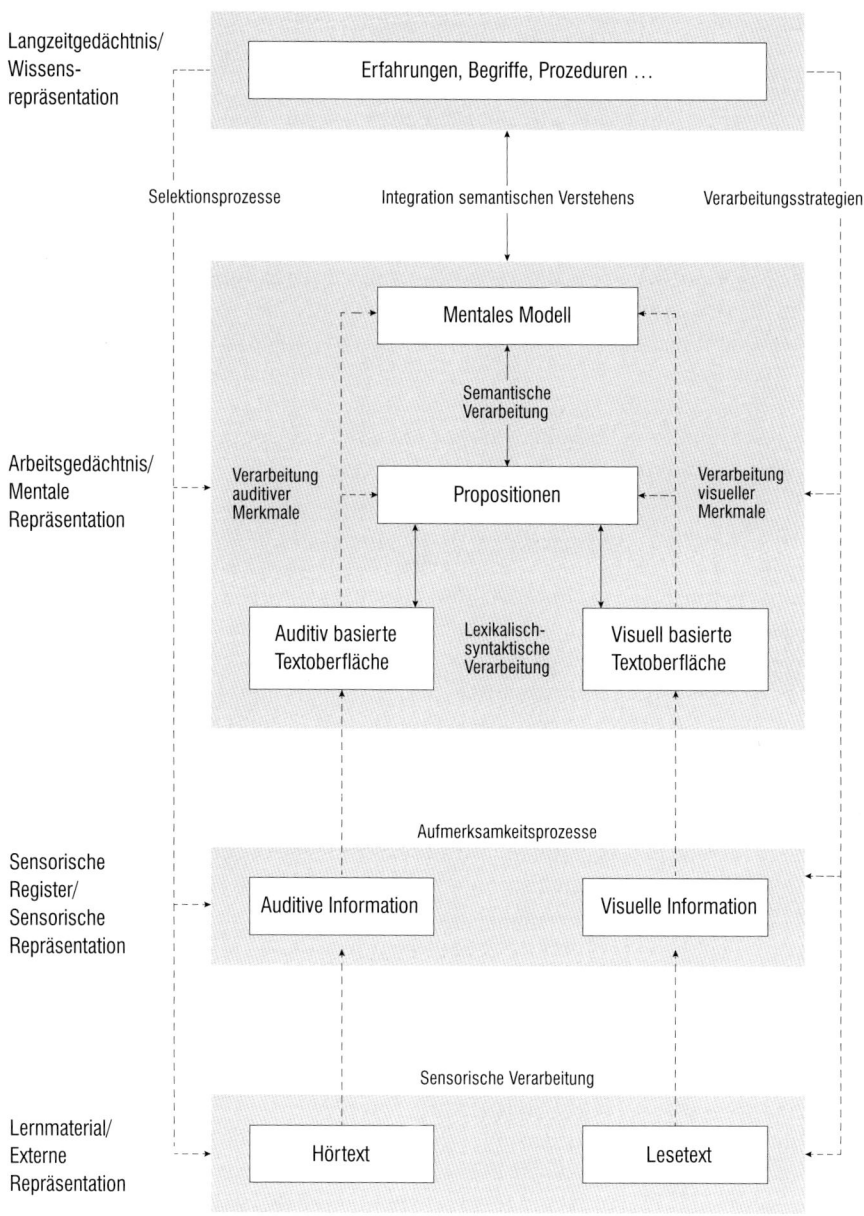

Integriertes Modell des Hör- und Leseverstehens (Quelle: Kürschner/Schnotz 2008, S. 144)

Der Unterschied auf der niedrigen Ebene ist dadurch bedingt, dass im einen Fall die materiellen Zeichenträger der Sprachinformation Schallwellen, im anderen Fall Schriftzeichen sind, im einem Fall müssen Laute identifiziert werden, im anderen Fall Buchstaben. Im einen Fall bieten prosodische Merkmale und die in der Stimme erkennbaren Emotionen Verstehenshilfen, im anderen bieten die permanente Verfügbarkeit des Schriftzeichens (weil der Leser eine höhere Kontrolle über seinen Verarbeitungsprozess hat) und die grafische Gestaltung Erleichterung (Kürschner/Schnotz 2008, S. 140, 146). Hier begegnen uns die beiden Aspekte wieder, die schon in Kapitel 1.2.1 als konstitutiv herausgestellt wurden: Prosodieaspekt und Flüchtigkeitsaspekt. Bei hierarchiehöheren Aspekten jedoch, also wenn es nicht mehr um sensorische, sondern um semantische Repräsentationen geht, verschwinden nach Kürschner/Schnotz (2008) die modalitätsspezifischen Unterschiede, „da beim Hörverstehen und beim Leseverstehen auf ein gemeinsames Lexikon zurückgegriffen wird" und „da die betreffende Informationsverarbeitung vor allem konzeptgeleitet ist" (S. 145). Hier muss allerdings relativierend darauf hingewiesen werden, dass sich Kürschner/Schnotz auf Instruktionstexte beziehen, während das Verstehen literarischer Texte nach einem entsprechenden Modell verlangt, das eher bei Rosebrock/Nix (2008) vorliegt, auch wenn dieses ebenfalls mit der kognitiven Informationsverarbeitung auf vorliterarischer Ebene beginnt. Entlang dieses Modells sollen nun Hören und Lesen verglichen werden (siehe Müller 2010b), wobei die Lautebene schon eingangs behandelt wurde.

Beim Lesen scheitern viele Kinder bereits auf der Ebene der *Wortidentifikation*. Helfrich (2003, S. 521) hat aus psycholinguistischer Sicht herausgearbeitet, dass gerade für die Wortidentifikation der Prosodieaspekt eine wesentliche Hilfe sein kann. Aber: Wörter können auch missverstanden werden, gerade wenn sie den Hörenden weniger geläufig sind oder in ungewohnten Satzzusammenhängen auftauchen, wie dies bei poetischem Sprachgebrauch häufig vorkommt. Kinder können sich vor allem bei literarischen Texten auch unstimmige Kontexte konstruieren. Das bekannteste Beispiel dürfte Axel Hackes Matthias-Claudius-„Verhörer" sein: „Und aus den Wiesen steiget / Der weiße Neger Wumbaba" (Hacke/Sowa 2004) statt: „Und aus den Wiesen steiget / Der weiße Nebel wunderbar". In solchen Fällen können die geschriebenen Texte mit ihren klaren Wortgrenzen und dem sichtbaren (nicht immer hörbaren) Stammprinzip in der Rechtschreibung dem bloßen Hören überlegen sein.

Es ist fraglich, ob die *Satzidentifikation* beim Hörverstehen überhaupt eine relevante Größe ist. Bei den Möglichkeiten der deutschen Sprache, lange Schachtelsätze zu produzieren, wäre die Wahrnehmung allein der Satzgrenzen unzureichend. Vielmehr gilt es, die Sinneinheiten und deren Bezüge innerhalb eines Satzes zu erkennen. Dabei helfen den Hörenden die Pausen, die Sprechende machen. Beim Lesen eines gedruckten Textes sind zwar optische Signale, wie zum Beispiel Großschreibung, Satzzeichen, Anführungszeichen, hilfreich zur Identifikation des Satzes und seiner Gliederung (Imhof 2004, S. 31), jedoch trifft das vor allem für die *nachträgliche* Analyse zu. Wie wenig die Signale bei der unmittelbaren Satzverarbeitung während des Lesens helfen, kann man beim eigenen Stegreiflesen studieren und auch jede Lehrkraft kennt aus eigener Erfahrung leseungeübte Schülerinnen und Schüler, die beim Entziffern der Wörter so viel Mühe haben, dass sie, beim Punkt angekommen, die Stimme nicht sinngemäß senken, sondern, vom Satzende überrascht, das Wort „Punkt" hinzufügen.

Bei der *lokalen Kohärenzbildung* geht es um die Verknüpfung von Satzfolgen, wobei im besonderen Maße die Bildung von Inferenzen erforderlich ist. Zunehmend wirkt sich zuungunsten der Hörmedien der Flüchtigkeitsaspekt aus, denn immer stärker ist das Arbeitsgedächtnis gefordert, Hypothesen zu bilden, sie zu korrigieren und neue mit alten Informationen zu verbinden. Auf der anderen Seite kann aber auch der Prosodieaspekt helfen, bestimmte Ausdrucksmittel zu verstehen, mit denen Literatur arbeitet und die dort oft Schwierigkeiten machen. Ironie beispielsweise lässt sich durch entsprechende Intonation klar zum Ausdruck bringen.

### 1.5.3 Hörverstehen poetischer Texte

Das „literarische Hörverstehen" (Becker 2004, S. 17) hebt sich durch mehrere Besonderheiten vom allgemeinen Hörverstehen jeglicher Hörtexte ab. Aus der Fremdsprachendidaktik (Glaboniat 2008, S. 54) kennen wir die Unterscheidung in unterschiedliche Hörstile und Hörziele, nämlich

- ▸ *globales Hörverstehen:* Herausfiltern der Hauptinformationen in Abgrenzung von Nebeninformationen, Einordnung des Textes;
- ▸ *selektives, analytisches Verstehen:* Heraushören punktueller Informationen;
- ▸ *detailliertes Hören:* Wort-für-Wort-Verstehen;
- ▸ *interpretierendes Hören:* Verstehen nicht explizit genannter Botschaften.

Bei Hörtexten im sogenannten muttersprachlichen Literaturunterricht sind das globale Hörverstehen und das interpretierende Hören typische Hörstile. Außerdem handelt es sich um das Wahrnehmen und Verstehen spezifischer Texte, nämlich ästhetischer, sodass nicht einfach von „Informationen" die Rede sein kann. Darauf wird noch weiter unten einzugehen sein.

Im Modell von Rosebrock/Nix (2008, S. 19) ist das literarische Verstehen eng mit der Ebene der *globalen Kohärenzbildung* verknüpft. Diese Kohärenzbildung meint, eine strukturierte Vorstellung vom Textinhalt als Ganzem aufzubauen. Neuber (2002, S. 205) hat in einer umfangreichen, akribischen Studie nachgewiesen, dass prosodische Mittel den Aufbau globaler Kohärenz prognostizierbar beeinflussen. Sie sind es vor allem, die Rückschlüsse auf Sprecher- und Situationsmerkmale erlauben. Aus didaktischer Sicht muss angefügt werden, dass neben Universalien (z. B. meist die Unterscheidung von alten und jungen, männlichen und weiblichen Stimmen, Basisemotionen) auch akustisches Weltwissen (Müller 2004a, S. 7) nötig ist, um auf Sprechermerkmale zu schließen, was keinesfalls als selbstverständlich vorausgesetzt werden kann. Nicht jedem Kind sind zum Beispiel spezifische Aussprachevarianten von sozialen Schichten, Berufen und Regionen vertraut.

Was die Situationsmerkmale angeht, so ist auf die Vorstellung von Räumlichkeit einzugehen. Zur Gegenstandsspezifik von Literatur gehört, dass sie Modelle von Welt entwirft und dass die rezipierende Person Unbestimmtheitsstellen mit ihrer Vorstellungskraft ausfüllt. Gerade räumliche Relationen sind in literarischen Texten oft und in hohem Maße bedeutungsorganisierend. Hinweise darauf, wie sich Lesen und Hören jeweils auf die Vorstellung sprachlich vermittelter Raumrelationen auswirken, gibt die Psychologin Stephanie Kelter, nämlich „dass es beim Lesen eines Textes schwerer fällt als beim Hören, die räumlichen Aspekte des geschilderten Sachverhalts mental zu repräsentieren" (Kelter 2003, S. 515). Dieser Befund wurde verschiedentlich bestätigt (Kürschner/Schnotz 2008; Mudrak 2008). Das Phänomen könnte mehrere Ursachen haben. Kürschner/Schnotz (2008, S. 143) stellen die Hypothese auf, dass beim Lesen wegen der visuellen Informationsaufnahme und der damit verbundenen Blickbewegungssteuerung eher die Gefahr einer Überlastung des visuell-räumlichen Arbeitsgedächtnisses bestehe als beim Hören. Zu untersuchen wäre, ob nicht auch eine Rolle spielt, dass der Hörsinn ein Rundum-Sinn ist, also von Natur aus einen mehrdimensionalen Hörraum schafft. An dieser Stelle muss allerdings unterschieden werden zwischen der „Situation" im Text und der Aufführungssituation. Auf jeden Fall tragen typische Hörspielelemente wie Hall, Geräusche und Musik zu einer starken Illusion von Räumlichkeit bei. Hier ist jedoch ebenfalls zu bedenken, dass der Einsatz von Geräuschen und Musik bisweilen geradezu ein akustisches Bildungswissen voraussetzt, zum Beispiel bei Musikzitaten und klischeehaft eingesetzten Instrumentenklängen. Spitzer (2006, S. 422) zählt – mit launigen Kommentaren – im Anschluss an Wüsthoff auf, welche Bedeutungen welchen Musikinstrumenten in der Werbung zugeordnet werden.

| Instrument | Bedeutung | Bemerkungen |
| --- | --- | --- |
| Akkordeon | Paris, Seefahrt, Volksmusik | die Bedeutung richtet sich nach der gespielten Melodie |
| Bongos | Urwald | oft noch mit anderen Trommeln |
| Cembalo | Barock | leise, aber scharf |
| Dudelsack | Schottland | Bordunton kann auch anderen Instrumenten schottischen Charakter verleihen |
| *English Horn* | Eis, Schnee | scharfe, traurige Musik |
| Flöte | Folklore | noch besser: Panflöte |

| Hawaii-Gitarre | Südsee | es gibt kaum ein platteres Klischee |
|---|---|---|
| Horn | Jagd, Wald, Feld | einfache, weiche Melodien |
| Kastagnetten | Spanien | barfüßig, vollbusig, schwarzhaarig |
| Kirchenorgel | sakral, feierlich | es klingt nach Sonntag oder Hochzeit |
| Mundharmonika | Blues, Wasser | je nach Melodieführung |
| Panflöte | Folklore, Natur | fährt ein Auto zur Panflöte, muss es einen Kat haben |
| Trompete | Militär, Jazz | je nach Melodieführung |
| Tuba | Bayern | Volksmusik |
| Zither | Bayern, Alpen | *Der dritte Mann* |

Bedeutungszuordnungen von Musikinstrumenten in der Werbung (Quelle: Spitzer 2006, S. 422, nach K. Wüsthoff: Die Rolle der Musik in der Film-, Funk- und Fernsehwerbung, Merseburger Verlag Berlin GmbH, 1978 © Verlag Merseburger, Kassel – www.merseburger.de)

Die nächsthöhere Ebene im Modell von Rosebrock/Nix sind die *Superstrukturen*, also Wissen um die „Konventionen, in denen Texte geschrieben und gelesen werden" (Rosebrock/Nix 2008, S. 117, siehe auch Eggert 2002, S. 188 f.). Gemeint ist Textmusterwissen, wie es zunächst für *alle* Arten von Texten von Bedeutung ist. Hier kommen wir aber auch zu einem essenziellen Bestandteil *literarischen* Verstehens. Zum Beispiel löst der Textanfang „Es war einmal..." bei Lesenden die Aktivierung einer bestimmten Geschichtenstruktur aus. In diesem Sinne, als Bedingung für das Verstehen bestimmter Diskursformen (Beyer 2003, S. 535), ist diesem Textmusterwissen hohe Bedeutung beizumessen. Mit solchen Diskursformen kann man ebenso gut über das Lesen wie über das Hören bekannt werden, aber sicherlich früher über das Hören, was für den Entwicklungsaspekt literarischen Lernens von Bedeutung ist (siehe Kapitel 2.2).

Etwas anders verhält es sich mit dem Wiedererkennen. Bei gedruckten Texten sendet schon das Layout (z. B. Buchumschlag, äußere Form eines modernen Gedichts) Signale aus, welches Genre zu erwarten ist. Andererseits muss man sagen, dass zumindest beim Hören von CDs durch die Gestaltung von Schachtel und Booklet ebensolche Hinweise gegeben werden. Außerdem übernehmen bei Hörmedien oft die Intro-Musik (also das erste Musikstück, das kein eigenes Lied, sondern eine musikalische Einleitung darstellt, engl. *introduction*) und die Art der Anmoderation eine entsprechende Funktion. Man erinnere sich an den typischen Märchensound vieler älterer Produktionen.

Bei den „*Darstellungsstrategien und Darstellungsintentionen*" sehen Rosebrock/Nix (2008, S. 117) den größten Unterschied zwischen dem Lesen von Sachtexten und literarischen Texten. Autorin und Autor nennen hier „Konventionen", die für Literatur kennzeichnend sind, und die, auch wenn die Terminologie nicht von allen geteilt wird, in der Sache als konsensfähig angesehen werden dürften. Die Polyvalenzkonvention (S. 119) meint die Mehrdeutigkeit der

Teile und des ganzen literarischen Textes, daraus folgend seine (relative) Bedeutungsoffenheit, welche eine aktive Sinnkonstruktion in besonderem Maße nötig macht. Nun ist die Hörfassung eines Textes immer schon eine Konkretisation und damit Festlegung auf eine bestimmte Interpretation. Hinzu kommt, dass beim Hören eine Aufführungssituation vorliegt, was besondere Bedingungen für den Verstehensprozess und für subjektive Beteiligung schafft. Fischer-Lichte (2004, S. 273) hat die „Ordnung der Repräsentation", zum Beispiel einen gedruckten Text, von der „Ordnung der Präsenz", der Aufführungssituation, unterschieden. Die erste ist verstehbar, die zweite erlebbar. Kann dann also eine Aufführung nicht verstanden werden? Doch, aber die hermeneutischen Prozesse finden unter spezifischen Bedingungen statt, sie sind Teil der ästhetischen Erfahrung: Wenn der Zuschauer Bedeutung erzeugt, zum Beispiel

> mit seinen Bedeutungen eine Figur konstituiert, eine fiktive Welt hervorbringt oder eine symbolische Ordnung aufbaut, so lässt sich dies unter bestimmten Bedingungen durchaus als ein Versuch beschreiben, die betreffende Figur, fiktive Welt, symbolische Ordnung zu verstehen. Da ihm der Überblick über das Ganze verwehrt ist, kann er die Figur, während er sie konstituiert, immer so weit verstehen, wie er sie konstituiert hat. Sein vorläufiges Verständnis funktioniert wie eine tentative leitende Hypothese für die weitere Konstitution der Figur, die er vornimmt, wenn die Aufführung voranschreitet. (Fischer-Lichte 2004, S. 273)

Das ist im Hinblick auf die für die Schule wichtigen antizipatorischen Verfahren von Bedeutung. Fischer-Lichte beschreibt also die Rezeption einer Aufführungssituation als ständiges Umspringen der Wahrnehmung aus der „Ordnung der Repräsentation" in die „Ordnung der Präsenz" und umgekehrt. Während des ästhetischen Erlebens aber geben sich die Zuschauenden, in unserem Fall die Zuhörenden, dem Strom der Assoziationen oder auch der Reflexion auf die eigene Lebensgeschichte hin:

> In diesem Sinne ist es durchaus denkbar, daß der betreffende Zuschauer an bestimmte Assoziationen den Versuch einer Hermeneutik des Selbstverstehens anschließen wird, daß er sich herauszufinden bemüht, welche Rolle dies Objekt bei der Entwicklung seiner personalen Identität und für den Verlauf seiner Lebensgeschichte gespielt hat. Die Wahrnehmung führt also nicht zu dem Versuch, die Aufführung zu verstehen, sondern sich selbst und seine eigene Lebensgeschichte. (Fischer-Lichte 2004, S. 272)

Wir sehen hier, dass nicht nur ein im identitätsorientierten Literaturunterricht durchaus erwünschter Effekt eintritt, sondern auch ein wesentliches Merkmal beschrieben wird, das für den Aufbau literarischer Kompetenz essenziell ist: zwischen Textrezeption und Selbstreflexion hin und her zu pendeln (siehe Kapitel 2.6.1). Während des Hörens sind die Schülerinnen und Schüler von ihrer Wahrnehmung affiziert, aber sie „verstehen" diese nicht. Speichermedien jedoch machen die Aufführungssituation beliebig oft wiederholbar. Nun kann das Wahrgenommene zum Objekt des Verstehens werden. Die Perspektive wechselt vom Performance-Modell zum Text-Modell (wobei „Text" hier durchaus alle akustischen Zeichen beinhaltet). Dieser Wechsel führt zu einer „verstärkten Aufmerksamkeit für die Beziehungen und Spannungsverhältnisse zwischen den Perspektiven. [...] Denn es ist gerade das je besondere Austausch-, Spannungs- und Oszillationsverhältnis zwischen den beiden Modellen, das von herausragendem Interesse ist." (Fischer-Lichte 2001, S. 9f.) Es kann zu einer Differenzerfahrung kommen: zwischen den verschiedenen Bedeutungskonstruktionen der Hörenden, aber auch zwischen dem, wie der Sprechende den Prä-Text und dem, wie der Hörende den Sprechtext verstanden hat. So werden Deutungsspielräume (Polyvalenz) bewusst.

Unter „Ästhetikkonvention" verstehen Rosebrock/Nix (2008, S. 119), dass literarische Texte autoreflexiv sind und eine fiktionale Welt begründen, die in ihren eigenen Bezügen zu lesen ist. Sich auf die Eigengesetzlichkeit poetischer Texte einzulassen, verlangt, deren narrative Handlungslogik zu verstehen (Eggert 2002, S. 187; Spinner 2006, S. 10). Dies setzt wiederum eine intensive Vorstellungsfähigkeit, ein Sich-Einlassen auf die fiktionale Welt, voraus. Beim Hören sind solche Imaginationen leichter möglich, weil der Leseprozess kein Hindernis darstellt.

Ein weiterer Aspekt wäre anzufügen. Er sei in Anlehnung an die beiden ersten „Konventionen" Analogie-Konvention genannt. Grundlegend für die „Struktur der Gewinnung ästhetischer Textinformationen" ist, dass „Entsprechungen hergestellt werden" (Grzesik 2005, S. 318). „Kohärenzen [können] zwischen allen Aspekten des Textes bestehen: nämlich des Dargestellten, der Darstellungsform sowie der Schriftzeichen und Sprachlaute" (S. 318). Diesen Analogieansatz erläutert Grzesik (S. 317) an einem Beispiel, das den Klang einbezieht: „Materielle Qualitäten von einzelnen Schriftzeichen und Sprachlauten sowie von Kombinationen aus ihnen, die Ausdrucksfunktionen erfüllen können, sind insbesondere als poetische Mittel bekannt, zum Beispiel als Klangmalerei, als Alliteration [...]."

Zusammenfassend kann festgehalten werden, dass wesentliche Eigenheiten beim Verstehen literarischer Texte beim Hören ebenso gut erfasst werden können wie beim Lesen, teils sogar besser.

## 1.5.4 Sprechgestalten und Textverstehen

Das laute Lesen und Sprechen von Texten kann in sehr unterschiedlichen Formen und zu verschiedenen Zwecken erfolgen. Baurmann/Menzel (2006, S. 7) unterscheiden das laute Lesen von Wörtern, Sätzen und Texten von dem deutenden Vorlesen sowie von dem szenischen Vortragen.

Die erste Variante, das *laute Lesen* von Wörtern, Sätzen und Texten, tritt im Unterricht meist eher beiläufig auf. Eine Schülerin oder ein Schüler liest zum Beispiel einen Arbeitsauftrag oder einen Beispielsatz aus einem Buch vor, während die anderen Schülerinnen und Schüler den Text still mitlesen. Der Inhalt des Gelesenen soll als Information zur Kenntnis genommen werden. Die Lehrkraft signalisiert damit allen, was im Moment buchstäblich „angesagt" ist, und kann abschätzen, wann der Leseprozess abgeschlossen ist. An Kunstfertigkeit wird kein Anspruch gestellt. Gleichwohl muss auch diese Lautleseaufgabe sinnvoll bewältigt werden. Dies gilt umso mehr, wenn die anderen Schülerinnen und Schüler den Text nicht mitlesen können. Unbekannte Wörter können bei diesem Stegreiflesen einen Stolperstein darstellen, Satzintentionen müssen richtig zum Ausdruck gebracht werden, zum Beispiel Fragen anders als Aufforderungen gelesen werden. Ist die Textmenge jedoch übersichtlich, Wortschatz, Syntax und Kontext vertraut, wie das bei dem Vorlesen von Aufgaben aus einem Lehrbuch oft der Fall ist, stellt diese Aufgabe keine große Hürde dar. Jedoch schon größere Textmengen, Fachsprache und komplexere Satzgefüge können Probleme bereiten, selbst wenn es nur um informierendes Lesen geht. Hier muss Stegreiflesen scheitern. Solche Aufgaben fallen schon unter die nächste Gruppe, sind aber im vorliegenden Kontext nicht weiter von Belang, da es sich nicht um literarische Text handelt (siehe Müller 2006c).

In die erste Gruppe fällt weiterhin das laute Lesen längerer Texte, das nicht mit einer künstlerischen Gestaltungsabsicht erfolgt, sondern der Verbesserung der Leseflüssigkeit dienen soll. Jene aus dem angelsächsischen Raum bekannten Lautleseverfahren werden in Kapitel 2.1.2 näher erläutert.

Die zweite Variante des lauten Lesens, das *deutende Vorlesen* (von der Kammer 2004, S. 116 ff. spricht von „darstellendem Vorlesen"), dient der gedanklichen Durchdringung und Interpretation eines entweder längeren, sprachlich komplexeren oder von vornherein polyvalenten, also literarischen Textes und der Vermittlung dieser Interpretation an die Zuhörenden. Dabei kommen Stimmeigenschaften und prosodische Mittel, wie in Kapitel 1.2.1 beschrieben, weit stärker zum Tragen und schaffen einen neuen Text.

Die dritte Variante, das *szenische Vortragen*, verstehen Baurmann/Menzel (2006, S. 7) im Sinne von „Lese-Inszenierungen", die „zwar weitgehend auf vertraute szenische Mittel wie Körperlichkeit (Mimik, Gestik), Raum, Licht oder Requisiten" verzichten, jedoch „auf wirkungsvolle Weise Zuhörer zu erreichen" versuchen. Spinner (2000, S. 101) dagegen bezieht die bewusste Aufstellung im Raum, Gestik und Bewegung mit ein, jedoch sollten diese Mittel nur sparsam und punktuell zur Wirkung kommen. Für ihn ist die „Hauptform des szenischen Vortrags" der „Vortrag in der Gruppe" (S. 107), das heißt, dass ein Text von verschiedenen Personen, die unterschiedlich im Raum positioniert sind, gesprochen wird. Dabei kann auch Chorsprechen ein Element sein. Bei Schau (1996) kommen auch Masken, pantomimische und tänzerische Elemente zum Einsatz. Die szenische Lesung im engeren Sinne hat bei Schau keinen eigenständigen Wert, sondern ist bei ihm nur eine Vorstufe zur eigentlichen szenischen Interpretation und dient dem ersten Kennenlernen des Textes (S. 54). Dort, wo dramatisiert wird, berührt diese Variante das Gebiet der Theaterpädagogik. In dem Moment, in dem zum gesprochenen Wort verstärkt auch sichtbare Zeichen wie Bühnenbild, Kostüme, Masken, Requisiten und so weiter hinzutreten, verlassen wir das eigentliche Gebiet der Hörtexte , denn solche Aufführungen richten sich an Zuschauende, weniger an Zuhörende. Szenisches Vortragen kann implizieren, dass der Text umgeschrieben wird. Das kann von kleinen Eingriffen (Zeilenwiederholungen) bis hin zu einem Genrewechsel (Hörspielfassung) gehen.

Systematisierend kann man also festhalten, dass das szenische Vortragen mehreres umfassen kann: das besonders wirkungsvolle Textsprechen einer einzelnen oder mehrerer sprechender Personen und die Ergänzung der stimmlichen Realisation durch Mimik und Gestik oder darüber hinaus durch Bewegung im Raum, Requisiten, Licht, Musik und Ähnlichem. Dabei kann der Prä-Text als Spielvorlage unverändert erhalten bleiben oder zu einem Spielskript umgeformt werden. Da der szenische Vortrag nicht notwendig auswendig erfolgen muss und auch um diese Praxis von der Theaterpädagogik abzugrenzen, sei im Folgenden der Begriff „szenisches Sprechen" verwendet (vgl. auch Hillegeist 2010, S. 21).

Das deutende laute Vorlesen ist ein Prozess der Konkretisation, der als Ergebnis eine bestimmte Textinterpretation hat und Zeugnis ablegt vom Textverständnis des Sprechers oder der Sprecherin. Wie aber funktioniert dieser Prozess aus der Perspektive der Sprechenden? Neurobiologisch gesehen bedeutet das stille Lesen mit den Augen, dass Lichtreize, die auf die Netzhaut treffen, in neuronale Energie umgewandelt werden. Dabei wandert das Auge nicht gleichmäßig über den Text, sondern vollführt Sprünge (Sakkaden) über die Zeilen hinweg zu bestimmten Punkten, die ganz kurz fixiert werden (Fixationen), wobei die Größe der Sprünge einerseits von der Struktur der Buchstaben, andererseits vom Inhalt des Gelesenen abhängig ist (Wittmann/Pöppel 2001, S. 225). Die Sakkaden erfolgen automatisch, können aber auch willkürlich gesteuert werden. Bei der Verarbeitung der Reize im Gehirn, also beim Verstehen der gelesenen Sprache, sind mehrere Teilkompetenzen vonnöten: lexikalische, semantische, syntaktische, sprachlautliche und prosodische (S. 227). Besonders die beiden Letztgenannten sind interessant, weil es sich *nicht* um *gehörte* Sprache handelt. Hier tritt das Phänomen der Subvokalisation in Kraft, das heißt die Tatsache, dass wir beim stillen Lesen unbewusst oder bewusst unhörbar mitsprechen, also die Grapheme in Phoneme umwandeln. Wir verarbeiten jedoch nicht die einzelnen Buchstaben seriell, sondern rufen Wörter und Morpheme aus dem mentalen Lexikon ab. Dank dieses Wortüberlegenheitseffekts lesen wir bekanntlich bereits ein Wort, auch wenn die Buchstabenanalyse noch gar nicht abgeschlossen oder das Wort falsch geschrieben ist (Christmann/Groeben 2001, S. 150). Das macht das leise Lesen schneller als das laute Sprechen, da auch die Subvokalisation bei bekannten Wörtern schneller als die laute Vokalisation erfolgt.

Neben dem direkten visuellen Zugang zum mentalen Lexikon gibt es bei selteneren Wörtern auch den indirekten Weg über das phonologische System und –

für neue und komplexe Wörter – den Zugang über die morphologische Struktur (S. 151). Die Wahrnehmungs- und Verarbeitungs-Einheiten betragen 2 bis 3 Sekunden, sowohl was die Lese-, als auch was die Sprechdauer angeht. „Aufeinanderfolgende Informationen werden vom Gehirn automatisch zusammengefasst, dies aber nur bis zu einer Dauer von etwa 3 Sekunden" (Wittmann/Pöppel 2001, S. 235), und zwar unabhängig von der jeweiligen Sprache. Deshalb drücken versierte Schreibende unbewusst in sich abgeschlossene Gedanken in 3-Sekunden-Einheiten aus, und machen Sprechende nach etwa 3 Sekunden unmerklich eine kleine Pause. Die Universalität der 3-Sekunden-Regel wird daran deutlich, dass – kultur- und sprachübergreifend – die Zeilen lyrischer Texte etwa einer Lesedauer von 3 Sekunden entsprechen. Längere Zeilen, zum Beispiel Hexameter – haben intern eine gliedernde Zäsur (ebd.). Dies alles klingt so, als wären stilles und lautes Lesen schon von vornherein optimal aufeinander abgestimmt, so als müsste man die Subvokalisation lediglich laut werden lassen. So ist es jedoch nicht. Das hat mehrere Gründe.

Der Nestor der Sprecherziehung, Drach (1969, S. 156), hat schon in den 1920er Jahren klar herausgearbeitet: Beim stillen Lesen (von ihm als „Augenlesen" bezeichnet), gleitet das Auge über den Text, begleitet von einer unausgesprochenen Klangvorstellung, die in eine Bedeutungsvorstellung übersetzt wird: Schriftbild → Klangvorstellung → Bedeutungsvorstellung. Wir sehen *Schnee*, hören mit dem inneren Ohr die entsprechende Lautgestalt [ʃneː] und denken an jenes flockenförmige gefrorene Wasser, das vom Himmel fällt. Damit ist jedoch die Sprechbewegung, die erfolgen muss, damit wir *laut* lesen, noch nicht vollzogen. Drach unterscheidet daher vom stillen „Augenlesen" das „Artikulationslesen", das gekennzeichnet ist von der Reihenfolge Schriftbild → Klangvorstellung → Bewegungsvorstellung. Dass die Bewegung missglücken kann, wird schon an Sprachstörungen wie dem Lispeln deutlich. Bei ungeübten Lesenden (Leseanfängerinnen und -anfängern) oder bei ungewohnten Wörtern, bei denen das Wort und seine Lautstruktur nicht im mentalen Lexikon abrufbar existent sind, werden gleichsam tastend Buchstabe für Buchstabe und Laut für Laut synthetisiert, bis sie einem bekannten Wort entsprechen. Aber selbst unter günstigen Umständen ist die Sprechbewegung ein eigenes Problem, das es zu lösen gilt und einiger Energie bedarf, weshalb beim erstmaligen lauten Lesen eines fremden Textes das Leseverstehen in der Regel ausbleibt (Slembek 1984). Schon deshalb sollte das verbreitete Reihum-Lesen aus dem Stegreif endlich aus dem Klassenzimmer verbannt werden! Die eigentlich erstrebenswerte Fähigkeit, nämlich das Ausdruckslesen, bei dem etwas laut gelesen wird, was gleichzeitig vom Sprechenden verstanden wird, sodass es angemessen ausgesprochen werden kann, lässt sich laut Drach (1969, S. 156–161) als ein Doppelvorgang beschreiben:

▸ erstens als stilles Augenlesen zum Zweck der Kenntnisnahme (Schriftbild → Klangvorstellung → Bedeutungsvorstellung),

▸ zweitens als freies Aussprechen des soeben erlesenen Bewusstseinsinhalts (Bedeutungsvorstellung → Bewegungsvorstellung).

Man muss also gleichsam vorausschauend lesen, während man sich Wort für Wort sprechend durch den Text bewegt. Dazu bedarf es der Fähigkeit, blitzschnell mit den Augen vorauszueilen und den nächsten Textteil zu erfassen: „Der Artikulationsleser, der liest den Text wirklich Wort für Wort laut vor, der Ausdrucksleser liest ihn in aller Eile stille für sich und spricht dann frei den Inhalt aus, indem er sich dazu echoartig der eben gelesenen Worte bedient." ( Drach 1969, S. 161) Drach bezeichnet dies als „Sprechlesen", seit Geißner (2000) hat sich jedoch der Begriff „reproduzierendes Sprechdenken" eingebürgert. Dieses schnelle Vorauslesen geschieht bei geübten Lesenden unbewusst in den Atempausen, was jedoch selbst Schauspielerinnen und Schauspieler und professionelle Sprecherinnen und Sprecher erst nach mehrmonatigem Training schaffen. Und auch Profis lassen sich nur dann auf das Stegreiflesen ein, wenn es nicht anders geht (wie im Rundfunk in bestimmten Situationen) oder wenn ihnen die Art des Textes beziehungsweise der Gegenstand des Textes sehr vertraut ist.

Das Verständnis eines Textes drückt sich, wie wir schon sahen (Kapitel 1.2.1), darin aus, dass die Sprechenden dem Text mittels ihrer Sprechausdrucksmittel Struktur und Expression verleihen. Die Entscheidung für eine bestimmte Strukturierung und für eine bestimmte Expression ist abhängig von der Textinterpretation der Sprechenden, von ihrem Hörerbezug und von persönlichen Merkmalen. Dies sei im Folgenden näher erläutert.

Zunächst einige Hinweise zur Textinterpretation. Voraussetzung einer jeden gelungenen sprechgestalterischen Leistung ist, dass die Sprechenden eine klare Vorstellung davon haben, was sie lesen. Diese Vorstellung kann intuitiv gewonnen werden, sie kann aber auch Ergebnis einer rationalen Textanalyse sein. In jedem Fall, so betonen alle erfolgreichen Sprecherinnen und Sprecher und sprecherzieherischen Lehrbücher immer wieder, ist es notwendig, dass die Sprechenden verstehen, was sie lesen und es sich plastisch vorstellen können. Ob dieses Verständnis stark subjektiv geprägt ist und die durch den Text ausgelösten Gefühle und Assoziationen zum Ausdruck bringt oder ob dieses Verständnis aus einem akribischen Textstudium gewonnen wurde, ist – wie gesagt – zunächst einerlei, zumal sich die stimmliche Interpretation ohnehin immer auf einem Kontinuum zwischen diesen beiden Polen bewegt. Eine vorbereitende Auseinandersetzung mit einem zu sprechenden Text wird daher neben imaginativen Anteilen auch immer eine aufmerksame Wahrnehmung von Textmerkmalen beinhalten. Zu diesen Textmerkmalen, die Struktur und Expression beeinflussen, gehören zum Beispiel:

‣ syntaktische Merkmale wie Satzschlusszeichen, die allerdings nicht immer eindeutig in Sprechausdruck zu übersetzen sind;
‣ semantische Merkmale wie Oppositionen, Strukturwörter („zunächst – sodann – schließlich") oder explizite Hinweise auf die Sprechweise („flüsterte er", „sagte sie fröhlich");
‣ der dem Text eigene Rhythmus als die ihm eingeschriebene „Sprechbewegung" (Lösener/Siebauer 2011, S. 16). Zu Recht hat Abraham (1996, S. 296)

darauf hingewiesen, dass ein Text seinen „Ton" hat, zu dem sich der „Klang" verhält wie die individuelle Textproduktion zu dem Textmuster, das sie realisiert. Goethes *Glückliche Fahrt* hat einen anderen Rhythmus und Ton als *Meeres Stille*!

Prosodische Entscheidungen können also sehr unterschiedliche Textmerkmale berücksichtigen. Dies sei exemplarisch an drei typischen Phänomenen erläutert, den Betonungen, den Pausen und den Tief- beziehungsweise Hochschlüssen (Stimmsenkung oder -hebung am Ende einer Sinneinheit).

Seit Drach spricht man vom „psychologischen Prädikat", wenn man kennzeichnen will, was die Hauptbetonung tragen soll. Drach und seine Nachfolger machen das psychologische Prädikat an der Thema-Rhema-Struktur fest. Demnach ist das Thema (das Bekannte) das psychologische Subjekt, das Rhema (das Neue) das psychologische Prädikat. Bei einer Vorstellungssituation könnte man sagen: „Das" (die Frau neben mir = Thema) „ist meine *Schwester*" (neue Information = Rhema). Schon an diesem Beispiel kann man jedoch leicht erkennen, dass die Thema-Rhema-Struktur auch anders gelagert sein und deshalb zu einer anderen Hauptbetonung führen könnte: Wenn jemand fragt, wer denn nun eigentlich meine Schwester sei, könnte man antworten: „*Das*" (Rhema) „ist meine Schwester" (Thema).

Wo die Hauptbetonung innerhalb eines Satzes liegt, hängt also vor allem von der Satzumgebung ab. In jedem sprecherzieherischen Lehrwerk findet sich daher ein Beispielsatz folgender Art: „Gestern hat Thomas zufällig die Schwester von Mandy im Kaufhaus gesehen." Wird in der Satzumgebung thematisiert, *wann* Thomas sie gesehen hat, wäre zu betonen: „*Gestern* hat Thomas ..." Wird aber thematisiert, *wer* es war, der Mandys Schwester gesehen hat, würde betont: „Gestern hat *Thomas* ..." Geht es aber darum, *wo* sich die beiden gesehen haben, würde betont: „Gestern hat Thomas zufällig die Schwester von Mandy *im Kaufhaus* gesehen." Keineswegs muss jedes Nomen oder jedes Inhaltswort betont werden, wie dies von Kindern häufig falsch gemacht wird. Es wäre auch denkbar, dass im vorliegenden Beispielsatz nur das unscheinbare Wort „hat" betont wird: „Ich kann es einfach nicht glauben, dass Thomas Mandys Schwester gesehen hat. – Gestern *hat* Thomas zufällig die Schwester von Mandy im Kaufhaus gesehen." Weitere Varianten sind denkbar.

Bei sehr stark durchstrukturierten literarischen Texten können weitere Prinzipien wirksam werden: Oppositionen und Äquivalenzen, aus denen sich die Welt des Textes konstituiert, werden oft explizit einander zugeordnet. Im folgenden Rilke-Gedicht zum Beispiel wird mit Oppositionen gearbeitet, die mithilfe von Betonungen (kursiviert) und Zäsuren (doppelter Schrägstrich) sprecherisch angemessen herauszuarbeiten wären:

**Rainer Maria Rilke:** *Abend* **(1906)**

Der Abend wechselt langsam die Gewänder,
die ihm ein Rand von alten Bäumen hält;
du schaust: und von dir scheiden sich die Länder,
ein *himmelfahrendes* // und eins, das *fällt*;

und lassen dich, zu keinem ganz gehörend,
nicht ganz so dunkel wie das *Haus*, das *schweigt*, //
nicht ganz so sicher Ewiges beschwörend
wie das, was *Stern* wird jede Nacht und *steigt* –

und lassen dir (unsäglich zu entwirren)
dein Leben bang und riesenhaft und reifend,
so dass es, bald *begrenzt* // und bald *begreifend*,
abwechselnd *Stein* in dir wird // und *Gestirn*.

(Quelle: Rainer Maria Rilke: *Der ausgewählten Gedichte anderer Teil*. Wiesbaden: Insel 1946, S. 25)

Wo dies nicht beachtet wird, kann es zu eindeutig fehlerhafter Sprechgestaltung kommen (siehe Unterrichtsbeispiel 3.7.3: Goethes *Gingo biloba*). Selbst Strukturwörter können in literarischen Texten auftauchen, auch wenn sie in Sachtexten häufiger sind: „zunächst – weiterhin – schließlich", „einerseits – andererseits". Solche aufeinander bezogenen Wörter können weit über einen Text verstreut auftreten.

Auch die Frage der Pausen und Zäsuren bedarf der Überlegung. Beim Satzschlusszeichen Punkt ist in der Regel eine Pause zu machen – aber damit hören schon die Äußerlichkeiten auf, an denen man sich orientieren könnte. Nicht jedes Komma bezeichnet eine Pause, denn oft handelt es sich um ein grammatisches Gliederungszeichen, weniger um ein rhetorisches. Schon gar nicht ist nach jedem Gedichtvers eine Pause zu machen. In der Sprechwissenschaft wird mit den Begriffen „Sinneinheiten" oder „Sinnschritte" gearbeitet, die selbst ermittelt werden müssen und durchaus nur aus Wortgruppen, nicht notwendig ganzen Sätzen, bestehen können. Ein „akustischer Punkt" (Pabst-Weinschenk 2000, S. 114) muss nicht mit dem syntaktischen Punkt übereinstimmen. Als Faustregel für gut verständliche Sprechtexte gilt: kurze Sätze und Sinneinheiten, klare Pausen, viele Tiefschlüsse (S. 115). So lassen sich auch hypotaktische Satzungetüme hörfreundlich aufbereiten.

Eine weit verbreitete Vorstellung geht davon aus, dass die Frage der Tief- oder Hochschlüsse von der Satzart (Frage, Aufforderung, Aussage) abhängt und daher das Satzschlusszeichen Auskunft gibt, ob die Stimme zu heben oder zu senken ist. Dieses Merkmal auf der Textoberfläche ist zwar nicht ganz falsch, doch es wäre zu einfach, denn das Prinzip wird gerade bei poetischen Texten oft durchbrochen (Stock 1996, S. 95). Nicht jeder Fragesatz ist eine Frage: „Kommst du endlich?", kann auch im Tonhöhenverlauf einer Aufforderung gesprochen werden. Dazu bedarf es der Interpretation des Kontextes. Auch W-Fragen werden oft mit Stimmsenkung gesprochen, zum Beispiel „Wo um Himmels willen liegt mein Schlüssel?"

Nach diesen Hinweisen zur Textinterpretation soll nun der Aspekt des Hörerbezugs in den Blick genommen werden. Nicht ohne Grund wird das sprechgestaltende Lesen zur „ästhetischen Kommunikation" gerechnet, denn die Sprechenden richten sich auf die Zuhörenden ein, wollen Hypothesen anregen oder bestimmte Reaktionen hervorrufen. Beispielsweise könnten sie sich fragen: Will ich einen Überraschungseffekt/Pointe erzielen? Muss ich mich auf Verstehensprobleme einstellen, also zum Beispiel langsam sprechen, schwierige Worte besonders deutlich betonen? Will ich Lacherfolge erzielen? Will ich ganz bestimmte Gefühle bei den Zuhörerinnen und Zuhörern hervorrufen (Mitleid, Grusel)? Will ich Erwartungen durchbrechen, indem ich etwas ganz anders als vermutet spreche? Zu Recht hat Beisbart (1993) darauf hingewiesen, dass es neben der „wirkungsunterstützenden" auch die „wirkungshintertreibende" Vortragsweise gibt.

So kann beispielsweise die Setzung einer Pause einerseits die Struktur eines Textes betonen, andererseits aber auch auf eine erhoffte Reaktion bei den Zuhörenden gerichtet sein: zum Beispiel Spannung durch Verzögerung bewirken oder Gelegenheit geben, dass die Hörenden einen angefangenen Satz im Geist ergänzen, der dann aber tatsächlich anders vollendet wird, und so weiter.

Nach den Gesichtspunkten Textinterpretation und Hörerbezug ist abschließend auch noch eine Reihe persönlicher Merkmale von Bedeutung. Hier sind vor allem die stimmlichen Möglichkeiten der Sprechenden zu nennen. Diese können sich zwar für oder gegen eine bestimmte Sprechgestaltung entscheiden, wenn sie merken, dass sie nicht die passenden stimmlichen Voraussetzungen haben, ansonsten sind aber persönliche Merkmale nicht immer der bewussten Entscheidung zugänglich. Ob sich Schüler oder Schülerinnen eine im literarischen Text dargestellte Situation vorstellen können, hängt auch von ihrem Erfahrungsschatz, ihrem Vorwissen und ihrer Reife ab. Ob sie bei einer szenischen Lesung aus sich herausgehen oder nicht, hängt vom Temperament ab, und rhythmisches Lesen hat auch etwas mit Musikalität zu tun.

In jedem Fall kann jedoch festgehalten werden: Die Aufgabe, einen Text vorzulesen, löst eine imaginative, gedankliche und sprecherische Tätigkeit aus, die eine besonders intensive Beschäftigung bewirkt – mit dem Text, mit den Hörerinnen und Hörern, mit der kommunikativen Situation und mit sich selbst. Hierin liegt das überragende didaktische Potenzial begründet. Erfahrene Grundschullehrkräfte wussten dies schon lange (Ritz-Fröhlich 1978, S. 89–101). Auch alle anderen Schulstufen sollten nun folgen.

# 2  Hörtexte im Literaturunterricht

## 2.1 Hörtexte und Entwicklung

### 2.1.1 Hören und Literacy

In den Kompetenz- und Lernbereichen des Deutschunterrichts, so wie sie in den meisten Lehrplänen eingeteilt werden, hat Hören keinen eigenständigen Platz neben Sprechen, Lesen und Schreiben. Man könnte meinen, dass dies damit zu tun hat, dass Hören ein angeborener Sinn ist, Lesen und Schreiben aber erworben werden müssen. Das kann jedoch kein hinreichender Grund sein, denn auch sprechen kann ein Kind, bevor es in die Schule kommt, und dennoch bedarf diese Kompetenz der Schulung. Ebenso ist es mit dem (Zu-)Hören. Über elementare Prozesse hinaus muss es auch beim hörgesunden Kind entwickelt werden. Der tiefer liegende Grund für die Abwesenheit als eigener Bereich ist sicher, dass Hören so eng mit den Kompetenzen, die die anderen Bereiche beschreiben, verknüpft ist, dass es kaum sinnvoll getrennt betrachtet werden kann. So findet sich denn auch das Hören in den Standards der Kultusministerkonferenz der Bundesrepublik Deutschland (KMK) in der Kombination „Sprechen und Zuhören". In der Tat spielt Hören für die Kommunikationsfähigkeit eine substanzielle Rolle. Es ist ferner erwiesen, dass die phonologische Bewusstheit eine Schlüsselrolle beim Schriftspracherwerb spielt. Nicht ohne Grund heißen entsprechende Handreichungen mit Übungen für den Vorschulbereich zum Beispiel „Hören, Lauschen, Lernen" (Küspert/Schneider 1999). Ist also der Zusammenhang von Hören und Schreibenlernen, Hören und Lesenlernen sowie Hören und Gespräche Führen evident, so erschließt sich ein basaler Zusammenhang von Hören und literarischer Kompetenz vielleicht nicht auf den ersten Blick. Hier spielt das Konzept Literacy eine Rolle.

Der Begriff hat sich seit der PISA-Studie auch außerhalb des angelsächsischen Raums eingebürgert und meint eine Basisqualifikation, die domänenspezifisch ausdifferenziert werden kann: *reading literacy*, *mathematical literacy*, *scientific literacy* und so weiter. „Literacy" bezieht sich auf die Fähigkeit eines Menschen, die Symbole einer Kultur – zum Beispiel Schriftzeichen, Bildzeichen, Zahlen – zu verstehen und anzuwenden (nach Kieferle 2009, S. 12) und wird manchmal mit „Literalität" übersetzt, was insofern irreführend ist, als Literalität eigentlich keine Kompetenz, sondern ein kulturgeschichtliches Entwicklungsstadium bezeichnet, nämlich das der Schriftlichkeit (im Gegensatz zur Oralität, also Mündlichkeit) (Ong 1982). Gleichwohl weist der Begriff der Literalität in die richtige Richtung, wenn es um Deutschunterricht geht, denn dort meint „Literacy" die Befähigung, an eben dieser Kultur der Schriftlichkeit teilzuhaben. Dies umfasst mehr als nur Zeichen – zum Beispiel Buchstaben – lesen und schreiben zu können, sondern auch, konzeptionell schriftsprachliche Texte zu verstehen, wozu auch die Vertrautheit mit literarischen Mustern gehört. Die Heranführung an diese Kompetenz beginnt schon mit der Sprachförderung im frühesten Kindesalter.

Deshalb ist „Literacy" ein zentraler Begriff der Frühpädagogik und meint dort die Heranführung an Sprachzeichen und schriftsprachliche Strukturen (Schriftkultur), an narrative Strukturen (Erzählkultur), an Bücher (Buchkultur) und andere mediale Speicher literaler Inhalte (Medienkultur) (Rau 2009).

Literacy-Fördermaßnahmen in Kindergarten und Vorschule beginnen mit der Entwicklung der eigenen Mündlichkeit, dem Entfalten von Gedankengängen und dem Versprachlichen von Vorgestelltem. Gleichzeitig spielt das Hören von Sprache eine überragende Rolle, da Sprache die Grundlage für Literacy ist und die Kinder zuerst über den Hörsinn mit Sprache in Berührung kommen. Deshalb gehören zur Förderung von Literacy (nach Näger 2005) – neben anderem –

▸ das bewusste Hören und Lauschen,
▸ das Vertrautwerden mit konzeptioneller Schriftlichkeit,
▸ die Erweiterung des Wortschatzes,
▸ das Vertrautwerden mit Textstrukturen durch die Begegnung mit typischen narrativen Mustern (z. B. Märchen).

Dies alles wird typischerweise gefördert durch das Zuhören in Vorlesesituationen, das Hören von Lesungen und Hörspielen im Hörmedium, vor allem durch das wiederholte Hören, gezielte Übungen zur auditiven Aufmerksamkeit, zur auditiven Lokalisation, zum Erkennen und zur Unterscheidung von Geräuschen und Lauten. Die Grundschule schließt vor allem in den Jahrgangsstufen 1 und 2 hieran organisch an.

Literacy-Förderung ist mit dem Schriftspracherwerb keinesfalls abgeschlossen, denn solange das eigene stille Erlesen noch ein mühevoller Prozess ist, müssen Fördermaßnahmen flankierend greifen, damit die Motivation erhalten bleibt, sich mit Literatur zu beschäftigen, damit sprachliche Muster und Textmuster erlernt und vertieft werden können und insgesamt die Sprachentwicklung gefördert wird. Dies alles ist deshalb während der gesamten Grundschulzeit eine Aufgabe, für die der auditive Weg die erste Wahl ist. Das wurde längst erkannt, weshalb sich mehrere Initiativen der gezielten Förderung des Hörens und Zuhörens im Kindergarten und in der Grundschule widmen (siehe Anhang 4.2.1).

Da weder bei jedem Kind davon ausgegangen werden kann, dass aufmerksames Hören und Lauschen in der Familie und im Kindergarten gut gefördert wurden, noch dass Hörbereitschaft und Hörsensibilisierung, die in unserer reizüberfluteten Umwelt ständig gefährdet sind, einfach „da" sind, empfiehlt es sich, auch in der Schule von Grund auf neu anzufangen und Zuhören langfristig zu entwickeln und zu pflegen. So beginnt Bergmanns (2000) Konzeption einer Hörerziehung für den Deutschunterricht ganz elementar mit der Körperwahrnehmung – mit Sinneswahrnehmung, Balanceübungen (da Hör- und Gleichgewichtsorgan im Ohr dicht beieinanderliegen), rhythmisierten Körperbewegungen, Atem- und Stilleübungen.

Den nächsten Baustein bilden spielerische Übungen zur Hörsensibilisierung, also zum bewussten Wahrnehmen von Geräuschen und Klängen, sowie Spiele, die das eigene Produzieren von Hörerlebnissen einschließen: unter anderem Hörspaziergänge, die die Aufmerksamkeit auf die Natur- und Umweltgeräusche lenken, Geräusche-Memorys, Fantasiereisen zu ausgefallenen Tönen, das Experimentieren mit Klangmaterial. Solche Übungen sind auch bei älteren Schülerinnen und Schülern (3./4. Jahrgangstufe) gut geeignet, damit diese in eine Haltung konzentrierten Hörens hineinfinden.

Das Vorlesen durch die Lehrkraft ist ein wesentliches Element der Förderung. Dafür sprechen drei Gründe. Erstens: Im Idealfall begann die primäre literarische Sozialisation schon früh, bereits ab ca. dem ersten Lebensjahr, sofern die Eltern vorgelesen haben (Hurrelmann/Hammer/Nieß 1993). Entsprechende Erfahrungen sind in der Retrospektive positiv konnotiert und lösen den Wunsch danach aus, selbst lesen zu können (Pieper 2010, S. 108). Doch der Eintritt in die Schule wird oft als erste Lesekrise erlebt, weil „die kognitiven und motorischen Anforderungen des Schriftspracherwerbs" (S. 109) hoch sind und die Texte, die selbstständig mühsam erlesen werden können, weit hinter den genussvollen literarischen Erfahrungen zurückbleiben, die man früher gemacht hat. Hier kann das Vorlesen durch die Lehrkraft helfen, das Interesse daran wachzuhalten, was Literatur zu bieten hat, somit die Lesemotivation zu erhalten. Ist die Hürde des Lesenlernens erst einmal genommen, beginnt bei vielen Kindern eine Viellesephase (S. 129f.).

Zweitens: Den Kindern begegnet Sprache zwar *medial* mündlich (durch die Stimme der vorlesenden Person), dennoch handelt es sich um *konzeptionelle* Schriftsprachlichkeit, da der Text, der vorgelesen wird, ja ein schriftsprachlicher ist. Deshalb hat Hurrelmann das an Koch/Oesterreicher angelehnte Kontinuum entworfen (s. Abbildung S. 61, dort zitiert in einer abermals adaptierten Fassung seitens Garbe), an dem erkennbar ist, dass das Vorlesen zwischen den Polen Mündlichkeit und Schriftlichkeit eine Brückenfunktion hin zur Schriftlichkeit einnimmt.

Drittens macht Vorlesen, vor allem wenn es von überlegt gestalteten Vorlesegesprächen begleitet wird, mit elementaren Prozessen literarischen Lernens vertraut, zum Beispiel dem Wechselspiel zwischen subjektivem Involviertsein und aufmerksamer Textwahrnehmung und dem Bekanntwerden mit narrativen Mustern (Spinner 2006).

Im Vergleich mit der persönlichen Vorlesesituation scheinen Hörmedien auf den ersten Blick Nachteile zu haben. Die in der Familie oft innige Beziehung zwischen vorlesender Person und zuhörendem Kind ist bei Hörmedien ebenso wenig gegeben wie die flexible Anpassung des Vorleseprozesses an die Reaktionen des Kindes.

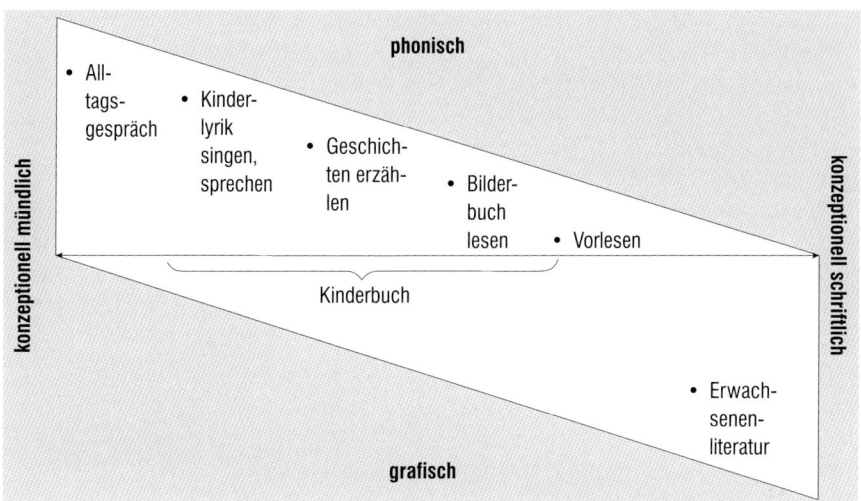

Literaturrezeption zwischen Mündlichkeit und Schriftlichkeit (Quelle: Garbe 2009, S. 181)

Doch darf man nicht vergessen, dass sich die familiäre und die schulische Situation unterscheiden. Hier sind die Lehrer und Lehrerinnen weder allein mit *einem* Kind, auf das sie sich ganz einstellen können, noch ist das Kind notwendig allein mit dem Hörmedium. Außerdem haben empirische Untersuchungen für den Vorschulbereich die sprachfördernde Wirkung von Hörspielen bewiesen. So zeigen Ritterfeld u. a. (2006) einen kausalen Zusammenhang zwischen dem Unterhaltungspotenzial von Hörspielen, der Aufmerksamkeit und dem impliziten Sprachlernen (Aufbau eines mentalen Lexikons) von 3- bis 4-jährigen Kindern auf. Der ungeteilten Aufmerksamkeit kommt dabei eine Schlüsselposition zu: Sie ist Voraussetzung für die Sprachförderung und wird ihrerseits durch den Unterhaltungswert des Hörmediums hervorgerufen. Von den Kindern wurden Hörspiele als unterhaltsamer empfunden als Lesungen. Beim einmaligen Hören waren die Sprachlerneffekte noch gering, jedoch bei mehrfachem Hören (wie sie für den Konsum von Kinderkassetten typisch ist), traten sie nachweislich auf. Selbst bei der weniger unterhaltsamen Lesefassung zeigten sich nachhaltige Sprachlerneffekte, allerdings waren dazu mehrere Wiederholungen nötig. Im Vergleich zum Fernsehen erwiesen sich Hörmedien als überlegen, nicht nur weil sie vorwiegend sprachlichen Input liefern, sondern auch, weil sie nahezu unbegrenzt wiederholbar sind. Eine Langzeituntersuchung innerhalb eines DFG-Schwerpunktprogramms zeigte positive Effekte aus der Nutzung von Hörkassetten auf Sprach- und Leseleistungen (Schiffer/Ennemoser/Schneider 2002), Die Forschenden vermuten, dass qualitätvolle Hörmedien bezüglich ihres sprachfördernden Effekts dem elterlichen Vorlesen sogar überlegen sind, weil es sich dabei um „wohlgeformte sprachliche Angebote" (S. 296) handelt.

Angeregt durch diese Untersuchung hat Hüttis-Graff (2008) eine eigene empirische Studie durchgeführt und konnte die Bedeutung von Hörmedien für die frühkindliche Lesesozialisation in Vorschulklassen belegen. Bei Kindern, die Hörmedien (Funnys, anspruchsvolle Hörbücher zu Bilderbüchern, Hörbücher, die Stoffe aus Filmen aufgreifen) hörten und sie in „Hörgesprächen" (analog zu Vorlesegesprächen) verarbeiteten, wurden Effekte auf das Interesse am Lesen- und Schreibenlernen, auf den Übergang von der Mündlichkeit zur Schriftlichkeit und auf literarische Kompetenz deutlich. Außerdem konnte im Rahmen von Langzeituntersuchungen beobachtet werden, dass Vorschulkinder nach dem Hören von Hörtexten sprachliche Muster der konzeptionellen Schriftlichkeit in eigene (der Betreuungsperson diktierte) Texte übernahmen (Hüttis-Graff 2010). Wie man in der ersten Jahrgangsstufe ähnliche Effekte erzielen kann, hat Ostrop (2010) in einem Unterrichtsmodell zum Hörbuch *Der Grüffelo* gezeigt. Nicht zuletzt dient der Einsatz möglichst vielfältiger und akustisch interessanter Hörmedien der Erweiterung des Hörhorizonts der Schülerinnen und Schüler.

## 2.1.2 Hörtexte und Lesekompetenz

Hörtexte fördern nachweislich die Leseflüssigkeit (*fluency*) und zwar sowohl der Hörtext, den man produziert (lautes Lesen), als auch der Hörtext, den man rezipiert (Zuhören). Aber auch bei hierarchiehöheren Verstehensleistungen, bei denen das Dekodieren nicht mehr die zentrale Schwierigkeit darstellt, gibt es nachweislich einen engen Konnex zwischen Hör- und Leseverstehen, weshalb eine parallele Förderung und Kombination von Hör- und Leseaufgaben dringend angeraten wird (Knechtel 2011, S. 141). Es handelt sich hier noch nicht um literarisches Lernen im eigentlichen Sinne, aber um eine unerlässliche Vorstufe dazu.

Die erste Variante (Lesen und Sprechen) haben vor allem Rosebrock/Nix (2008, S. 31–46, zuletzt Rosebrock/Nix/Rieckmann/Gold 2011) einer breiteren Öffentlichkeit im deutschsprachigen Raum bekannt gemacht. Es handelt sich um die sogenannten Lautleseverfahren. Dabei sind zwei Verfahren zu unterscheiden, das Wiederholte Lautlesen und das Begleitende Lautlesen, die in Kapitel 2.5.1 näher dargestellt werden. Im angelsächsischen Raum schon länger praktiziert, konnte nachgewiesen werden, dass diese Verfahren die exakte Dekodierfähigkeit von Wörtern, die Automatisierung der Dekodierprozesse, eine angemessen schnelle Lesegeschwindigkeit und die Fähigkeit zur sinngemäßen Betonung des gelesenen Satzes, also zu einem ausdrucksstarken Vorlesen (Rosebrock/Nix 2008, S. 38), fördern. All diese Komponenten machen Leseflüssigkeit aus, die wiederum eine Schlüsselfunktion für Leseverstehen und Lesemotivation einnimmt.

Die zweite Variante (Lesen und Hören) hat Gailberger (2010) erforscht. Der Einsatz von Hörmedien, auf denen ein Text vorgelesen wird, führt demnach zur Steigerung der Lesekompetenz von Lernenden – wenn er quantitativ und qualitativ richtig erfolgt. In einem Versuch hörten Hauptschüler und -schülerinnen der 8. Jahrgangsstufe die Lesung eines Jugendromans (Isabel Abedis *Isola*) und lasen gleichzeitig still im Text mit. Wortgleichheit von Buch und Hörbuch waren dabei gegeben. Dieses simultane Lesen und Hören (hörbuchunterstütztes Lesen) erfolgte 6 Wochen lang 4- bis 5-mal pro Woche jeweils für 15 bis 25 Minuten (je nach Kapitellänge) pro Tag. Die Lesekompetenz wurde mithilfe des Salzburger Lesescreenings erhoben, welches die Lesegeschwindigkeit und das Textverstehen auf Satzebene misst. Es konnte nachgewiesen werden, dass innerhalb von 6 Wochen bei vielen Schülerinnen und Schülern erhebliche Leserückstände aufgeholt wurden (Gailberger 2010, S. 127). Dies wurde auch von diesen selbst so empfunden. Der Aussage: „Durch die Betonung der Vorleserin des Hörbuchs konnte ich den Text besser verstehen, als wenn ich ihn alleine gelesen hätte", stimmten 49,2 % „voll" zu, 25,8 % stimmten „eher" zu (S. 117).

Im Zusammenhang damit war ein besseres lesebezogenes Selbstkonzept zu beobachten: „Während wir ein Hörbuch lesen, halte ich mich für einen guten Leser", beantworteten 53,3 % positiv. Vor diesem Hintergrund konnten die Schülerinnen und Schüler auch leichter Rezeptionsformen entwickeln, die spezifisch für den Umgang mit literarischen Texten sind. „Wenn wir im Deutschunterricht mit Hörbuch lesen, dann sehe ich die Geschichte wie in einem Film vor mir" (Imaginationsfähigkeit), beantworteten 66,9 % positiv. Durch die Überwindung des Lesens als anstrengenden Sprachrezeptionsprozess wurden kognitive Ressourcen für die Auseinandersetzung mit Inhalt und Gestaltung des Textes freigesetzt und sinnorientierte Zugänge ermöglicht (S. 117–119). Ebenso beeindruckend waren die Ergebnisse der Befragung bezüglich der Lesemotivation. Die Lernenden aus der Mittelstufe, nicht nur altersbedingt in der „literarischen Pubertät", sondern auch hinsichtlich ihrer Lesebiografien zum Teil eher als Risikogruppe einzustufen, antworteten (S. 121): „Mir bringt es Spaß, wenn wir im Deutschunterricht mit Hörbuch lesen" – 54,0 % stimmten „voll" zu, 33,1 % stimmten „eher" zu. „Beim gemeinsamen Lesen mit dem Hörbuch herrschte für mich in der Klasse eine angenehme Stimmung", bejahten 91,1 %. Insbesondere als Alternative zum durchweg abgelehnten unvorbereiteten Reihum-Lesen schnitt das hörbuchgestützte Lesen gut ab.

Unterstützung bekommt die Idee des simultanen Lesens und Hörens sowie Mitsprechens auch seitens der internationalen Forschung auf dem Gebiet der Lese-/Rechtschreibschwäche, wobei hier die positiven Wirkungen sowohl vom Lesen auf das Hören als auch wieder zurück verlaufen. Etwa die Hälfte der Kinder mit Lese-/Rechtschreibschwierigkeiten hat nämlich Defizite bei der zentralen Hörverarbeitung der Sprachlautstruktur. Obgleich keine Hörprobleme im herkömmlichen Sinn feststellbar sind, haben diese Kinder doch Probleme, Verschlusslaute dergestalt auditiv zu verarbeiten, dass diese klar gehört, gelesen und geschrieben werden könnten. Deshalb hat ein Team (Kleedorfer 2007) Kinderbücher mit CD entwickelt, die ansprechende Geschichten enthalten. Die Aufnahme erfolgte mit Kunstkopftechnik, sodass die ausgeprägte räumliche Wiedergabe das differenzierte Training beider Ohren ermöglicht. Das Kind liest still im Buch eine kleine Passage bis zu der Aufforderung, den Kopfhörer aufzusetzen und den CD-Player einzuschalten. Dann liest und hört es simultan (siehe S. 119). Beim wiederholten simultanen Lesen und Hören der gleichen Passage spricht das Kind leise oder laut mit. Die sehr positiven Ergebnisse bestätigen einen Weg, der zwar nicht für schwere Fälle von Legasthenie (die in professionelle Hände gehören) geeignet ist, aber doch Lehrkräften Wege aufzeigt, Kinder zu fördern.

Die Erkenntnis, dass simultanes Hören und Lesen eine Verstehenserleichterung bedeutet und damit positiv auf Leseprozesse einwirken kann, gilt auch für Personen, die bereits flüssig lesen können, es aber mit einem sprachlich besonders schwierigen Text zu tun haben, also sich temporär in die Situation disfluenter Lesender versetzt sehen. Möbius (2010) hat das Verfahren bei Studierenden eingesetzt, die auf diese Weise mittelhochdeutsche Texte vorgelesen bekamen. Die Hilfe bei textnahen Verstehensleistungen wurde von 75 % als hoch eingeschätzt, die Attraktivität der Lese-Hör-Kombination wurde selbst von diesen Erwachsenen hervorgehoben (siehe S. 265f.). Außerdem waren die Verstehensleistungen in entsprechenden Tests auch objektiv messbar.

Aber selbst wenn Schülerinnen und Schüler nur hören und nicht mitlesen, wirkt sich dies schon nachweislich positiv darauf aus, wie gut sie später bei Leseverstehensaufgaben abschneiden. Dieses bemerkenswerte Ergebnis erbrachten Versuchsreihen in Hauptschulklassen (Belgrad/Schünemann 2011, S. 160). Es handelte sich – wie in der Untersuchung von Gailberger – um die 8. Jahrgangsstufe. Ebenfalls ging es um eine regelmäßige, eher kurze Intervention, allerdings über einen deutlich längeren Zeitraum hinweg (3- bis 4-mal pro Woche 10 bis 15 Minuten, ca. 13 Wochen). Es wurde jedoch kein Hörmedium vorgespielt, sondern die Lehrkraft las vor. In dieser Situation, in der die Jugendlichen sich ganz auf das Zuhören konzentrierten und nicht gleichzeitig im Buch mitlasen, erwiesen sich die positiven Auswirkungen auf den Lesequotienten als besonders hoch. Im Vergleich dazu ungünstiger sah es in der Kontrollgruppe aus, die zuhörte und gleichzeitig mitlas (Belgrad/Schünemann 2011, S. 162). Das muss kein Widerspruch zu den Ergebnissen Gailbergers sein, denn es liegt eine andere Konstellation (Hörmedium vs. *Face-to-Face*-Situation) vor, bei der die Schülerinnen und Schüler auch Mimik, Gestik und Blickkontakt der vorlesenden Person erleben und bei welcher diese ihr Vorlesetempo der Gruppe individuell anpassen kann. Der Tatbestand überhaupt, dass durch das bloße Hören die nachfolgende Leseleistung (anderer Texte) verbessert wird, führen die Autoren wesentlich darauf zurück, dass schriftsprachliche „Formen, Strukturen und Wendungen" (Belgrad/Schünemann 2011, S. 161) über das Hören vertraut sind, wenn die Schülerinnen und Schüler diesen beim Lesen begegnen.

## 2.1.3 Einschätzung und „Passung" von Hörmedien

Für die Beurteilung der Eignung von Hörmedien im Unterricht ist ausschlagge-
bend im Hinblick auf Schülerinnen und Schüler:
▸ ob die Medien deren Verstehensvoraussetzungen entsprechen,
▸ ob die Medien deren Rezeptionsweisen angemessen sind,
▸ ob die Medien für diese attraktiv sind;
im Hinblick auf die Gegenstände:
▸ wie die schwierigkeitsbestimmenden Merkmale einzuschätzen sind,
▸ ob die Hörmedien inhaltlich und sprachlich qualitätvoll sind,
▸ ob sie auditiv qualitätvoll sind,
▸ ob sie technisch gut gemacht sind,
▸ ob sie komfortabel handhabbar sind;
und im Hinblick auf die Intentionen des Unterrichts:
▸ ob die Hörmedien im Hinblick auf den Aufbau literarischer Kompetenz ergiebig sind,
▸ ob das Zweck-Mittel-Verhältnis stimmt.

### Zur Einschätzung von Hörmedien im Hinblick auf die Lernenden
Die Entwicklung des Zuhörens ist in der Regel im 5./6. Lebensjahr so weit, dass
die Kinder ein Gedächtnis für das, was sie hören, entwickelt haben (Kieferle
2009, S. 30f.). Da sie in der Lage sind, sich Dinge zu merken, können sie auch
ansatzweise ein Gesamtverständnis einer Geschichte aufbauen. Sie sind meist
aktive Zuhörer, das heißt, sie stellen häufig Fragen zu Wörtern, Konstellationen
oder Handlungsschritten, die sie nicht verstehen. Sie haben Verständnis für die
sprachliche Realisierung der drei Zeitstufen und für den Ausdruck von Möglichkeit erreicht. Und sie können sich in der Regel schon 15 bis 20 Minuten lang konzentrieren. Damit sind gute Voraussetzungen für den schulischen Unterricht gegeben.

Wenn diese Bedingungen noch nicht gewährleistet sind, muss die Lehrkraft
sich an den Fähigkeiten noch jüngerer Kinder orientieren. Böckelmann (2002,
S. 39–45) hat eine Stufenfolge herausgearbeitet und ihr jeweils passende Merkmale von Hörspielen zugeordnet, wobei in Einzelfällen Abweichungen denkbar
sind. Das von ihr behandelte Altersspektrum endet gemäß ihrem Thema (Otfried
Preußlers Kinderhörspiele) mit dem 12. Lebensjahr:

| Alter/mittlere Konzentrationsdauer | Rezeption von Hörspielen | Merkmale passender Hörspiele |
|---|---|---|
| 3 – 4 Jahre/ 5 Min. | ▸ Schwierigkeit, Handlungsabläufe zu erfassen | ▸ einfache Struktur des Ablaufs<br>▸ chronologischer Verlauf<br>▸ ein einziger Schauplatz<br>▸ je jünger die Hörenden, desto nötiger ist ein Erzähler |
| | ▸ starke Anregung der Fantasie → Gehörtes / Hörspiel wird für wahr gehalten | ▸ Adaptionen von den Lernern bekannten Stoffen, z. B. Märchen, erleichtern Erkennen von Fiktionalität |
| | ▸ Schwierigkeit, wichtige und unwichtige akustische Reize zu trennen | ▸ sparsamer Einsatz akustischer Mittel<br>▸ prägnante Geräusche<br>▸ kurze Dialoge |
| | ▸ Freude am Mitmachen | ▸ Anlässe zum Mitsingen und Mitsprechen |
| | ▸ Freude an der Wiederholung von Wörtern und Versen | ▸ Reihungsstrukturen |
| 5 – 7 Jahre/ 10 – 15 Min. | ▸ Verknüpfungsfähigkeit in Ansätzen entwickelt | ▸ lineare Handlung<br>▸ eine einzige Erzählperspektive<br>▸ Verzicht auf Überblendungen<br>▸ polar angelegte Protagonisten<br>▸ Wechsel zwischen 2 – 3 Orten möglich |
| | ▸ assoziative Wahrnehmung je nach eigenem Vorwissen | ▸ Hörspiele nach bekannter literarischer Vorlage<br>▸ Illustration auf Hülle als optische Erinnerungsstütze (Hauptakteure) |
| | ▸ Freude am Mitsprechen | ▸ spannende und lustige Dialoge |
| 8 – 10 Jahre/ 15 – 20 Min. | ▸ können Standpunktwechsel nachvollziehen<br>▸ können unterschiedliche Zeitebenen erfassen<br>▸ können 3 – 4 Mitwirkende akustisch voneinander unterscheiden | ▸ entsprechende Hörspiele wählen (siehe 2. Spalte) |
| | ▸ bevorzugen erst fantastische, dann auch realitätsnahe Inhalte | ▸ Darstellung von Bewährungssituationen gleichaltriger Helden |
| | ▸ bevorzugen Spannung | ▸ Geräusche genügen zur Spannungserzeugung |

| ▶ | | |
|---|---|---|
| 11 – 12 Jahre/ bis zu 25 Min. | ‣ erfassen verschiedene Handlungsstränge und deren Verknüpfungen<br>‣ erfassen auch komplexere Aktionen der Figuren<br>‣ können Figurenentwicklungen nachvollziehen<br>‣ können Schlussfolgerungen ziehen<br>‣ können Geräusche deuten | ‣ entsprechende Hörspiele wählen (siehe 2. Spalte) |
| | ‣ können verschiedene Stimmen unterscheiden | ‣ 6 – 7 Sprechende, altersadäquate Stimmen |
| | ‣ können unterschiedliche Handlungsräume erfassen | ‣ Authentizität des Raumklangs |
| | ‣ bevorzugen natürliche Stimmen und natürlichem Sprachduktus | ‣ keine verstellten/verzerrten Stimmen<br>‣ keine ausgeprägte Schriftsprachlichkeit |

Insgesamt empfiehlt Böckelmann (2002, S. 48, 119) Hörspiele, die durch einen spannenden, aktionsreichen Einstieg die Kinder zum Zuhören motivieren, die aber durch einen ruhigen Ausklang die Zuhörenden behutsam in die Realität zurückführen. Rogge/Rogge (1999, S. 37) haben darüber hinaus den wichtigen Hinweis gegeben, dass eine ständig ansteigende Spannung mit einer Lösung erst in der letzten Minute die emotional mitgehenden Kinder zu stark belastet und dass deshalb eine „Wellendramaturgie" mit mehreren kleinen Spannungshöhepunkten geeigneter ist, wenn es darum geht, Kindern eine innere Distanzierung zu ermöglichen. Rahmengeschichten, die einzelne kleine abgeschlossene Erzählungen umschließen, sind für sehr junge Hörerinnen und Hörer am besten geeignet (Kibler 1995, S. 212).

Bei Jugendlichen muss man vor allem nach der Motivation im Unterricht, nach der Attraktivität der Hörmedien, fragen. Die zweite Krise, die sogenannte literarische Pubertät, bedeutet einen Motivationseinbruch am Ende der Kindheit, der folgenreich ist: Bei einigen Kindern kommt es zum Leseabbruch, bei anderen zu einer Diversifizierung der Lesehaltungen und Leseinteressen. Große Bedeutung haben hierbei die soziale Schicht und das Geschlecht, sodass kein einheitliches Rezept für richtige schulische Maßnahmen gegeben werden kann. Wichtig erscheint jedoch zweierlei: zum einen, dass Literaturunterricht nicht nur als Kontrastprogramm zu dem erlebt wird, was Kinder und Jugendliche außerhalb der Schule wertschätzen. Damit ist natürlich nicht gemeint, dass Literaturunterricht in einen Wettlauf mit Computerspielen und Vorabendserien um die Gunst der Schüler und Schülerinnen eintreten soll, ein Wettlauf, den er nicht nur zwangsläufig verlieren müsste, sondern in dem er auch seine wahren Stärken und Potenziale leichtfertig preisgeben würde. Jedoch haben die Ausführungen in Kapitel 1.4 gezeigt, dass Hören und Mitsprechen von Texten durchaus eine Rolle in der Jugendkultur spielen, an die sich anknüpfen lässt. Nun wird damit noch niemand zwangsläufig zum Leser und zur Leserin, aber zumindest wird der Umgang mit Literatur und literarischen Stoffen im schulischen Kontext nicht ausschließlich als negativ besetzt erlebt. Das kann dann die Voraussetzung dafür sein, dass Literaturunterricht auch dort eher akzeptiert wird, wo er Kontrastprogramm sein *muss*. Die schon in Kapitel 1.4.4 erwähnte Erhebung des Börsenvereins des Deutschen Buchhandels aus dem Jahr 2006 unter 5- bis 21-Jährigen fragte auch danach, ob Hörbücher im schulischen Unterricht bereits eingesetzt würden. Das Ergebnis war eindeutig:

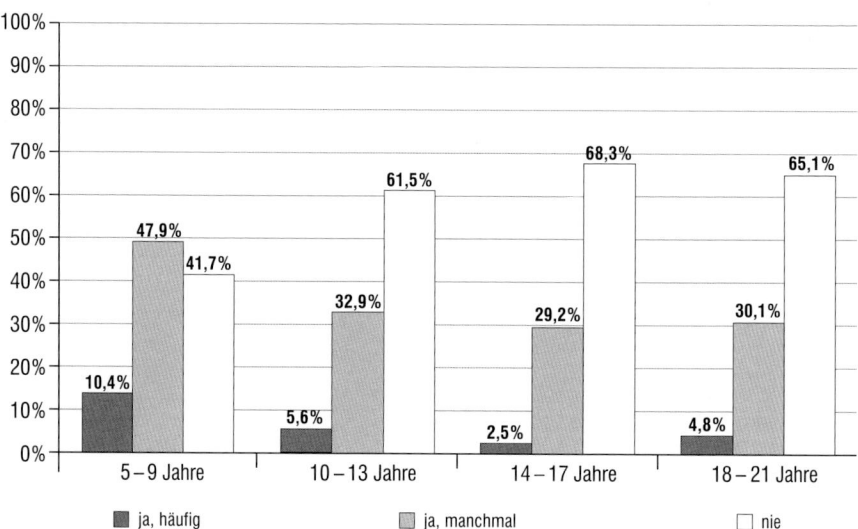

Einsatz von Hörbüchern im Unterricht (© Börsenverein des Deutschen Buchhandels e. V. 2006, S. 46)

Die Frage an die Kinder und Jugendlichen, ob sie gerne möchten, dass Hörbücher im Schulunterricht verwendet werden, ergab eine ebenfalls eindeutige Antwort, diesmal positiv:

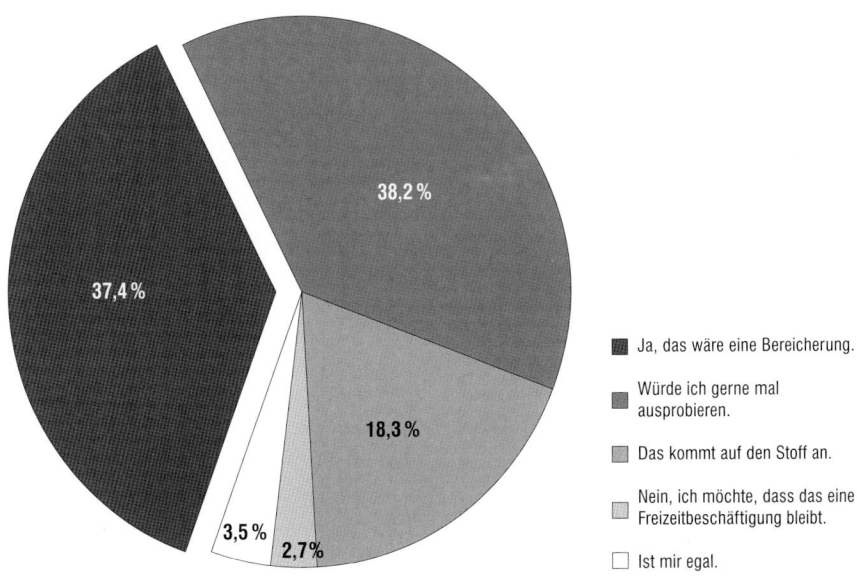

Wunsch der Schülerinnen und Schüler nach Hörbüchern im Unterricht (© Börsenverein des Deutschen Buchhandels e. V. 2006, S. 48)

Interessanterweise befürworteten dies sogar etwas mehr Jungen (41,9 %) als Mädchen (35,7 %). Diese Tendenz bestätigt die Untersuchung von Lepa/Ehrenspeck (2008), die bei 7- bis 16-jährigen Nutzern herausfand, dass das Interesse am Hören im Unterschied zum Lesen keine großen Differenzen zwischen Jungen und Mädchen aufweist. Die JIM-Studie zum Medienverhalten 12- bis 19-Jähriger von 2010 scheint zwar auf den ersten Blick zu zeigen, dass Hörbücher auf CD nicht oben auf der Hitliste der täglich gebrauchten Medien stehen (siehe die Tabelle S. 70), man müsste jedoch zum einen genauer herausfinden, was sich hinter „… oder anderes" verbirgt, zum anderen braucht das Freizeitverhalten aus rein quantitativer Perspektive kein Maßstab für Schule zu sein. Entscheidend ist vielmehr, dass Hören positiv besetzt ist – und das ist es, sowohl aus der Kindheit als auch aus dem gegenwärtigen Erleben heraus. Dabei kann davon ausgegangen werden, dass entsprechende Geräte bei den Schülern zur Verfügung stehen, wie die KIM-Studie (6- bis 13-Jährige) und die JIM-Studie (für 12- bis 19-Jährige) für das Jahr 2010 erhoben haben (siehe die Abbildungen S. 71).

Dabei steckt vor allem im MP3-Player ein großes Potenzial, denn für Jugendliche

scheinen Diskurse, in denen (neue) Medien eine Rolle spielen, attraktiver zu sein als solche über traditionelle Medien. Sie denken und handeln *konvergent*: Sie orientieren sich zu einem Thema in verschiedenen Medien parallel (rezeptiv) und sie agieren auch über verschiedene Medien (produktiv). Themen sind für Jugendliche intermedial etabliert.

(Marci-Boehncke/Rath 2009, S. 35)

**Medienbeschäftigungen Jugendlicher 2010** (täglich/mehrmals pro Woche, in %)

| | 2008 Gesamt (n = 1.208) | 2010 Gesamt (n = 1.208) | Jungen (n = 619) | Mädchen (n = 589) | 12–13 J. (n = 279) | 14–15 J. (n = 284) | 16–17 J. (n = 304) | 18–19 J. (n = 341) | Haupt-schule (n = 163) | Realschule (n = 427) | Gymna-sium (n = 586) |
|---|---|---|---|---|---|---|---|---|---|---|---|
| ein Handy nutzen | 84 | 91 | 88 | 93 | 84 | 89 | 91 | 97 | 92 | 92 | 90 |
| surfen im Internet, E-Mails, chatten oder Instant Messenger | 84 | 90 | 89 | 91 | 82 | 86 | 94 | 96 | 86 | 88 | 92 |
| fernsehen | 89 | 88 | 87 | 89 | 90 | 92 | 88 | 82 | 92 | 90 | 85 |
| MP3s hören, egal, ob Musik oder anderes | 82 | 83 | 84 | 83 | 71 | 86 | 89 | 87 | 84 | 82 | 84 |
| Radio hören | 72 | 74 | 70 | 79 | 68 | 73 | 76 | 79 | 66 | 70 | 81 |
| Musikkassetten oder Musik-CDs hören | 68 | 62 | 59 | 65 | 59 | 61 | 64 | 63 | 59 | 65 | 62 |
| Zeitung lesen | 43 | 44 | 46 | 41 | 23 | 37 | 49 | 62 | 32 | 42 | 49 |
| Bücher lesen (ohne Schulbuch) | 40 | 38 | 28 | 48 | 41 | 36 | 38 | 36 | 22 | 29 | 48 |
| Spielen von Computer-/Konsolen-spielen* | – | 35 | 55 | 14 | 46 | 45 | 30 | 23 | 47 | 35 | 32 |
| digitale Fotos machen | 29 | 31 | 22 | 41 | 32 | 36 | 30 | 26 | 36 | 33 | 28 |
| DVDs/Videos sehen* | – | 31 | 36 | 25 | 31 | 31 | 32 | 29 | 36 | 31 | 29 |
| einen Computer offline benutzen* | – | 30 | 34 | 26 | 31 | 31 | 32 | 29 | 29 | 28 | 33 |
| Zeitschriften bzw. Magazine lesen | 29 | 27 | 26 | 28 | 27 | 29 | 29 | 24 | 33 | 26 | 26 |
| Tageszeitung im Internet lesen | 12 | 15 | 18 | 12 | 6 | 10 | 22 | 21 | 9 | 12 | 19 |
| Hörspielkassetten oder Hörspiel-CDs hören | 13 | 11 | 10 | 12 | 17 | 9 | 8 | 11 | 8 | 11 | 12 |
| Zeitschriften im Internet lesen | 10 | 10 | 13 | 7 | 5 | 7 | 16 | 13 | 8 | 10 | 12 |
| digitale Filme/Videos machen | 6 | 7 | 6 | 8 | 8 | 6 | 9 | 5 | 10 | 8 | 5 |
| ins Kino gehen | 1 | 1 | 1 | 1 | 1 | 2 | 1 | 1 | 3 | 1 | 0 |

* Veränderte Fragestellung 2010

Medienbeschäftigungen Jugendlicher (Quelle: Medienpädagogischer Forschungsverbund Südwest, JIM-Studien 2008/2010, zit. nach: Feierabend/Rathgeb 2011, S. 301, Hervorhebung: K. M. – www.mpfs.de)

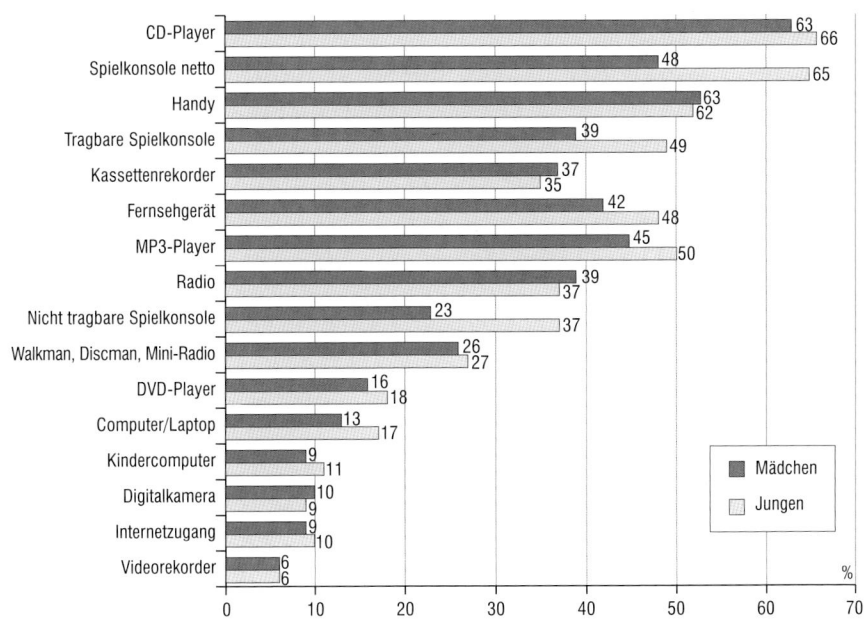

Gerätebesitz der Kinder 2010 (Quelle: Medienpädagogischer Forschungsverbund Südwest 2010 b – www.mpfs.de)

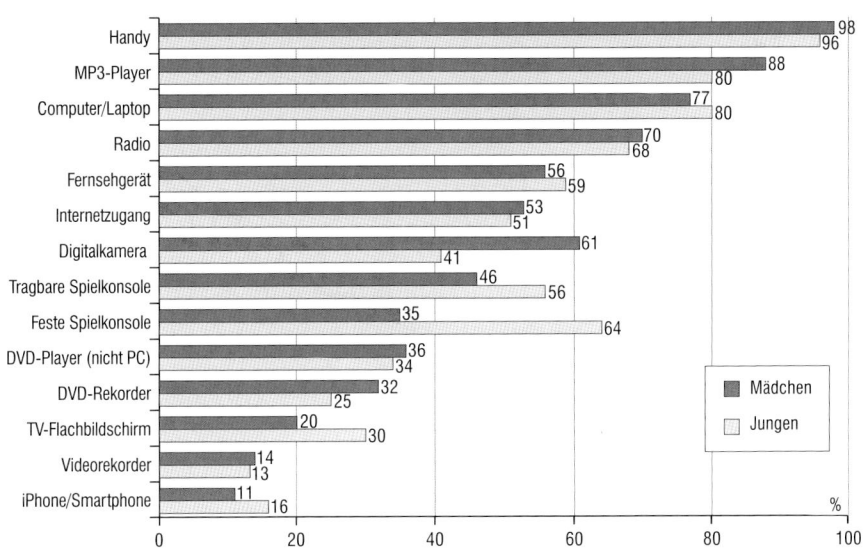

Gerätebesitz Jugendlicher 2010 (Quelle: Medienpädagogischer Forschungsverbund Südwest 2010 a – www.mpfs.de)

Warum also nicht einmal an einem Radioprojekt teilnehmen, warum nicht ein eigenes Hörbuch ins Netz stellen? Dabei empfiehlt sich, bevor man mit Hörmedien zu arbeiten beginnt, eine eigene Schülerbefragung durchzuführen (siehe Arbeitsblätter 1 und 2 ⊙).

### Zur Einschätzung von Hörmedien im Hinblick auf den Gegenstand

Zunächst ist zu bedenken, dass der Schwierigkeitsgrad vom Hörziel abhängig ist (globales Hörverstehen, selektives Hörverstehen usw.) beziehungsweise von der Art der Aufgabe (produktive Aufgaben, analytische Aufgaben usw.) (Glaboniat 2008, S. 53). Im Hinblick auf die Hörverstehensaufgaben, die für die IGLU-Studie 2006 entwickelt wurden, konnten folgende schwierigkeitsbestimmende Merkmale identifiziert werden (Böhme/Robitzsch/Busé 2010, S. 90):

▸ Aufnahmequalität,
▸ Deutlichkeit der Aussprache,
▸ Pausen zwischen Sätzen und Satzteilen,
▸ Dialekt-, Regiolekt-, Soziolektfärbung,
▸ Zahl der Sprecher(innen),
▸ Unterscheidbarkeit der Sprecherstimmen,
▸ überlappende Sprecherwechsel,
▸ Sprechgeschwindigkeit der NI (*Necessary Information*, d. h. Information, die benötigt wird, um eine Aufgabe zu bearbeiten),
▸ Sprechgeschwindigkeit für Umgebungsinformation der NI,
▸ Hinweis darauf, dass NI folgen wird,
▸ deutliche Betonung der NI.

Daneben gibt es schwierigkeitsbestimmende Merkmale, die für Hör- wie für Lesetexte gleichermaßen gelten (ebd.):

▸ Satzlänge,
▸ Silbenzahl pro Wort,
▸ Überlappung mit Grundwortschatz,
▸ Verhältnis von Inhalts- und Funktionswörtern,
▸ redundante Repräsentation der NI,
▸ Notwendigkeit der lokalen und globalen Kohärenzbildung,
▸ Notwendigkeit von Vorwissen,
▸ Aufgabenart (Itemtyp),
▸ Komplexität des Items.

Was die inhaltliche und sprachliche Qualität angeht, so gilt im Grunde das Gleiche wie für gedruckte Texte. Die Tatsache, dass Kinderkassetten (Funnys) so harmlos und belanglos wirken, dass man sie nicht ernst nimmt, sollte keinesfalls darüber hinwegtäuschen, dass auch sie Weltbilder, Werte und Normen vermitteln, die problematisch sein können (Strohmeier 2005) – und dies umso wirkungsvoller, als das Hören eine oft emotionalere Rezeptionsform ist als das Lesen und durch das kindheitstypische Wiederholungshören ganze Handlungsabläufe, Reaktionsweisen der Figuren, Dialoge, Ausdrucksformen und Sprechgewohnheiten gleichsam in Fleisch und Blut übergehen. Dass Hörspiele stark die Sprachentwicklung der Kinder beeinflussen, wurde schon beschrieben.

Bezüglich der auditiven Qualität weisen Rogge/Rogge (2004, S. 66) darauf hin, dass die Gestaltung des Raums bei Hörspielen ein sicherer Indikator dafür ist, wie künstlerisch gelungen eine Produktion ist. Eine Verdoppelung von sprachlichen und rein akustischen Informationen („Doppelpunkt-Dramaturgie") wirkt meist recht simpel. Sie mag zwar in Hinblick auf die Verstehensleistung erleichternd wirken, jedoch bringen gut gemachte Hörspiele die Erklärung einer Geräuschinformation erst etwas zeitversetzt, sodass die Schülerinnen und Schüler zunächst selbst ihre Fantasie und Kombinationsgabe spielen lassen können. Die hörbare Modifizierung des Schalls (zum Beispiel leiser werdende Geräusche, wenn ein Fenster geschlossen wird) und des Halls (beispielsweise kein Nachhall, wenn eine Person ins Freie tritt) sind Feinheiten, auf die billige Produkte gern verzichten (Rogge/Rogge 2004, S. 66).

Die Stimmen müssen hinsichtlich des Alters zu den Figuren passen (was scheinbar selbstverständlich, aber keineswegs die Regel ist) und gut unterscheidbar sein, möglichst über eine jeweils charakteristische Stimmfarbe verfügen. Die Sprechweise sollte die Figuren charakterisieren, aber größtmögliche Verständlichkeit aufweisen. Laiensprecherinnen und -sprecher, oft Prominente, die man angeworben hat, um den Absatz zu erhöhen, sprechen bisweilen undeutlich oder „wie abgelesen". Wenn man sie sofort an der Stimme erkennt, überlagern sich die Assoziationen, die mit der Person verbunden werden, mit denjenigen zum Text. Das kann effektvoll sein, lenkt aber manchmal stark ab.

Nach Böckelmanns (2002, S. 101) Erkenntnissen hat sich bewährt, wenn Musikelemente verschiedene Handlungsorte kennzeichnen, Aufschluss über Aktionen und Stimmungen geben und Zeit schaffen, über das Gehörte nachzudenken. Die Musikeinlagen können qualitativ erheblich differieren, je nachdem, inwiefern sie zur Handlung passen und wie mehr oder weniger exzellent die Ausführenden sind. Die Produktionen der Edition See-Igel beispielsweise heben sich mit ihren extra von Konzertmusikern eingespielten Stücken wohltuend vom seriellen Märchen-Einheitssound ab (siehe Praxisbeispiel 3.2.3, *Der Froschkönig*). Auch der Einsatz von Geräuschen kann Bestandteil einer lärmenden Dauerberieselung sein oder aber dramaturgisch effektvoll und dosiert stattfinden und das Stilmittel der Stille einschließen.

Manchmal machen Äußerlichkeiten Verdruss: Noch immer gibt es Hörmedien für Kinder, bei denen die Tonqualität schlecht ist oder gar Passagen „abgeschnitten" sind. Häufig findet sich bei CDs eine wenig sinnvolle Einteilung der Tracks (zum Beispiel mehrere Gedichte in einem Track, sodass sie nicht einzeln angesteuert werden können) oder viel zu lange Tracks. Die Booklets bieten recht oft ein Bild des Jammers: viel Werbung, aber keine Tracklisten oder Zeitangaben bei den Tracks. Hörmedien, die zum Mitsingen einladen, sollten den Text im Booklet zur Verfügung stellen.

### Zur Einschätzung von Hörmedien im Hinblick auf die Intentionen des Unterrichts

Ob ein Hörmedium im Hinblick auf den Aufbau literarischer Kompetenz ergiebig ist, lässt sich nicht pauschal beantworten, weil die zu vermittelnden Teilfähigkeiten und -fertigkeiten verschiedenartig sein können. An den einzelnen Beispielen in Kapitel 3 wird gezeigt, welche Merkmale jeweils entscheidend sind. Wie bei allen anderen Unterrichtsgegenständen auch, ist schließlich und endlich abzuwägen, ob Aufwand und erwarteter Ertrag zueinander passen, zum Beispiel ob die Zeit, die für die Vorbereitung des Hörens und das Hören selbst gebraucht wird, in einem vernünftigen Verhältnis steht zu den intendierten Zielen. Sollten sich hier Zweifel einstellen, muss das Hörmedium nicht gerade zum Leitmedium einer Unterrichtseinheit gemacht werden, kann aber immer noch in freien Arbeitszeiten zur Verfügung gestellt werden und dort gute Dienste leisten.

## 2.2 Hörtexte und literarische Kompetenz

„Literarische Bildung", „literarisches Lernen", „literarisches Verstehen" und so weiter: Viele Begriffe versuchen eine wesentliche Aufgabe des Deutschunterrichts zu bezeichnen. Hier soll von „literarischer Kompetenz" die Rede sein, weil der Terminus den Kompetenzbegriff in sich trägt und so gut mit „Lesekompetenz" in eine Systematik passt. Dabei ist zu beachten, dass literarische Kompetenz nicht notwendig an Lesekompetenz gekoppelt ist, denn Literatur kann nicht nur gelesen, sondern eben auch gehört werden. Zwar gibt es noch kein operationalisierbares Modell für literarische Kompetenz (Frederking 2010a, S. 326), jedoch hat dies in erster Linie Auswirkungen auf das Messen von Kompetenzen in Prüfungssituationen, nicht jedoch auf die Frage, was im Unterricht gemacht werden sollte.

Im Folgenden wird von einem Begriff literarischer Kompetenz ausgegangen, der die produktive und die rezeptive Seite zusammen sieht, also nicht allein auf literarische Rezeptionskompetenz beschränkt ist. Diese Begriffsverwendung befindet sich in Übereinstimmung mit dem zurzeit im Bildungswesen am häufigsten verwendeten Kompetenzbegriff von Franz E. Weinert, in welchem ebenfalls Wissen und dessen Anwendung, „Performanz und Kompetenz in spezifischer Weise verbunden werden" (Frederking 2010a, S. 330).

Die folgende Darstellung orientiert sich bei der Isolierung der Aspekte literarischen Lernens an Spinner (2010, 2006). Diese Aspekte dienen der „Erziehung *zur* Literatur"; wie aber steht es um die „Erziehung *durch* Literatur"? Wie Spinner (2010, S. 95) bereits bemerkt hat, kann jene erst auf Grundlage literarischen Verstehens erfolgen, vor allem in der Auseinandersetzung mit literarischen Figuren. Bei den Ausführungen zu den einzelnen Punkten wird überdies deutlich werden, dass die ästhetische Wahrnehmung von auditiv dargebotener Literatur und eine intensive Beschäftigung mit ihr oft zu einer Auseinandersetzung der Rezipierenden mit sich selbst und mit anderen Sichtweisen führen. Dass literarische Kompetenz schon vor dem Schriftspracherwerb beginnt, wurde bereits in Kapitel 2.1.1 beschrieben, und dass es sich hier nicht notwendig um explizite Lernprozesse handelt, sondern auch – gerade bei jüngeren Kindern – um implizite, wird zu sehen sein und ebenso später in den Praxisbeispielen deutlich werden.

## 2.2.1 Poetische Texte verstehen lernen

Einen der bekanntesten Beschreibungsversuche literarischen Lernens hat Spinner (2010, 2006) vorgelegt. Wegen des hohen Verbreitungsgrades bietet es sich an, an dieses Modell anzuknüpfen. Seine elf Aspekte literarischen Lernens werden im Folgenden zum Ausgangspunkt genommen, jedoch wird eine Auswahl im Hinblick auf das Thema Hören getroffen. Ferner werden die Aspekte ergänzt und teilweise weiterentwickelt.

### Vorstellungsbildung

„Lebendige Vorstellungen beim Lesen und Hören literarischer Texte [zu] entwickeln" – das fordern die Standards für die Primarstufe und nennen hier das Hören an zentraler Stelle. Hören ist dem Lesen insofern analog, als es Bilder im Kopf entstehen lässt. Wie in Kapitel 1.2.4 gezeigt wurde, gelingt beim Hören die Vorstellung räumlicher Verhältnisse leichter.

Mudrak bestätigte dies auf der Basis seines Unterrichts zu Kleists *Das Bettelweib von Locarno*. Die Jugendlichen aus der Oberstufe (!) verstanden beim reinen Hören gerade die – in diesem Fall besonders bedeutsamen – räumlichen Relationen des Textes besser (Mudrak 2008). Dies bezog sich auf das Hören einer *Lesung!* Dass beim Hörspiel ohnehin durch Geräusche und Raumklang oft die Illusion einer eigenen Welt hervorgerufen wird, wurde schon mehrfach betont. Wie sehr das „atmosphärisch bewusst gestaltete Vorlesen durch Schülerinnen und Schüler" der Vorstellungsbildung dient, hat insbesondere Spinner mehrfach betont (Spinner 2010, S. 96; 2000, S. 106).

### Wechselbeziehung von subjektiver Involviertheit und genauer Wahrnehmung

Die Fähigkeit, „zwischen Textrezeption und Selbstreflexion hin und her zu pendeln", hat schon Bettina Hurrelmann als jene Komponente der Lesekompetenz bezeichnet, „die in besonderem Maße beim Lesen literarischer Texte in Anspruch genommen wird" (Hurrelmann 2002, S. 278f.). Spinner sieht diesen Aspekt eng mit der Vorstellungsbildung verbunden, jedoch gehe es nun nicht mehr um Imagination, sondern um Reflexion und Emotionen (Spinner 2010, S. 97). In welchem

Maße Lernarrangements, die Printtexte und Hörmedien kombinieren, also Verstehen und Erleben in Beziehung setzen, dem gerecht werden, wurde anhand von Fischer-Lichtes Theorien zum Theater erläutert (siehe Kapitel 1.5.3).

### Aufmerksame Wahrnehmung sprachlicher Gestaltung

Wir befinden uns hier unzweifelhaft in einem Kernbereich des Literarischen. Jedoch greifen die KMK-Standards zu kurz, wenn sie davon sprechen, „sprachliche Gestaltungsmittel [seien] in ihren Wirkungszusammenhängen [...] [zu] erkennen" (Sekretariat der KMK 2004, S. 14). Allzu oft verlangen veräußerlichte Interpretationsrituale in der Schule, dass Gestaltungsmittel gefunden werden, nach denen niemand von sich aus gesucht hätte. Vorausgehen muss erst die unmittelbare Erfahrung, dass es sich hier um eine irgendwie *besonders* gestaltete Sprache handelt. Das kann schon früh beginnen. Diese Aufmerksamkeit reicht „von mehr intuitivem Empfinden von Klang und Rhythmus bis zur Textanalyse" (Spinner 2006, S. 9). Spinner führt das näher aus:

> Literarisches Verstehen hat mit Sinneswahrnehmung zu tun. Das Hören von literarischen Texten ist auch deshalb so wichtig, weil literarisches Lernen eine sinnliche Erfahrung von Sprache einschließt. Dies bezieht sich in erster Linie auf den Klang und den Rhythmus von Sprache. [...] Intensive Hörerfahrungen wirken sich auf das stille Lesen aus, sie fördern die Fähigkeit, mit dem inneren Ohr mitzuhören.
>
> (Spinner 2007, S. 4)

Dass gestaltendes Sprechen zu einer besonders intensiven Auseinandersetzung mit dem Text führt, wurde bereits in Kapitel 1.5.4 erläutert.

### Nachvollzug der Perspektiven literarischer Figuren

„Beim Hören und Lesen literarischer Texte beschäftigen sich die Kinder mit wichtigen, sie bewegenden Fragen und setzen sich identifizierend und abgrenzend mit literarischen Figuren auseinander" – so steht es in den Standards für die Primarstufe (Sekretariat der KMK 2005, S. 9). Hintergrund für die Bedeutsamkeit der Auseinandersetzung mit literarischen Figuren ist die lesepsychologische Erkenntnis, dass Empathie, Sympathie und Antipathie zu den wichtigen spezifischen Emotionen gehören, die beim Lesen von Literatur wirksam sind (Christmann 2010, S. 150). Mag das Hören in Bezug auf die Primarstufe noch dadurch begründet sein, dass es die Lesehürde umgeht, so gilt für höhere Jahrgangsstufen, dass das Verstehen von Figurenperspektiven mitunter auditiv besser gelingt als beim Lesen. Indem Unbestimmtheitsstellen des Textes durch prosodische Elemente gefüllt werden, kann der emotionale Zustand einer Figur in einer Hörfassung leichter fasslich werden, gibt es doch sogar evolutionspsychologische Emotionstheorien, die „postulieren, dass vokale [...] Muster als Universalien des affektiven Ausdrucksverhaltens einer Reihe von Basisemotionen aufzufassen sind" (Hielscher 2003, S. 680). Und dass das eigene gestaltende Sprechen von literarischen Figuren deren Verständnis befördert, ist eine Grunderkenntnis, auf der die Theorie des szenischen Interpretierens basiert.

### Verständnis der Handlungslogik

Mit wenigstens drei Verfahren kann diese Teilkompetenz gefördert werden: erstens durch die Antizipation, hier verstanden als Aufforderung, in der Logik eines Textanfangs weiterzufabulieren. Durch den Vergleich von eigenen Erwartungen und tatsächlichem Fortgang sollen dann die Augen für das besondere Modell von Welt, das der Text entwirft, geöffnet werden. Bei Printtexten (vor allem Ganzschriften) ist das Antizipieren für die Lehrkraft oft schwierig zu organisieren, weil die Schülerinnen und Schüler vorauslesen. Hörmedien können dieses Problem lösen helfen, weil man sie anhalten kann. Zweitens fördert das nachträgliche Herstellen von kausaler Kohärenz im temporalen Handlungsverlauf des Textes das Verständnis für die Handlungslogik, ist somit eine Art Gegenstück zum antizipierenden Lesen (Spinner 2005, S. 165). Der Blick zurück fällt bei kurzen Texten leicht, auch wenn man sie im flüchtigen Modus Hören rezipiert hat. Bei längeren Texten ist hier sicher das gedruckte Wort überlegen. Drittens kann der Literaturunterricht auf narrative Strukturen explizit aufmerksam machen, indem er kohäsions- wie kohärenzstiftende Mittel thematisiert. Solche Mittel können Rekurrenz, Rückverweise und Verknüpfung von Handlungssträngen sein, aber auch Wiederholungen, Parallelismen und Oppositionen gehören als „elementare literarische Strukturen" (Spinner 2007, S. 6) in diesen Zusammenhang. Dafür ist mehrfaches, untersuchendes und fokussierendes Lesen notwendig. All dies gelingt bei gelesenen statt gehörten Texten in der Regel besser, zumal bei Hörtexten der Flüchtigkeitsaspekt des gehörten Wortes den gezielten Rückgriff auf frühere Textstellen erschwert. Aber beim eigenen lauten Lesen werden solche Textmerkmale bedeutsam und treten ins Bewusstsein. Zutreffend bemerkte schon Drach (1969, S. 191): „Die Erarbeitung des Vortrags ist die Durchnahme selbst."

### Bewusster Umgang mit Fiktionalität

Bei realistischen Texten und bei stark identifikatorischem Lesen und Hören liegt es nahe, fiktionale Texte für Abbilder von Realität zu halten. Moderne Unterhaltungsmedien verwischen die Grenze bewusst oder heben sie gar völlig auf. Beim Punkt „Vorstellungsbildung" wurde betont, wie sehr gerade Hörspiele mit Geräuschen und Raumklang dazu verleiten können, dass die Hörenden in eine zweite Welt buchstäblich abtauchen. Das kann erwünscht sein, aber man muss auch wieder auftauchen und sich bewusst sein, dass es sich um Fiktion handelte. Die Einsicht in das Gemacht-Sein von literarischen Welten und Illusionsbrüche fördern diese Erkenntnis. In Praxisbeispiel 3.6.1 (*Herr Biedermann und die Brandstifter*) lernen die älteren Schülerinnen und Schüler ein Hörspiel kennen, das scheinbar bei dessen eigener Produktion im Tonstudio beginnt. Auch das

O-Ton-Hörspiel 3.6.3 (*Rückblick auf große Tage*) lädt zum Nachdenken über den Realitätsbezug eines Kunstwerks ein. Vor allem das eigene Herstellen von Illusionseffekten öffnet die Augen, mit welchen Mitteln gearbeitet wird.

### Verständnis metaphorischer und symbolischer Ausdrucksweise

Auf die Problematik dieses essenziellen Anliegens des Literaturunterrichts hat Spinner wiederholt hingewiesen: Nicht nur, dass sich das Verständnis indirekten Sprachgebrauchs erst mit zunehmendem Alter entwickelt, sondern es besteht auch in der Schule immer die Gefahr der willkürlichen Spekulation, die das Symbol aus dem Textzusammenhang löst (Spinner 1993 sowie 2010, S. 106). Man kann nicht behaupten, dass Hörtexte die Fähigkeit des Metaphern- und Symbolverstehens besser als gelesene Texte fördern, aber sie können sie *auch* fördern, weil sie sich neben der Sprache noch anderer Zeichensysteme bedienen. Gerade Musik- oder Geräuschelemente, wenn sie nicht zum Dargestellten passen oder realistisch nicht zu erklären sind, können eine zweite Ebene andeuten. Die elegische Musik zu Beginn des Filmhörspiels *Die rote Zora* (Praxisbeispiel 3.5.1) hat mit der Handlungsoberfläche nichts zu tun, wohl aber mit der inneren Befindlichkeit des Helden.

### Prototypische Vorstellungen von Gattungen/Genres gewinnen

Das Thema wurde im Zusammenhang mit Textmusterwissen auf der Ebene der „Superstrukturen" in Kapitel 1.5.4 schon angesprochen. Spinner hat darauf hingewiesen, dass es beim Prototypenwissen nicht um auswendig gelernte Merkmalskataloge geht, sondern um typische Beispiele in unseren Vorstellungen, die durchaus implizit gewonnen werden können (Spinner 2010, S. 107 f.). Beim Erwerb solcher Prototypen sind Hörmedien starke Sozialisationsinstanzen, weil mit ihnen literarische Erfahrungen schon vor dem Schriftspracherwerb und später bei schwachen Lesern und Leserinnen auch ohne Lesen gemacht werden können. Birkle hat 2010 eine entsprechende empirische Untersuchung bei Zweitklässlern vorgelegt. Das Textmuster „Märchen" findet sich auch in den Praxisbeispielen 3.2.3 (*Der Froschkönig*).

### Literarische Stoffe kennen

Eine Komponente literarischen Verstehens, die im Zusammenhang mit schulischem Deutschunterricht zu selten genannt wird, stellt die Kenntnis literarischer Stoffe dar. Gemeint sind bekannte „Plots", die erkannt werden, wenn sie im Alltagsleben (zum Beispiel in der Werbung), in der bildenden Kunst oder in anderen literarischen Werken intertextuell zitiert werden. In der Regel verknüpfen sie bestimmte Erfahrungen mit prägnanten Figuren, sodass man schon bei der Nennung der Figur eine bestimmte Konstellation vor Augen hat, die auf anthropologische Grundsituationen verweist. Das trifft auf viele Märchenstoffe zu, etwa das Aschenputtel, das zur Prinzessin wird. Es gibt auch schon neuere kinderliterarische Werke, die in diesem Sinne als bekannt gelten können, zum Beispiel *Pippi Langstrumpf*, dessen Heldin als kraftvolles, normverstoßendes Mädchen sogar Menschen bekannt ist, die das Buch nie gelesen und die Filme nie gesehen haben. Auch die Weltliteratur für Erwachsene kennt viele solcher weit verbreiteten Stoffe, die für exemplarische Konstellationen, Probleme und Erfahrungen stehen, zum Beispiel den nach Erkenntnis strebenden Faust, das unglückliche Liebespaar Romeo und Julia oder den gegen Windmühlenflügel kämpfenden Don Quijote. Weil immer wieder auf sie angespielt wird, sind sie für das Verständnis nicht weniger literarischer Werke konstitutiv. Man könnte meinen, dies sei etwas „für Fortgeschrittene", also Wissenschaftlerinnen und Wissenschaftler. Aber viele Märchenparodien und Antimärchen, die schon in der Grundschule gelesen werden, setzen solches Wissen voraus. Das folgende, in der Sekundarstufe gern verwendete Gedicht von Günter Kunert kann nicht ohne Kenntnis des Grimm'schen Märchens vom Hasen und dem Igel verstanden werden:

**Günter Kunert: *Unterwegs nach Utopia II***

Auf der Flucht
vor dem Beton
geht es zu
wie im Märchen: Wo du
auch ankommst
er erwartet dich
grau und gründlich

Auf der Flucht findest du
vielleicht
einen grünen Fleck
am Ende
und stürzest selig
in die Halme
aus gefärbtem Glas.

(Quelle: Günter Kunert: *Unterwegs nach Utopia. Gedichte*. München: Hanser 1977, S. 8)

Im Sommer 2011 wurde im deutschen Fernsehen bei der Berichterstattung über Straßenkrawalle in England von einem „Hase-und-Igel-Spiel" (zwischen den über Handy flexibel organisierten Randalierenden und der zunächst überforderten Polizei) gesprochen. Viele Stoffe werden nicht durch die Lektüre des betreffenden Werks gekannt, sondern über mediale Adaptionen, wozu auch Hörfassungen gehören können. Das ist eine Legitimation für die Verwendung von

Hörmedien in der Schule – auch in Phasen freier Arbeit oder am Nachmittag –, die noch viel zu wenig gesehen wird.

### Literaturhistorisches Bewusstsein entwickeln

Das Gefühl für die Geschichtlichkeit von Sprache stellt sich schon in der Grundschule ein, wenn Kinder Texten begegnen, die in einem altertümlichen Deutsch geschrieben sind. Da diese Sprache meist in Texten auftaucht, deren Handlungsmuster und Inhalt ebenfalls etwas ganz Eigenes sind, zum Beispiel Sagen und Schwänke, empfinden die Kinder jene Sprache als stimmig. Nur darf die Sprache nicht so fremd sein, dass sie unverständlich wird. Deshalb bieten sich behutsam modernisierte Fassungen an wie die der *Till-Eulenspiegel*-Geschichte im Praxisbeispiel 3.3.2. Beim Hören lassen sich die Verstehenshürden leichter überwinden als beim Lesen, denn die fremd klingenden Wörter und Wendungen werden flüssig in den Kontext eingebunden und man bleibt nicht wie beim stillen Lesen an deren Entzifferung hängen. Langatmige Erklärungen jedes Worts während des Erlesens würden die Aufnahme der ganzen Geschichte zerstören. Allenfalls ist daran zu denken, eine Vorentlastung zum Verständnis unbedingt notwendiger Wörter vorzunehmen. Beim eigenen Sprechen der „altertümlichen" Texte eignen sich Schülerinnen und Schüler besonders intensiv Wendungen an, die sie für das Verständnis von Literatursprache wiederverwenden können (im vorliegenden Beispiel: „Einmal begab es sich", „indessen", „verdingte sich"). Auf späteren Jahrgangsstufen wird mehr und mehr der gesamte Text als Modell und auf einer höheren Abstraktionsebene zum Thema historischen Verstehens, stellt doch ein literarisches Werk ein semantisches System dar, wobei Welt- und Menschenbild sowie die Formsprache einem bestimmten Entstehungskontext verpflichtet sind. Dennoch gehen uns alte Texte noch etwas an, denn sie gestalten anthropologische Grundsituationen. So ermöglicht der Vergleich unterschiedlicher Gestaltungen eines – überdauernden – Motivs oder eines Stoffs die Erkenntnis historischer Differenz: Wir sehen das Alte genauer und relativieren das Gegenwärtige.

Eine Sprechfassung eines alten Textes durch einen deutlich später geborenen Menschen bewirkt, indem sie dessen Interpretation spiegelt, eine gewisse Enthistorisierung des Textes. Gleichwohl können Sprechgestaltungen als Konkretisationen eines Textes den geschichtlichen Wandel zeigen. Sie ermöglichen zwar nicht das historische Verstehen eines Textes, aber das historische Verstehen von Rezeptionsweisen. Sie belegen nicht nur deutlich, wie sich Textverständnis verändert hat, sondern auch im Wandel der Sprechstile, wie Künstler und Künstlerinnen ihre Vermittlungsaufgabe in der Gesellschaft sahen und wie sich Moden abwechselten. Wenn zuerst eine eigene Sprechfassung erarbeitet wurde, wird der Kontrast umso deutlicher und überraschender. Ein Beispiel hierfür bietet das Praxisbeispiel 3.7.2 (*Prometheus*). Einen Sonderfall stellt schließlich die Autorenlesung dar. Von Schülerinnen und Schülern wie von vielen Erwachsenen als *die* maßgebliche Werkinterpretation angesehen, kann sie doch so zeitgebundene, ferngerückte Züge tragen, dass sich dabei sehr gut Reflexionen über solch zentrale literaturtheoretische Fragen wie die nach der Autorintention anstellen lassen.

## 2.2.2 Poetische Texte ästhetisch wahrnehmen und genießen

Wenn es nur um Text*verstehen* ginge, hätte Literaturunterricht lediglich ein Teilziel erreicht. Es geht ihm aber auch um ästhetische Erfahrung. Fischer-Lichte (2001) hat – wie in Kapitel 1.5.3 dargestellt – aus theaterwissenschaftlicher Sicht das, was sie „ästhetische Erfahrung" nennt, am Verhältnis von geschriebenem Text und Aufführung, an dem besonderen „Austausch-, Spannungs- und Oszillationsverhältnis" (S. 10) zwischen dem Semiotischen und dem Performativen festgemacht. Für die Schule bedeutet das zugespitzt: ohne Performanz keine ästhetische Erfahrung. Aber nicht jede Aufführungssituation führt schon per se zum gewünschten Ziel, sie muss auch mit positiven Emotionen, mit Genießen, verknüpft sein. Rosebrock/Nix (2008, S. 120) stellen den Zusammenhang von Lesekompetenz und Literaturgenuss auf der „Subjektebene" heraus. Auch die Lesepsychologie betont die Bedeutsamkeit der „Genussfähigkeit" für das Lesen literarischer Texte (Christmann 2010, S. 150).

Sehr genau hat Hagen das Hören als ästhetische Wahrnehmung beschrieben „als die subjektiv bedeutsame Wahrnehmung einer inneren Bewegtheit" (Hagen 2006, S. 80). Dabei ist zu beachten: „Das Empfinden ästhetischer Wahrnehmung wird nicht nur an der äußeren Gestaltung der Reize festgemacht." (S. 79) Es geht vielmehr um eine „Lust am Vollzug der Sinnestätigkeiten" (ebd.). „Die Lust kann entweder von den wahrgenommenen Gegenständen selbst ausgehen, ausgelöst über ihre Eigenschaften wie Farben, Töne, Linien oder Rhythmus, oder Assoziationen, die über die Wahrnehmung ausgelöst werden, rufen ein Gefühl des Wohlbehagens hervor." (S. 79f.) Weil es also immer um individuelle Emotionen geht, sei es „nicht planbar" (S. 82), ob eine Gestaltung von Hörereignissen über das Potenzial der Künste auch eine ästhetische Wahrnehmung hervorrufe. Aber Schule kann zumindest versuchen, „zur Teilhabe an Kunsterfahrungen zu befähigen", die „Bereitschaft" zu entwickeln, „sich auf die Wahrnehmung einzulassen" (S. 83, 82). Hier wird überdeutlich, dass sich bestimmte Komponenten der literarischen Rezeptionskompetenz sowohl der völligen Planbarkeit als auch der sinnvollen Bewertbarkeit (wenn auch nicht der Überprüfbarkeit) entziehen. Dennoch sind sie wichtig und dürfen im Literaturunterricht nicht fehlen.

## 2.2.3 Durch Hörtexte am literarischen Diskurs teilhaben

Unter dieser Überschrift soll dreierlei subsumiert werden: sich am literarischen Gespräch beteiligen, sich dabei auf die Unabschließbarkeit des Sinnbildungsprozesses einlassen und am literarischen Leben teilhaben.

Der Austausch über Literatur und literarische Erfahrungen gehört wesentlich zum Unterricht, wobei jedoch die Schüler und Schülerinnen ausgegrenzt sind, deren Lesekompetenz aus unterschiedlichen Gründen (noch) nicht weit genug entwickelt ist. Hier können Hörmedien helfen. Dass das Textverstehen über das Hören bei Grundschulkindern deutlich höher ist als das Leseverstehen, wurde auch durch die erste deutsche *Large-Scale*-Untersuchung zum Zuhören in der Muttersprache bestätigt. „Die durch Übung erworbene Automatisierung des Zuhörens schafft Kapazitätsressourcen für das eigentliche Textverstehen, während beim Lesen in der dritten und vierten Klassenstufe noch viel Aufmerksamkeit auf den Leseprozess selbst gerichtet ist." (Behrens/Böhme/Krelle 2009, S. 370) Viele Lehrkräfte wissen aus eigenen Erfahrungen, in welchem Maße sich selbst ältere Jugendliche mit der Lesetechnik schwertun. Ohne flüssiges Lesen bleibt jedoch der Lesegenuss begrenzt. Hier sei aber vor dem Umkehrschluss gewarnt: Lesegeläufigkeit allein zieht noch nicht genussvolle Begegnung mit Literatur nach sich. Eine ausschließliche Fokussierung auf die Verbesserung der Lesetechnik griffe daher zu kurz. Förderlich ist, wenn Anschlusskommunikation hinzukommt, weil offenbar die „personal geprägte Gesprächssituation [...] persönlich-bedeutsame Erfahrungen von Lektüre ermöglichen kann" (Pieper 2010, S. 135). Hörmedien machen es möglich, dass sich auch Schüler am literarischen Gespräch beteiligen, denen dies sonst verwehrt geblieben wäre.

Zum literarischen Gespräch gehört wesentlich, dass die Lernenden „sich auf die Unabschließbarkeit des Sinnbildungsprozesses einlassen" (Spinner 2006, S. 12). Zwar haben die Schülerinnen und Schüler beim Lesen eines gedruckten Textes größere Freiheit, ihre jeweils eigenen Sinnbildungsprozesse zu verfolgen, als bei einem gehörten Text. Doch werden sie sich der Unabschließbarkeit des Sinnbildungsprozesses dabei nicht automatisch bewusst, denn unreflektierte Leser und Leserinnen (jeglichen Alters) neigen dazu, ihre Lesart für die einzige zu halten. Polyvalenz wird erst dann bewusst, wenn unterschiedliche Interpretationen einander gegenübergestellt werden. Diese können in der Form metasprachlicher Äußerungen greifbar werden, aber auch in der Form künstlerischer Interpretationen. Insofern eignen sich verschiedene Lesungen ein und desselben Textes sehr gut, um auf verblüffend einfache Art und Weise zu erkennen, dass ein Text sehr unterschiedliche Deutungen zulässt, die sich in bewussten oder unbewussten prosodischen Entscheidungen spiegeln. Das eigene Sprechen kann so eine unter mehreren Versionen hervorbringen. Sprechgestaltendes Interpretieren, das in einen argumentativen Austausch mündet, enthält insofern alle vier kommunikativ-pragmatischen Funktionen des Interpretierens nach Zabka (2003): expressives Interpretieren (Ausdruck des eigenen Verständnisses), behauptendes Interpretieren (Formulierung einer Deutungshypothese), erklärendes Interpretieren (Transparentmachen des Deutungsansatzes) und erörterndes Interpretieren (Reflexion von Mehrdeutigkeit) (dazu auch Frederking 2010a, S. 345 f.).

Unter literarischem Diskurs sei hier jedoch nicht nur das Gespräch im Unterricht verstanden, sondern auch das literarische Leben, das sich in vielerlei Hinsicht rund um Hörtexte manifestiert. Hörbücher, Lesebühnen, populäre Erscheinungen wie das *Rilke-Projekt*, das es nicht nur auf CD, sondern auch als Live-Auftritt gab, sind keine Nischenphänomene mehr. Deshalb sollte in der Schule nicht nur mit didaktisiertem Material gearbeitet werden, sondern die Tür nach draußen weit offen stehen.

## 2.2.4 Erwerb literarischer Kompetenz im Medienverbund

Drei Aspekte sind hier zu unterscheiden. Zum einen sind Hörmedien Gegenstand von Medienpädagogik als eigenständigem Bereich: Zu auditiven Medien hat Wolfgang Schill bereits 1998 eine medienpädagogische Systematik vorgelegt, die auch heute noch praktikabel ist. Lediglich die Geräte haben sich verändert, weshalb die Tabelle ergänzt und Veraltetes weggelassen wurde:

| Aufgaben-bereiche / auditive Medien | Auseinandersetzung mit Medienerfahrungen/Medienwirkungen „reflexiv" | Auseinandersetzung mit Medienprodukten „analytisch" | aktive Medienarbeit „produktiv" |
|---|---|---|---|
| **Hörfunk** | ▸ Bedeutung des Hörfunks im Alltag ▸ Programmpräferenzen ▸ Radionutzung via Internet ▸ andere Nutzungsmuster | ▸ Sende- und Darstellungsformen untersuchen | ▸ Radiobeiträge produzieren |
| **Hörtexte** | ▸ Bedeutung von CDs, Podcasts usw. im Alltag ▸ „Lieblingsmedien" ▸ über Hörgewohnheiten nachdenken und sprechen | ▸ Hörtexte untersuchen und vergleichen ▸ Bauelemente von Hörtexten kennenlernen ▸ Hörtexte im Medienverbund | ▸ selbst Hörtexte gestalten ▸ experimentell mit Hörtexten umgehen |
| **Musik** | ▸ Bedeutung von Musik im Alltag ▸ über Lieblingsmusiken und Nutzungsmuster sprechen | ▸ Musik untersuchen und vergleichen | ▸ Musik produzieren und aufzeichnen |

Auditive Medien und medienpädagogische Aufgabenbereiche (nach Schill 1998, S. 21)

Zum Zweiten sind Hörmedien eigenständige Vermittler von Literatur: Wie in Kapitel 2.1.2 gezeigt, erfahren Kinder schon vor dem Schriftspracherwerb, also außerhalb des Modus des Schriftlichen, literarische Sozialisation, aber auch später lernen Schülerinnen und Schüler Literatur über das Hörmedium kennen.

Hörmedien sind drittens Teil von Medienverbünden zu literarischen Stoffen: Das Phänomen des Medienverbunds korrespondiert mit dem Begriff der Konvergenz. Aus deutschdidaktischer Sicht sind Medienverbünde laut Maiwald „systematisch planvoll erzeugte Aggregate von Medienangeboten zu ein und demselben fiktionalen Stoff, die neben Rezeptions- auch Interaktionsverhalten ermöglichen." Somit formieren die Verbünde „fiktional-ästhetische Erlebnis- und Konsumzonen" (2010, S. 140). In der Tat fällt auf, dass es immer mehr solcher Phänomene cross-medialer Vermarktung gibt, zum Beispiel Helds *Die rote Zora* (Buch, Hörspiel, Spielfilm, Filmhörspiel, siehe Praxisbeispiel 3.5.1), Boies *Der kleine Ritter Trenk* (Buch, Lesung, Animationsfilm, Hörspiel zum Film, Brettspiel), Maars *Eine Woche voller Samstage* (Buch, Buch mit Bildern aus dem Film, Film, Lesung, Hörspiel, Computerspiel, Musical) und so weiter. Vergleichbares gilt für bekannte Bücher wie *Die wilden Fußballkerle, Die wilden Hühner* und *Krabat*. Maiwald (2010, S. 140) plädiert dafür, solche Medienverbünde zum Unterrichtsgegenstand zu machen, weil sie den Nutzungsgewohnheiten der Schülerinnen und Schüler entsprechen. Marci-Boehncke/Rath (2009, S. 31) betonen nachdrücklich die konvergente, themenbezogene Mediennutzung durch Jugendliche, die sich von der distinkten Nutzungsform (mediale und nichtmediale Handlungen nacheinander), an die viele ihrer Lehrkräfte gewohnt sind, unterscheidet. Darüber hinaus steckt in diesen Medienverbünden didaktisches Potenzial, das aus der Differenzerfahrung resultiert. Zusammenfassend hält Maiwald fest:

> Medienvergleiche fördern das Lesen, Sehen und Hören und stiften ein Bewusstsein für die Besonderheiten medialer Ausdrucksformen. Medienverbünde eignen sich in besonderem Maße für die Leseförderung. Da Medienverbünde ein wichtiger Teil unserer Kultur sind, gehören entsprechendes Wissen und Teilhabe zur Enkulturation und zur literarischen Bildung. Die Reflexion der eigenen Mediennutzung ist ein Anliegen im Sinne der Medienerziehung und der Ich-Entwicklung. (Maiwald 2010, S. 148)

Intermedialität und Medienkonvergenz sind auch der Hintergrund, vor dem Frederking (2010b) seinen symmedialen deutschdidaktischen Ansatz entwickelt hat. Dieser Ansatz zeichnet sich vor allem dadurch aus, dass er erstens nicht die Differenz, sondern das Zusammenspiel der Medien betont, und zweitens neben der Analyse auch die Eigenproduktionen der Lernenden einbezieht. Interessanterweise erläutert der Verfasser sein Konzept am Beispiel einer Lesung:

> Schüler(inne)n im Deutschunterricht eine Gedichtlesung vorzuspielen, eröffnet Ansatzpunkte für eine intermediale Analyse, sie selbst aber ein Gedicht laut lesen zu lassen, regt zu einem

symmedialen Gestaltungs- und Interpretationsvorgang an – und veranlasst im Rückblick zu der Erkenntnis, dass auch die per CD vorgespielte Lesung eine Verbindung medialer Formen darstellt, bei der im künstlerischen Schaffensprozess mediale Formen zusammenspielen und etwas Neues aus Stimme und Text entstehen lässt. (Frederking 2010b, S. 529)

In diesem Sinne sind jene Praxisbeispiele im 3. Kapitel zu verstehen, die sich Medienverbünden widmen.

## 2.3 Hörtexte in den KMK-Standards und Aufgabenkultur

Den von der KMK formulierten Bildungsstandards, die auf Handlungsfähigkeit in gegenwärtigen und zukünftigen Lebenssituationen abzielen (Sekretariat der KMK 2005, S. 6), wurde verschiedentlich vorgeworfen, den spezifisch ästhetischen Dimensionen des Literaturunterrichts wenig gerecht zu werden. In der Tat begegnet Zuhören explizit nur im Zusammenhang mit Sprechen, nämlich als Kompetenzbereich „Sprechen und Zuhören" als Unterpunkt „Verstehend zuhören".

Aber auch im Kompetenzbereich „Lesen – mit Texten und Medien umgehen" für die Primarstufe wird die Bedeutung von Hörtexten gesehen, wenngleich nicht an so prominenter Stelle. „Beim *Hören* und Lesen literarischer Texte beschäftigen sich die Kinder mit wichtigen, sie bewegenden Fragen und setzen sich identifizierend und abgrenzend mit literarischen Figuren auseinander" (Sekretariat der KMK 2005, S. 9, Hervorhebung K. M.), heißt es dort. Zwei Seiten später wird ausgeführt, dass „Über Lesefähigkeiten verfügen" bedeutet, „lebendige Vorstellungen beim Lesen und *Hören* literarischer Texte [zu] entwickeln" (S. 11, Hervorhebung K. M.). Dass es dabei auch um ästhetisches Erleben geht, zeigt sich bereits in der Einleitung zu den Standards: „Im kreativen Umgang mit Sprache erfahren sie die ästhetische Dimension von Sprache" (S. 6). Es verwundert also nicht, wenn dann unter „Texte präsentieren" das Vorlesen und Vortragen sowie die Mitwirkung bei „Lesungen und Aufführungen" ausdrücklich genannt werden (S. 12 f.).

Im Kompetenzbereich „Sprache und Sprachgebrauch untersuchen" für die Primarstufe (S. 13) sind vor allem drei Punkte zentral für unser Thema:

▸ Unterschiede von gesprochener und geschriebener Sprache kennen
▸ Rollen von *Sprecher*/Schreiber – *Hörer*/Leser untersuchen und nutzen [Hervorhebung K. M.]
▸ Mit Sprache experimentell und spielerisch umgehen

Der Blick in die KMK-Standards für den Mittleren Schulabschluss (und ebenso für den Hauptschulabschluss, die hier nicht eigens zitiert werden) bietet kein völlig anderes Bild. Im Kompetenzbereich „Sprechen und Zuhören" wird zwar zunächst darauf abgehoben, dass die Lernenden „kommunikative Situationen in persönlichen, beruflichen und öffentlichen Zusammenhängen situationsangemessen und adressatengerecht" (Sekretariat der KMK 2004, S. 8) bewältigen sollen, jedoch wird kurz darauf deutlich, dass Teilziele und Wege dorthin sehr wohl mit dem vorliegenden Konzept der Hörtexte im Literaturunterricht vereinbar sind (S. 10):

> ▸ Wirkungen der Redeweise kennen, beachten und situations- sowie adressatengerecht anwenden: Lautstärke, Betonung, Sprechtempo, Klangfarbe, Stimmführung, Körpersprache (Mimik, Gestik)
> ▸ Texte sinngebend und gestaltend vorlesen und (frei) vortragen
> ▸ Aufmerksamkeit für verbale und nonverbale Äußerungen (z. B. Stimmführung, Körpersprache) entwickeln

Bei den Anforderungsbereichen werden genannt (S. 19f.):

> ▸ Zu I gehört „in der Standardsprache sprechen, vortragen, beim Sprechen, Vortragen auch Betonung, Lautstärke, Tempo/Pausen, Stimmhebung und -senkung und Medien nutzen"
> ▸ Zu II gehört „nonverbale Gestaltungsmittel sachangemessen einsetzen und den Zuhörer damit verstärkt einbeziehen (Körperhaltung, Gestik, Mimik, Blickkontakt)"
> ▸ Zu III gehört „aufmerksam zuhören und Äußerungen anderer einschätzen, aufgreifen und ggf. anerkennen

Bei den Aufgabenbeispielen findet sich schließlich unter „Gespräch über Hörbücher/Audiobooks" (S. 50f.) eine kompetenztheoretisch ausgearbeitete Unterrichtsidee.

Im Kompetenzbereich „Lesen – mit Texten und Medien umgehen" werden Hören und Sprechgestalten bei den Beispielen für „analytische" und „produktive Methoden" (S. 14) nicht eigens genannt, aber dass Hörtexte beim Erfassen wesentlicher Elemente eines Textes von zentraler Bedeutung sein können, wurde bereits gezeigt. Unter der Überschrift „Medien verstehen und nutzen" fallen vor allem zwei Punkte auf, die für die Arbeit mit Hörmedien einschlägig sind (S. 15):

> ▸ Wesentliche Darstellungsmittel kennen und deren Wirkung einschätzen,
> ▸ Medien zur Präsentation und ästhetischen Produktion nutzen

Im Kompetenzbereich „Sprache und Sprachgebrauch untersuchen" schließlich wird auf „Sprachen in der Sprache" und dabei auf „gesprochene und geschriebene Sprache" abgehoben sowie gefordert, „Sprechweisen [zu] unterscheiden und [zu] beachten, zum Beispiel gehoben, derb, abwertend, ironisch" (S. 16).

Bewusst gestaltendes Sprechen und aufmerksames Zuhören sind also in drei von vier Kompetenzbereichen auffindbar. Zwar scheint das Zuhören noch stärker als das eigene Sprechen pragmatisch verortet, doch wird in den Hörverstehens-tests durchaus mit literarischen Texten gearbeitet (siehe Kapitel 2.4.13).

Das Institut für Qualitätsentwicklung im Bildungswesen (IQB) stellt folgende vier Merkmale kompetenzentwickelnder Unterrichtsaufgaben heraus: Reflexion, Sequenzierung, Zielklarheit, Explizitheit (Bremerich-Vos/Granzer/Behrens/Köller 2009, S. 61). Sie werden im Folgenden bezüglich Hören und Sprechen kommentiert.

▸ *Reflexion:* Da sowohl beim Sprechen als auch beim Hören Teile des Geschehens auf automatisierten Fertigkeiten basieren, kommt der Reflexion des eigenen Tuns und Erlebens große Bedeutung zu. Daher wird in den Modellen und Praxisbeispielen dieses Bandes immer wieder vorgeschlagen, sich mithilfe von Selbstreflexionsbögen und Portfolios Rechenschaft abzulegen, es werden Differenzerfahrungen angeregt und die eigene Leistung wird in Gesprächssituationen reflektiert.

▸ *Sequenzierung:* Übungen und Einheiten zum Hören und Sprechen sollten nicht punktuell und unsystematisch eingesetzt werden. Sie sollen speziell im Literaturunterricht keinesfalls als Gratifikation nach der „eigentlichen" Arbeit erscheinen. Kompetenzaufbau heißt: Entwicklungsarbeit, die langsam, schrittweise, planvoll und durch kontinuierliches Üben erfolgt. Zwar ist Projektarbeit oft attraktiv und zieht wünschenswerte Außenwirkung nach sich (weshalb entsprechende Vorschläge vorhanden sind), gelernt wird aber auch in den unscheinbaren, konzentriert und überlegt durchgeführten täglichen Einheiten. Daher wird in den Beispielen in diesem Band spiralcurricular gearbeitet, es werden Rituale und durchdachte Abfolgen (Sequenzierungen) vorgeschlagen. Besonders wichtig sind dabei die folgenden Punkte:

▸ *Zielklarheit:* Gerade Hören und Sprechen werden oft nicht als „eigentliches" Lernen erkannt. Hören scheint etwas Passives, was man in der Muttersprache ohnehin schon kann und was schwer beobachtbar ist. Einer Lehrkraft, die ein Hörmedium einsetzt, wird oft vorgeworfen, sie habe sich nicht richtig auf den Unterricht vorbereitet und mache es sich leicht, indem sie die Lernenden mit einem Hörspiel oder Ähnlichem „berisele". Und gestaltendes Sprechen hat die Anmutung, etwas Empathisch-Ästhetisches zu sein, was vor allem „braven" Mädchen Spaß macht und dazu dient, noch verbleibende Minuten bis zum Pausenklingeln zu füllen. Deshalb muss den Lernenden zu Beginn der Arbeit ganz klar sein, was das primäre Lernziel ist, dem die Aktivität dient. Dies ist auch eine Frage der Fairness und Transparenz, denn eine spätere Lernzielkontrolle wird sich gerade darauf beziehen. Deshalb werden in den Praxisbeispielen die Kompetenzen beziehungsweise angestrebten Aspekte literarischen Lernens immer gesondert und deutlich ausgewiesen.

▸ *Explizitheit:* Lernziele und Stundenthema müssen nicht nur genannt, sie müssen auch explizit gemacht werden, damit gerade die schwächeren Lernenden ihre Aufmerksamkeit fokussieren und den Sinn von Teilschritten erkennen können. Das Kommunizieren der Ziele (an die Adresse der Lernenden) und die Klarheit des Stundenaufbaus sowie der einzelnen Teilhandlungen sind eine Aufgabe, die die Lehrkraft leisten muss. Sie wird diese umso besser leisten können, je tiefer sie selbst die theoretischen Gründe für konkrete Operationen gedanklich durchdrungen hat.

## 2.4 Poetische Texte hören

### 2.4.1 Zuhören vorbereiten

Wie in Kapitel 1.5.1 ausgeführt, muss eine Vielzahl von Voraussetzungen erfüllt sein, damit Zuhören und Hörverstehen gelingen können. Im Folgenden werden die einzelnen Punkte nochmals genannt und methodische Hinweise gegeben, die an die jeweilige Altersstufe anzupassen sind (eine noch differenziertere Auflistung auditiver Teilleistungen mit entsprechenden Übungen bietet Günther 2008, S. 137 ff.).

Eine wichtige Voraussetzung ist die Bereitschaft zuzuhören (Zuhörmotivation). Es ist keineswegs selbstverständlich, dass Kinder und Jugendliche im schulischen Kontext gern zuhören. Behrens (2010, S. 48) spricht von der Bedeutung einer „angemessenen kommunikativen Haltung und Kultur". Dabei sind zwei Zeitpunkte zu unterscheiden, an denen affektive Abwehr auftreten kann. Erstens kann eine generelle Abwehr gegen das Zuhören von vornherein existieren. Mögliche Gegenmaßnahmen wären:

▸ Entspannungsübungen: zu Musik sich „ausschütteln", langsam zur Ruhe kommen.
▸ Mit einer Fantasiereise oder Meditationsübungen eine gesammelte Rezeptionshaltung herbeiführen.
▸ Mit einer positiv besetzten realistischen Situation als Klangmischung („Atmosphäre") beginnen (von CD: Strandszene, Jahrmarkt, Bahnhof). Kinder werden durch „Atmosphären" motiviert, die sie an schöne Erlebnisse erinnern. Naturatmosphären dagegen eignen sich vor allem für Aufmerksamkeitsübungen.
▸ Erinnerungen an positiv besetzte Zuhörsituationen in der Kindheit oder Freizeit sammeln, zum Beispiel an Kinderkrimis, Radiosendungen: Wann hast du richtig gern zugehört? Was war das? Warum war das schön?
▸ Eine „entschulte" Situation herstellen, nicht gleich mit Leistungssituationen verknüpfen. Sitzordnung und Sitzhaltung auflockern. Die Kinder und Jugendlichen dürfen eine entspannte Sitzposition einnehmen. Allerdings sollte die Haltung nicht zu entspannt sein, weil sonst dem Zuhören zu wenig Aufmerksamkeit entgegengebracht wird.
▸ Mit kurzen Zuhörphasen anfangen, langsam steigern. Ankündigen, wie lang die Zuhörphase dauern wird.

▸ Rituale schaffen: regelmäßige Zuhörzeiten. Lernende an der Auswahl der Hörmedien beteiligen.

▸ Bei den Kleinen: Aktivitäten beim Zuhören zulassen, gezielte Impulse für solche Kombinationen geben (wie Bewegung, Malen).

Eine affektive Abwehr kann sich außerdem in den ersten Minuten des Zuhörens einstellen. Dies ist zum Beispiel der Fall, wenn der Anfang langweilig erscheint. Als Abhilfe kommt infrage:

▸ Vorab mitteilen: „Die ersten Minuten könnten dir langweilig erscheinen, aber warte ab bis … ".

▸ Einen Arbeitsauftrag geben, zum Beispiel: „Achtet darauf, wann die erste Blende erfolgt. "

Abwehr kann auch einsetzen, wenn der Anfang unverständlich ist. Als Abhilfe ist möglich:

▸ Gezielte Vorentlastung schaffen.

▸ Nach ein paar Minuten abbrechen: Exposition klären. Dann nochmals von vorn und zur Gänze hören.

Abwehr kann schließlich dadurch hervorgerufen werden, dass die Höreindrücke ungewohnt sind. Abhilfe kann sein:

▸ Vorab mitteilen: „Die ersten Minuten sind ungewohnt, aber wenn du dich erst einmal eingehört hast … ".

▸ Arbeitsauftrag: „Achte genau, was am Anfang passiert. Das ist nämlich sehr ungewohnt".

Eine weitere wichtige Voraussetzung für gelingendes Hörverstehen ist auditive Aufmerksamkeit. Die erste große empirische Untersuchung zum Hörverstehen von Grundschulkindern in Deutschland hat das überraschende Ergebnis erbracht, dass die Zuhörkompetenz besser als erwartet war. Es wurde deutlich, dass „die Klagen über mangelnde Zuhörfähigkeit von Schülerinnen und Schülern ihre Ursachen in erster Linie in mangelnder Aufmerksamkeit finden" (Behrens/Böhme/Krelle 2009, S. 371). Deshalb spielen vorbereitende Übungen zur Aufmerksamkeit eine besondere Rolle. Eine Fülle bewährter Übungen bieten die Internetseiten der Initiativen, die sich der Zuhörförderung verschrieben haben (siehe Anhang 4.2.1, außerdem: Günther 2008), weshalb hier nur stichpunktartige Hinweise gegeben werden. Die Konzentration auf das Hören lässt sich etwa mit folgenden Mitteln verbessern:

▸ Eine gute Raumakustik herstellen, zum Beispiel auf schalldämpfende Raumtextilien achten, eventuell Kopfhörer für individuelles Hören bereitstellen.

▸ Störungsfreie Zeitfenster herstellen: rechtzeitig vor dem Pausengong aufhören oder unterbrechen.

▸ Ablenkende Tätigkeiten vermeiden: vorher sagen, was die Schüler an Materialien brauchen.

▸ Eine entschulte, aber gesammelte Sitzposition einnehmen.

▸ Sitzordnung im Kreis oder Halbkreis um die Hörquelle herum einnehmen.

▸ Konzentrationsfördernde Spiele, zum Beispiel „Kofferpacken", vorab durchführen (eine Person beginnt: „Ich packe in meinen Koffer eine Jacke", die nächste Person wiederholt und hängt einen neuen Gegenstand an).

▸ Masken basteln und mit ihnen die Augen bedecken.

▸ Auf adäquate Rhythmisierung achten: Hörpausen (Bewegungspausen) je nach Konzentrationsdauer und passend zum Hörtext einplanen; Zeichen vereinbaren, mit dem Schülerinnen und Schüler signalisieren können, dass sie den „Faden verloren" haben.

▸ Rituale schaffen: „Hörclubs" (wie von der Stiftung Zuhören vorgeschlagen) beginnen mit einem „Klang des Tages" von CD, der erraten werden muss oder zu dem Assoziationen gesammelt werden. Mit einem Gong den Anfang markieren.

Die Hörsensibilisierung lässt sich mit gezielten Übungen verbessern:

▸ Übungen zur Körperwahrnehmung, etwa Atemübungen.

▸ Als Stilleübung zum Beispiel ein Blatt Papier möglichst lautlos herumreichen.

▸ Lausch- und Horchübungen: Richtungshören nach versteckten Geräuschquellen, Hörspaziergänge mit verbundenen Augen, fremde Klänge von CD hören und erraten oder Assoziationen äußern.

▸ Spiele rund um das aufmerksame Hören: zum Beispiel „Stille Post", Geräusche-Memory mit unterschiedlich gefüllten Streichholzschachteln.

▸ Geräusche nachahmen, zum Beispiel „Feuer" mit zerknülltem Zellophanpapier, „Regen" durch Zucker, der auf straff gespanntes Papier rieselt.

▸ Geräusch-Geschichten komponieren (siehe Cybinski 2003a).

▸ Zu Geschichten Geräusche machen (siehe Cybinski 2003b).

▸ Auf bestimmte Wörter in einem Text achten (zum Beispiel Eigennamen).

▸ Bei älteren Lernenden Töne und ihre Botschaften thematisieren: Erkennungsmusiken von Radio- und Fernsehsendungen sammeln und analysieren; musikalische Untermalung von Filmszenen, zum Beispiel im Krimi oder im Liebesfilm, analysieren; Filmsequenzen (etwa Werbung) ohne Ton abspielen, dazu selbst passende Geräusche produzieren; Handyklingeltöne vergleichen.

Zur Förderung des bewussten Hörens, der Hörabsicht, sollte man

▸ das Ziel einer Übung/Ziel des Zuhörens/Arbeitsaufträge immer genau bezeichnen,

▸ die Zuhörabsicht definieren lassen,

▸ Zuhörstrategien klären (siehe unten),

▸ Vorinformationen geben (siehe im Folgenden).

Als dritte Voraussetzung für Hörverstehen seien kognitive Muster (Sprachwissen, Textwissen, Weltwissen), Hörmuster und Empathie genannt, mit deren Hilfe das Gehörte (sprachlicher Input, Sprechermerkmale, Situationsmerkmale) strukturiert und interpretiert wird. Generell geht es darum, entweder vorhandene Hörmuster und Vorwissensbestände zu aktivieren oder neue zur Verfügung zu stellen oder zu erarbeiten, sofern diese zum Verständnis notwendig sind. Der sprachliche Input muss mithilfe des mentalen Lexikons erkannt werden, syntaktische und prosodische Muster müssen verstanden werden und die Wirksamkeit von textspezifischen Darstellungsstrategien und Mustern (Ironie, Gattungen) erfasst werden. Sehr wichtig ist es, aus Stimme und Sprechweise auf die Befindlichkeit einer Figur oder Person schließen zu können (Sprechermerkmale). Für das Erfassen von Situationsmerkmalen ist es unerlässlich, ein akustisches Phänomen überhaupt zu kennen (zum Beispiel das Geräusch, das trockenes Laub macht, als Indikator für Herbst) und es benennen zu können („rascheln"). Neben rezeptiven Fähigkeiten ist also auch in hohem Maße Wortschatzarbeit notwendig. Maßnahmen wären:

▸ Schwierige/unbekannte/undeutliche Wörter vorab klären (Vorentlastung). Wissen über bestimmte Textsorten sammeln (Märchen, Reportage, moderne Lyrik), Charakteristika eines Autors, zum Beispiel „kafkaesk", in Erinnerung rufen; Montagetechniken des Hörspiels klären; akustische Möglichkeiten der Darstellung von Bewusstseinsinhalten kennen (zum Beispiel Sprechen ohne Hall), bei mehreren Zeitebenen oder mehreren Handlungssträngen Hinweise zur Struktur vorgeben (zum Beispiel auf einem Arbeitsblatt), Personenverzeichnis vorgeben, Schlüsselwörter vorgeben, literaturgeschichtlichen Hintergrund klären.

▸ Typische prosodische Muster und ihre Beziehung zu Stimmungen und Befindlichkeiten kennenlernen: kleine Texte aus unterschiedlichen Rollen heraus sprechen lassen, Empathieübungen, Rollenspiele, Fantasiereisen.

▸ Akustisches Weltwissen kennen und benennen können (bestimmte Geräusche, Musikmotive, fremdsprachige Akzente), inhaltsrelevantes Weltwissen zur Verfügung stellen (Einführung in Ort und Zeit, Hintergrundwissen zum zentralen Konflikt).

Hörerinnerung/Hörerfahrung, die in Form bestätigter oder umstrukturierter Hörmuster den Hörhorizont erweitert und somit die Wahrnehmung und Verarbeitung neuer Höreindrücke beeinflusst, fördert ebenfalls das Hörverstehen. Hörerfahrung lässt sich beispielsweise mit folgenden Mitteln erweitern:

▸ gezieltes Anknüpfen an frühere Hörerfahrungen,
▸ Unterricht spiralcurricular anlegen; wiederholtes Hören mit neuen, spezifischer werdenden Höraufträgen,
▸ vergleichendes Hören,
▸ neue Hörerfahrungen bewusst artikulieren, in einem Portfolio festhalten.

Analog zu den bekannten Lesestrategien lassen sich den Lernenden außerdem Zuhörstrategien und Zuhörtechniken vermitteln, damit diese zunehmend den eigenen Hörvorgang überwachen und selbstständig mit Hörmedien arbeiten können. Dazu zählen:

▸ vor dem Zuhören: störungsfreien äußeren Rahmen herstellen; innere Sammlung (Konzentration) herstellen; Informationen einholen (Cover, Booklet); Vorwissen aktivieren; Erwartungen formulieren; Zuhörabsicht definieren.

▸ während des Zuhörens: Hörmedium stoppen, wenn Aufmerksamkeit nachlässt und man den „Faden verliert", erneutes Hören; gegebenenfalls Notizen machen; in Hörpausen Fragen und Erwartungen formulieren.

▸ nach dem Zuhören: Ergebnisse mündlich formulieren oder schriftlich festhalten; mit den Ergebnissen der anderen vergleichen; Ergebnisse überprüfen.

▸ gegebenenfalls zweiter Durchgang: neue Zuhörabsicht formulieren und so weiter.

▸ am Schluss: mit früheren Hörerlebnissen vergleichen; was war vertraut, was war neu?

Dazu wird Arbeitsblatt 3 ⊙ bereitgestellt.

## 2.4.2 Eine *Face-to-Face*-Lesung hören, Kindern und Jugendlichen vorlesen und Vorlesegespräche führen

Es gibt mittlerweile viele Initiativen, die zum Ziel haben, dass Kindern und Jugendlichen vorgelesen wird. Dementsprechend gibt es auch viele Tipps und Empfehlungen, wie dies am besten geschieht. Die dabei am häufigsten genannten Hinweise (z. B. Claussen 2006, 2011) sollen hier kurz aufgeführt werden.

Zur Vorbereitung zu Hause empfiehlt sich Folgendes:

▸ erst leise, dann zur Probe laut lesen;

▸ Stimmung („Ton") der Geschichte erfassen;

▸ sich sinnvolle Einschnitte überlegen und Zeit messen (falls man einen Text in mehreren Etappen vorlesen will);

▸ Schwierigkeiten antizipieren und Vorentlastung vorbereiten;

▸ aus Hörbüchern lernen: sich Anregungen holen, wie gutes Vorlesen klingt.

Zur Vorbereitung in der Klasse:

▸ Sitzordnung zumindest bei jüngeren Kindern im Kreis: Die Kinder können selbst bestimmen, wie nah sie an der vorlesenden Person sitzen.

▸ selbst fröhlich in die Situation hineingehen: Es sollte glaubwürdig sein, dass einem das Lesen selbst Spaß macht und dass man den Text wertschätzt.

▸ einstimmen: zum Beispiel Erinnerungen an bestimmte Situationen wachrufen, nach der Bekanntheit des Autors oder der Autorin fragen; den Umschlag des Buchs zeigen; wenn ein Kind den Text schon kennt, es freundlich bitten, nichts zu verraten.

▸ Schwierigkeiten vorentlasten: zum Beispiel unbekannte Wörter.
▸ Ruhe und Sammlung, bevor es losgeht: gegebenenfalls mit einem akustischen Signal arbeiten.
▸ bei Fortsetzungen: kleine Zusammenfassungen frei erzählen oder mit den Schülern in Erinnerung rufen.

Beim Vorlesen:
▸ langsam lesen;
▸ deutlich artikulieren;
▸ abwechslungsreich sprechen (Tempo, Laustärke);
▸ strukturierend sprechen (Sinnträger betonen);
▸ Handlungsträger stimmlich markieren;
▸ angemessene Mimik und Gestik einsetzen;
▸ Schlüsselwörter, Schlüsselsätze wiederholen: Man muss nicht immer alles wörtlich lesen, kann auch einmal ein erklärendes Wort hinzufügen oder Passagen überbrücken, wenn man wahrnimmt, dass die Kinder sich langweilen. Bei wiederholtem Vorlesen ein und desselben Textes – in der Schule eher selten – sollte man dagegen darauf achten, dass man immer den gleichen Wortlaut spricht, weil sich dieser einprägt und die Kinder auf bestimmte Wendungen schon warten.
▸ viele Pausen machen: Die vorlesende Person hat dabei Gelegenheit vorauszuschauen, Schüler und Schülerinnen können das Gehörte verarbeiten.
▸ Blickkontakt herstellen, so oft wie möglich: den Blick ruhig schweifen lassen, den Kindern in die Augen sehen, aber niemanden lang fixieren.
▸ Reaktionen der Hörenden wahrnehmen, gegebenenfalls aufnehmen (siehe unten), aber nicht dauernd unterbrechen: Dazu schreibt Bergk (1988, S. 36) treffend: „Für Lehrer liegt es nahe, während des Vorlesens gleich noch andere pädagogische Dinge zu tun: Verständnisfragen zu stellen, ein störendes Kind aufzurufen, Erklärungen beizufügen. Leicht geht so das Besondere der Vorlesesituation in dem alltäglichen Unterrichtsgespräch unter, für die Kinder im Befragt-, Beurteilt-, Ermahnt- und Belehrtwerden."

Insgesamt gilt das Gleiche wie für den Schülervortrag: Die plastische Vorstellung dessen, was man liest, ist die beste Voraussetzung. Wer mit den Gedanken woanders ist, wird niemanden in den Bann ziehen. Nicht zuletzt ist die bewusste, freundliche und sensibel wahrnehmende Zuwendung zum hörenden Kind genauso wichtig wie die gedankliche Zuwendung zum Text.

Für die Bedeutung von sogenannten Vorlesegesprächen für die Sprach- und Leseförderung in der frühen Kindheit hat Wieler (1997) die Augen geöffnet. Sie bezog sich dabei auf die Situation in der Familie. Diese unterscheidet sich von der schulischen Situation dadurch, dass es sich hier meist um eine Vorlesesituation handelt, an der zwei Personen beteiligt sind, während in der Schule eine ganze

Klasse zuhört. Der oder die Vorlesende kann in der Familie empathischer auf das einzelne Kind eingehen. Der Grad an Vertrautheit, der sich in der Familie auch in körperlicher Nähe ausdrückt, ist der Hintergrund, vor dem anlässlich des vorgelesenen Textes über das gesprochen werden kann, was das Kind gerade bewegt, sodass seine Sorgen und Ängste erkannt und im Gespräch bearbeitet werden können. Hier ist es sinnvoll, auf die spontanen Äußerungen des Kindes einzugehen. Der Bezug zum Buch geht nicht verloren, weil in der familiären Vorlesesituation oft vorlesende Person und Kind gemeinsam in ein (Bilder-)Buch schauen und die Bilder immer wieder auf das Geschehen im Buch zurücklenken. Abfragendes oder sonst irgendwie dem Kind unmotiviert erscheinendes Unterbrechen wäre hier nicht sinnvoll. Allenfalls kann vor dem Umblättern danach gefragt werden, wie es wohl weitergeht. Auch ist es sprachförderlich, wenn Kinder wiederkehrende Sätze und Wendungen mitsprechen. Bei gereimten Texten macht dies besonders viel Spaß.

Daran kann nun die Lehrkraft anknüpfen, aber die familiäre, quasi therapeutische Situation ist in der Schule nicht herstellbar, was freilich nicht heißt, dass die Lehrkraft nicht Texte zum Vorlesen auswählen sollte, die bestimmte entwicklungstypische Probleme und Aufgaben ansprechen, die das Kind gerade bewältigen muss. Nur solche Bücher kommen bei Kindern an, weil das genussvolle Lesen und Hören von Büchern in hohem Maße mit der Befriedigung psychischer Bedürfnisse korrespondiert. Man kann jedoch nicht in der Vorlesesituation vor dem Plenum auf die individuellen Bedürfnisse einzelner Personen eingehen, die einem meist auch gar nicht bekannt sind.

Spinner (2004, 2005) hat die Vorlesegespräche im Deutschunterricht der Grundschule näher erläutert. Für ihn bedeuten solche Gesprächseinlagen eine Höreraktivierung im Sinne literarischen Lernens. Jedoch weist er nachdrücklich darauf hin, dass sie sich nicht verselbstständigen und die imaginative Verstrickung nicht stören sollten und dass jede Form von prüfendem Gespräch tabu ist. Das Einbringen von Vorerfahrungen und Bezüge zum eigenen emotionalen Erleben brauchen in der Regel vom Erwachsenen gar nicht angestoßen zu werden, sondern kommen vom Kind selbst. Von der Lehrkraft können Impulse gegeben werden, die sich aus der narrativen Textstruktur ergeben. Sie verhelfen dazu, implizites Wissen über narrative Strukturmuster aufzubauen (Spinner 2005, S. 155) und zwar gleichermaßen über Imagination, Emotion und Kognition. Sind Schlüsselstellen im Text erkannt, ist oft schon ein Innehalten und ein Blick auf die zuhörenden Personen Impuls genug. Beispielsweise eignen sich Brüche in der Handlung wie die Übergänge von der Exposition (Orientierung) zur Komplikation und dann zur Auflösung, um dort einzuhaken (S. 164). Das Auftreten eines Gegenspielers, das Wechselspiel von Figurenperspektiven bei Konflikten oder das Verstehen von kausaler Kohärenz im temporalen Ablauf sind weitere ergiebige Gesprächsanlässe. Spinner (2004, S. 296) unterscheidet systematisierend folgende Impulse:

▸ Aktivierung eigener Erfahrung (Vorwissen),
▸ Antizipation,
▸ Anregung zur Perspektivenübernahme,
▸ Anregung zur Reflexion von Figurenverhalten,
▸ Interpretationsfragen (gemeint ist die Erschließung nicht ausdrücklich genannter Sinnbezüge, zum Beispiel die Frage nach Handlungsmotiven von Figuren).

Das Feedback des oder der Vorlesenden auf die Äußerungen der Kinder sollte zurückhaltend sein, eher nonverbal als verbal, jedoch in jedem Fall interessiert und aufmerksam. Bei einem Versuch hielt sich der Gesprächsleiter mit Kommentaren zu einzelnen Äußerungen zurück und antwortete in der Ihr-Form: „Ich sehe, ihr habt viele Vorschläge." Behutsamkeit und Sensibilität sind angesagt, wann immer möglich sollte die Lehrkraft ihr interaktives Verhalten mithilfe einer dritten Person (Supervision) prüfen und weiterentwickeln. Spinner (2004, S. 305) schlägt folgende Beobachtungsaufträge vor:
▸ zum Verhalten der Lehrkraft: Sind die Fragen oder Impulse kindgerecht formuliert? Verführen Entscheidungsfragen zu Ja-/Nein-Antworten, also zu keiner thematischen Entfaltung? Wie wirkt das verbale und nonverbale Feedback der Gesprächsleitung auf die Kinder? Waren die Unterbrechungen sinnvoll gewählt? Gäbe es noch andere sinnvolle Impulse?
▸ zum Schülerinnen- und Schülerverhalten: Wie verteilt sich die Beteiligung der Kinder? Was verraten Körperhaltung und Mimik während des Zuhörens? Gibt es Nebenkommunikation und wie ist sie zu beurteilen (intensive Verarbeitung des Gehörten oder Abschweifen der Aufmerksamkeit)?
▸ zur Situation: Stören die Gesprächseinlagen die imaginative Verstrickung oder fördern sie diese und aufgrund welcher Indizien lässt sich dies beurteilen? Fördern die Gesprächseinlagen das genaue Textverstehen oder lenken sie ab und aufgrund welcher Indizien lässt sich dies beurteilen?

Im Anschluss an Spinner wurde die Konzeption des höreraktivierenden Vorlesens in der Praxis weiterentwickelt. Kruse (2010) stellt am Beispiel eines Märchens von Astrid Lindgren einleuchtend folgende höreraktivierende Mittel vor: bewusste Sprechgestaltung, Gesprächsimpulse, Einbeziehen von Bildern, tätiger Nachvollzug auffälliger Aktivitäten, Ausfüllen kleinerer textbezogener Operationen, Visualisierungen, Animationen. Jedoch betont auch sie die Wichtigkeit, die Einlagen kurz zu halten, die Impulse sparsam zu setzen und eine gesammelte Atmosphäre im Sitzkreis herzustellen. Keinesfalls dürfe „Ideeneuphorie" über „Textzentriertheit" siegen (S. 22). Wer sich dieser Mittelvielfalt nicht anschließen möchte, sollte zumindest überlegen, ob er bei Bilderbüchern die Abbildungen einbezieht (dazu mehr in Kapitel 2.4.3).

Älteren Jugendlichen vorzulesen, ist an deutschen Schulen leider nicht sehr verbreitet. Viele Lehrkräfte gerade an weiterführenden Schulen sehen dies nicht als ihre Aufgabe an und können nicht versiert vorlesen. Ein Umdenken und auch ein entsprechender Kompetenzaufbau wären hier dringend notwendig. Daniel Pennac hat als Lehrer an französischen Schulen vorgelesen und ein bemerkenswertes Buch über seine Erfahrungen geschrieben:

> Nehmen wir eine Klasse von etwa fünfunddreißig halbwüchsigen Schülern an. Oh, nicht solche, die sorgfältig darauf geeicht sind, schnell, schnell die hohe Säulenhalle der Elitehochschulen zu betreten, nein, *die anderen*, jene, die von den Gymnasien in der Stadtmitte nicht aufgenommen wurden. [...] Das Schuljahr fängt gerade an. Sie sind hier gestrandet. In dieser Schule. Bei diesem Lehrer. [...] Und natürlich, man liest nicht gern. Ein zu großer Wortschatz in den Büchern. Auch zu viele Seiten. [...] „Schön", sagt die Lehrkraft, „da ihr nicht gerne lest, werde ich euch Bücher vorlesen." Ohne Übergang öffnet er seine Schulmappe und holt einen sooo dicken Wälzer heraus. [...] Sie trauen weder ihren Augen noch ihren Ohren. Der Typ will ihnen *das alles* vorlesen? Darüber vergeht ja das ganze Schuljahr! Verblüffung. Sogar eine gewisse Spannung. Das gibt's doch gar nicht, ein Pauker, der vorhat, das ganze Schuljahr vorzulesen. Entweder ist er saumäßig faul oder da steckt etwas dahinter. Die Sache hat einen Haken. Man wird jeden Tag eine Liste des Wortschatzes, eine permanente Nacherzählung machen dürfen ... [...] „Nein, nein, ihr braucht keine Notizen zu machen. Versucht zuzuhören, das ist alles." (Pennac 2006, S. 115–121)

Pennac hat in diesem Fall Süskinds *Parfüm* vorgelesen und viele andere dicke Wälzer mehr und seinen Schülerinnen und Schülern Lust auf das eigene Lesen gemacht. Freilich ist er selbst ein großer Leser und Literaturfreund, versteht, was er liest, und man nimmt es ihm ohne Weiteres ab, dass er mit seiner Begeisterung ansteckt, in seiner Ernsthaftigkeit authentisch erscheint und kraft seiner Lehrerpersönlichkeit wirkt. Muss man also ein zweiter Pennac sein oder scheitern? Dass sich das Mittel des Vorlesens jenseits der Eingangsklassen auch in der Breite einsetzen lässt, zeigt das Beispiel Finnland. Dort liest die Lehrkraft in den Jahrgangsstufen 1 bis 6 bis zu 10 Bücher im Jahr vor – einer von mehreren Gründen, die die bekannt guten Ergebnissen in den PISA-Studien erklären (Baurmann/Menzel 2006, S. 11). Eine neue empirische Untersuchung in 8. Hauptschulklassen in Deutschland kommt ebenfalls zu sehr bemerkenswerten Ergebnissen (Belgrad/Schünemann 2011). Die Autoren stellten fest, dass nach einem halben Schuljahr, während dessen 3- bis 4-mal pro Woche 10 bis 15 Minuten vorgelesen wurde, die Leseleistung der Schüler signifikant anstieg (siehe Kapitel 2.1.2). Dabei erwies es sich als besonders förderlich, wenn Anschlusskommunikation stattfand. Wo sie aus Versuchsgründen absichtlich vermieden wurde, ereignete sie sich teils informell in den Pausen. Außerdem vermochte eine im Vorlesen geschulte Lehrkraft deutlich bessere Ergebnisse hervorzubringen als eine ungeschulte. Dabei meinte aber Schulung keine aufwändige Maßnahme, sondern nur eine eintägige Fortbildung. Etwas Vorbereitung gehört also auf jeden Fall dazu, übrigens auch bei Lesungen, die an andere delegiert werden, zum Beispiel bei der Autoren- oder Autorinnenlesung.

Es gibt inzwischen mehr und mehr Berichte, die über kontraproduktives Verhalten einzelner Lehrkräfte klagen, weil diese ihre Schülerinnen und Schüler in keiner Weise an die Veranstaltung herangeführt haben, selbst unvorbereitet sind und unsensibel die Lesung stören. Auch das Schülerverhalten kann bisweilen zur Verzweiflung bringen, wie Burkhard Spinnen in seinem Buch *Auswärtslesen – Mit Literatur in der Schule – Eine Litanei* (2010) anschaulich beschreibt. Dass manche Schülerinnen und Schüler glauben, man könne bei einer Lesung „essen, trinken, telefonieren, im Internet surfen oder neue Hip-Hop-Schritte üben" (S. 37), führt er darauf zurück, dass die bisherigen Hörerfahrungen über Medien vermittelt wurden, die als Nebenbei-Medium fungierten (und offenbar in der Schule keine konzentrierte Hörhaltung aufgebaut wurde). Da der Autor die „Einübung von Sekundärtugenden" (S. 37) nicht für seine Aufgabe hält, ist er dazu übergegangen, vor Beginn der Lesung ein kleines Gespräch zu führen, das zur Reflexion über die Situation anregt:

> Warum, frage ich die Zuhörer, bin ich eigentlich zu euch zum Vorlesen gekommen? Lesen könnt ihr doch selbst. Wer bin ich denn und was mache ich so Besonderes, dass ihr hier sitzt und mir zuhört, statt euch mit meinem Buch in die Kuschelecken der Schulbücherei zu verdrücken? Die Antworten führen in der Regel schnell und zuverlässig in die richtige Richtung: Eine Vorlesung ist wie ein Konzert. Aha! Nun lassen sich die einzelnen Bestandteile eines Konzerts benennen und zuweisen. Wer bin ich? Der Musiker, aber auch der Komponist. Was ist das Buch? Die Noten. Mein Instrument? Die Stimme. […] Wenn ich jetzt für euch lese, fahre ich fort, bringe ich meinen Text so zum Leben wie ein Musiker die Komposition, wenn er sie vom Notenblatt spielt. […] Diese Einleitung gibt mir jetzt auch die Möglichkeit, ganz unverkrampft über die Rolle der Zuhörer bei einer Lesung zu sprechen. […] Nach meiner Erfahrung kann man solche Gespräche schon mit Kindern in der Grundschule führen und sie so aus der Rolle des mehr oder weniger zerstreuten Medienkonsumenten herausführen, hin zu einem Bewusstsein von der Art der Veranstaltung und ihrem eigenen Beitrag dazu. Die Ergebnisse sind in jedem Fall ganz entschieden besser als die für alle Seiten peinlichen Bitten, jetzt recht fein still zu sitzen, nichts zu sagen und die Klettverschlüsse in Ruhe zu lassen. Ich gehe so weit zu behaupten, dass, wenn mir diese Einleitung gelingt, die anschließende Lesung mit großer Sicherheit ein Erfolg wird.
>
> (Spinnen 2010, S. 62f.)

Warum nicht auch als Lehrkraft in dieser Form die Lernenden vorbereiten? Müßig zu betonen, dass die Erfahrung einer Schülerin oder eines Schülers, selbst einen wohlvorbereiteten Text vor einem Publikum gelesen zu haben, mit Sicherheit dazu beiträgt, der Leistung einer anderen Person mehr Respekt entgegenzubringen.

### 2.4.3 Ein Hörbuch zu einem Bilderbuch hören

Bilderbücher (gemeint sind Text-Bild-Kombinationen, keine reinen Bilderbücher ohne Text) und Hörbücher treten neuerdings immer häufiger in Kombination auf, wobei das Hörmedium beim Kauf gelegentlich schon dem Buch beiliegt oder aus dem Internet heruntergeladen werden kann (so beim Nord-Süd-Verlag). Weil die Bilderbuchtexte für die Vorlesesituation geschrieben sind, eignen sie sich sprachlich besonders gut für ein Hörmedium. Aber ist diese Doppelung auch didaktisch sinnvoll? Zunächst einmal ist dazu zu sagen, dass die einem Buch beigelegten Hörmedien dazu gedacht sind, dass sich die Kinder beim Hören auch die Bilder ansehen, dass also das Medium die vorlesende Person, die es in vielen Kinderzimmern nicht mehr gibt, ersetzt. Die Situation im Unterricht ist eine andere und es ist zunächst kaum einzusehen, warum die Lehrkraft die Lesung an ein Medium delegieren soll. Anders als im Kinderzimmer ist im Klassenraum das Problem nicht die fehlende Stimme, sondern das fehlende Bild, wenn nur ein einziges Buch vorhanden ist und nicht alle Kinder gleichzeitig hineinblicken können. Eine verblüffend einfache Lösung schlägt Hintz (2006) mit ihrem „Bilderbuchkino" vor, bei dem die eingescannten Seiten über eine Präsentationssoftware projiziert werden (am Beispiel von Boies *Juli*-Geschichten). Erst über ein Bild sprechen, dann zuhören, lautet ihre Devise.

Nun könnte man einwenden, dass gerade der Vorteil des Hörens gegenüber audiovisuellen Medien darin besteht, dass die Hörenden sich eigene Bilder machen. Man muss jedoch sagen, dass bei hochwertigen Bilderbüchern der Verzicht auf die Bilder das Gesamtkunstwerk um eine wesentliche Dimension reduzieren würde, da die Bilder eine eigene Erzählebene bilden, die zum Text in ein interessantes Spannungsverhältnis tritt. Häufig geben die Abbildungen zusätzliche Informationen, um die Geschichte zu verstehen. So wird eine andere, wesentliche Fähigkeit, nämlich das genaue, ruhige Betrachten von Bildern und das Verstehen von Bild-Text-Kombinationen (*visual literacy*) geschult. Außerdem können Bilder die Aufmerksamkeit erhalten und helfen, den „roten Faden" der Erzählung zu behalten. Optisch deutlich unterscheidbare Figuren sind einfacher in Erinnerung zu behalten als Stimmen, sichtbare Schauplätze unkomplizierter sich vorzustellen als hörbare, sichtbare Schauplatzwechsel leichter zu verstehen als hörbare. So ist die Bild-Hörtext-Kombination für sehr junge Kinder oft eine gute Wahl.

Inzwischen gibt es Hörmedien zu Bilderbüchern, die weit mehr bieten als auch die bestmöglich vorlesende Lehrkraft leisten kann. Musik, Geräusche, verschiedene Stimmen nähern die Lesung dem Hörspiel an. Ein bekanntes Beispiel ist der *Grüffelo*. Solche CDs eignen sich besonders gut zur Hörsensibilisierung. Hier kann auch einmal das Bild wegbleiben, damit die Kinder umso mehr die Ohren spitzen um zu erkunden, was zum Beispiel die Geräusche über den Schauplatz aussagen. Oder es werden nur punktuell Bilder herangezogen, um das Verständnis zu stützen, wie bei der sprachlich schwierigen Beschreibung des Aussehens des Ungeheuers. Der Aktivierung der Kinder dienen bisweilen Zusatzangebote auf der CD, etwa wenn Lieder zu hören sind, die zum Mitsingen einladen, wobei der Liedtext im Booklet zur Verfügung gestellt wird.

Hörbücher zu Bilderbüchern sind schließlich immer eine gute Option für freie Arbeitszeiten, damit sich die Kinder selbstständig und wiederholt mit den Bilderbüchern beschäftigen können. Dies gilt vor allem für (noch) leseschwache Kinder, aber auch die anderen profitieren von dem wohlgeformten sprachlichen Input, der sich akustisch einprägt und zum leisen oder halblauten Mitsprechen animiert.

## 2.4.4 Hören (Hörmedium) ohne Lesen

Hören ohne zu lesen heißt nicht, dass hier „nur" mehr oder weniger verträumt gehört wird, auch wenn Hörgenuss und imaginative Verstrickung durchaus erwünschte Effekte sein können. Es gibt noch andere Aktivitäten außer dem Lesen, die im Literaturunterricht sinnvoll sein können. Abgesehen von der *Face-to-Face*-Vorlesesituation, in der die Kinder den Text nicht selbst lesen, aber sehr wohl durch Vorlesegespräche eingebunden sind, und die im Wesentlichen der Vermittlung von Literacy dient, kommt Hören (eines Hörmediums) ohne Lesen vor allem in drei Zusammenhängen vor: erstens zum Training von Hörverstehen, zweitens zur Begegnung mit Texten, die gar nicht zum Lesen gedacht sind, drittens zum Kennenlernen literarischer Stoffe.

**Training von Hörverstehen**
Es handelt sich hier zwar nicht um literarisches Lernen im engen Sinne, aber um eine Vorstufe dazu; auch kann hier bereits mit einfachen literarischen Texten gearbeitet werden. Das folgende Beispiel für den Primarbereich stammt aus der IQB-Handreichung zu den KMK-Standards:

**Hörverstehenstest**
**Material und Vorbereitung:**
Kurzer Hörtext auf Tonträger (Beiträge aus dem Kinderradio, Hörspielausschnitte, vorgelesene Geschichten, Gedichte usw. finden sich als MP3 im Internet […], ebenfalls geeignet sind zum Beispiel deutsche Liedtexte); evtl. ist auch in der Schule ein Test zum Hörverstehen vorhanden.
Arbeitsblatt mit leichteren und schwierigeren Verständnisfragen zum Hörtext.
5–6 weitere kurze Hörtexte auf Tonträger.

**Schritt 1:**
Zunächst wird der Zuhörtext der Klasse vorgespielt und die Kinder bearbeiten in Einzelarbeit

die Fragen zum Text. Anschließend werden in der Klasse die Ergebnisse verglichen. Es wird auch besprochen, wie Fragen formuliert werden können (offene Fragen, Multiple-Choice-Fragen).

**Schritt 2:**
Die Klasse teilt sich in Kleingruppen mit 3 – 4 Mitgliedern auf. Jede Gruppe wählt einen der zur Verfügung stehenden Hörtexte aus und hört ihn sich mehrmals an. Danach sollen (am besten auf dem PC) Fragen zum Hörtext formuliert und die richtigen Antworten aufgeschrieben werden.

**Schritt 3:**
In weiteren Unterrichtseinheiten werden die vorbereiteten Hörtests mit den Schülerinnen und Schülern durchgeführt. Dabei wird wieder zunächst der Hörtext vorgespielt, dann lesen die Gruppenmitglieder die Fragen vor und die anderen Schülerinnen und Schüler notieren ihre Antworten.
Die Resultate werden jeweils im Anschluss daran besprochen. Dabei fällt auf, dass manche Fragen einfach zu lösen waren, andere schwer. Im Klassengespräch werden Erklärungen dafür gesucht.

**Schritt 4:**
Die einzelnen Gruppen bearbeiten ihre Hörtest-Unterlagen (Korrektur der Fragestellungen usw.). Die so verbesserten Tests können an andere Klassen weitergegeben werden.
Der Schwierigkeitsgrad kann in allen Arbeitsschritten über die Komplexität und Länge der Hörtexte verändert werden.

(Bremerich-Vos/Granzer/Behrens/Köller 2009, S. 64 f.)

Für die Sekundarstufe (Klasse 5 – 10) finden sich ausgezeichnete, binnendifferenzierte Hörverstehenstests mit Hör-CD und Arbeitsblättern, die auch ohne das dazugehörige kombinierte Sprach-/Lesebuch zu benutzen sind, bei Högemann/Miedzybrocki (2007 ff.).

**Begegnung mit Texten, die nicht zum Lesen gedacht sind**
Darunter fallen vor allem Hörspiele, besonders Originalhörspiele, zum Beispiel *Die Alster-Detektive* (siehe Praxisbeispiel 3.4.1). Selbst wenn es, wie bei einigen Hörspielklassikern (siehe Praxisbeispiel 3.6.1, *Herr Biedermann und die Brandstifter*) eine Printfassung gibt, so ist diese doch nicht „das" Hörspiel.

**Kennenlernen literarischer Stoffe**
Es handelt sich bei den Hörtexten oft um adaptierte Versionen einer literarischen Vorlage, zum Beispiel *Das Schloss* (Praxisbeispiel 3.7.1). Es ist wichtig, darauf zu achten, dass eine sprachliche und thematische Vorentlastung erfolgt, damit un-

gestört längere Zeit gehört werden kann. Pausen müssen dennoch gemacht werden. Die Anschlusshandlungen können das ganze Spektrum der Methodik, ob analytisch-begrifflich oder handlungs- und produktionsorientiert, abdecken.

## 2.4.5 Simultanes Hören und Lesen

Der Ansatz von Gailberger (2010) wurde in seiner theoretischen Konzeption schon in Kapitel 2.1.2 dargestellt. Der Verfasser erprobte das Verfahren in Mittelstufenklassen der Hauptschule und empfiehlt es in ritualisierter Form über einen Zeitraum von 6 Wochen zu praktizieren, wobei wöchentlich in 4 Sitzungen jeweils 15 bis 20 Minuten simultan gehört und gelesen wird (Gailberger 2011, S. 79). Bei der Wahl des Textes kann man sich an den Vorlieben der Jugendlichen orientieren, da es gerade nicht um Interpretationsgespräche, sondern um Lesegeläufigkeit geht. Freilich muss darauf geachtet werden, dass Buch und Hörbuch wortgleich sind, was bei den häufigen Kürzungen beim Hörbuch keineswegs selbstverständlich ist. Deshalb hat Gailberger seiner Lehrerhandreichung eine Lesung des Jugendromans *Paranoid Park* von Blake Nelson auf CD-ROM beigelegt. Für den Bereich der Primarstufe haben Sandfuchs (2010, S. 47) und Gailberger (2012, S. 33) unter anderem für folgende Texte eine Wortgleichheit zwischen Buch und Hörbuch (Lesung) festgestellt:

▸ Bieniek, Christian/Jablonski, Marlene: *Hamster Hektor, Hunde und andere Krisen*
▸ Boie, Kirsten: *King-Kong*-Reihe
▸ Colfer, Eoin: *Tim und das Geheimnis von Captain Crow*
▸ Ders.: *Tim und das Geheimnis von Knolle Murphy*
▸ Funke, Cornelia: *Gespensterjäger auf eisiger Spur*
▸ Dies.: *Drachenreiter*
▸ Hensgen, Andrea: *Darf ich bleiben, wenn ich leise bin?*
▸ Lindgren, Astrid: *Mio, mein Mio*
▸ Maar, Paul: *Eine Woche voller Samstage*
▸ Mai, Manfred: *Zoff und Zank um Leonie*
▸ Mason, Simon: *Die Quigleys* (4 Bände)
▸ Rosenboom, Hilke: *Ein Pferd namens Milchmann*
▸ Steinhöfel, Andreas: *Rico, Oskar …* (3 Bände)
▸ Welsh, Renate: *Das Vamperl*

## 2.4.6 Hören und Lesen im Wechsel

Es sind verschiedene Kombinationen von Hören und Lesen denkbar. Man kann zuerst hören, dann lesen:

▸ den Anfang einer Ganzschrift in der Hörfassung rezipieren, den weiteren Verlauf antizipieren, dann erst das Buch austeilen und weiterlesen;

- eine besonders spannende Stelle aus einer Hörfassung herausgreifen, über den möglichen Kontext nachdenken, dann erst das Buch austeilen und lesen;
- ein umfangreicheres Buch passagenweise lesen, die Überbrückung zwischen den Passagen übernimmt das Hörbuch;
- einen Text (z. B. Gedicht) zunächst vor allem hinsichtlich seines Klangs wahrnehmen;
- bei Bilderbüchern: die bildlichen Vorstellungen, die beim Hören entstanden sind, mit der Bebilderung des Buchs vergleichen und beides zum Text in Beziehung setzen.

Oder man kann zuerst lesen, dann hören:
- Interpretationen wahrnehmen und diskutieren;
- Kürzungen oder Erweiterungen erkennen und erörtern;
- die zusätzliche Dimension Klang wahrnehmen und besprechen.

Weitere Überlegungen, die angestellt werden können, werden bei Müller (2010c) am Beispiel eines Andersen-Märchens für die Primarstufe und der Hörspielfassung von Vernes *In 80 Tagen um die Welt* für die Sekundarstufe I erläutert.

## 2.4.7 Hörtexte und Hörmedien beschreiben

Die Untersuchung und Beschreibung von Hörtexten stellt für Schüler und Schülerinnen eine Herausforderung dar, weil die Situation ungewohnt ist, der Hörtext flüchtig ist und ihnen meist kein entsprechendes Vokabular zur Verfügung steht. Das erste Problem kann gelöst werden, indem man immer wieder Hörtexte in den Unterricht einbezieht (kumulatives Lernen). Das zweite ist bei Hörmedien durch wiederholtes Abspielen und durch Stoppen nach kurzen Einheiten in den Griff zu bekommen. Gerade bei Detailuntersuchungen sollte jedoch generell mit eher kurzen Texten oder Ausschnitten gearbeitet werden. Das dritte Problem kann mit Arbeitsblatt 4 ⊙ behoben werden. Dort lernen die Schülerinnen und Schüler Bezeichnungen für Sprechausdruck kennen. Sie sollen zugleich ein Problembewusstsein dafür entwickeln, dass die Bezeichnungen oft nicht allein den Sprechausdruck beschreiben, sondern interpretierende Aussagen enthalten. Arbeitsblatt 5 ⊙ macht die Lernenden mit dem Phänomen der Aussprachevarianten bekannt, Arbeitsblatt 6 ⊙ mit der Problematik, Stimmen zu beschreiben.

Darüber hinaus ist es oft notwendig, Musik zu beschreiben. Odendahl (2011, S. 95) unterscheidet dabei einzelne Schritte, die in der Praxis nicht immer sauber zu trennen sind, die aber helfen können, sich bewusst zu machen, was man gerade tut:
- die akustische Seite eines musikalischen Ereignisses verbalisieren (z. B. Tonhöhe, Dauer, Lautstärke);
- das Strukturprinzip des musikalischen Ereignisses verbalisieren (z. B. erstes und zweites Thema, Reprise);

▸ den funktionalen Kontext des musikalischen Ereignisses beschreiben (z. B. Walzer, Marsch, Bühnenmusik, Intro);
▸ die symbolische/narrative Bedeutung der Musik interpretieren.

In jedem Fall empfiehlt sich eine Zusammenarbeit mit der Musiklehrkraft.

## 2.4.8 Ein Hörspiel hören

Auf der Primarstufe ist es schwierig, generelle Empfehlungen für den Einsatz von Hörspielen zu geben. Passung (Kapitel 2.1.3) und Vorbereitung (Kapitel 2.4.1) sind wichtige Komponenten, die in die Planung einbezogen werden müssen. Die wichtigsten Ziele sind in dieser Altersspanne das Aufrechterhalten der Konzentration über einen längeren Zeitraum, das aufmerksame Zuhören ohne Ablenkung, die Imagination des Gehörten und das Entfalten von Fantasie, das verstehende Zuhören im Sinne einer Unterscheidung von Stimmen und Geräuschen und die Interpretation des sprachlichen und sonstigen akustischen Inputs.

Methodisch ist – über das in Kapitel 2.1.3 Gesagte hinaus – vor allem auf handlungs- und produktionsorientierten Unterricht, angemessene Rhythmisierung und die Entwicklung von Zuhörstrategien zu achten. Es empfiehlt sich, auf Hörspiele zurückzugreifen, die in Hinblick auf Zuhörförderung und Unterricht empfohlen werden (zum Beispiel durch die Stiftung Zuhören), weil sie in der Regel mit methodischen Hinweisen versehen sind.

In den Sekundarstufen ist Hörspielarbeit – analog der Arbeit mit literarischen Texten – auf einer Bandbreite zwischen Selbst- und Weltverstehen bei den jüngeren Kindern und Textverstehen bei den älteren, zwischen handlungs- und produktionsorientierten Methoden in der Unterstufe und begrifflich-analytischen Methoden in der Oberstufe anzusiedeln. Das, was das Hörspiel von einer Buchlektüre signifikant unterscheidet, sollte allerdings immer in der einen oder anderen Form thematisiert werden:
▸ Wie wird die Vorstellung von Raum geschaffen? Wie wird Raumwechsel ausgedrückt?
▸ Wie werden die Figuren durch Stimme und Sprechweise charakterisiert?
▸ Wie wird inneres Geschehen im Unterschied zu äußerem gestaltet?
▸ Wie werden die Erzählebenen akustisch gestaltet und unterschieden (Erzähler, Szenen, Zeitsprünge)?

Daneben gelten die Ziele aus der Grundschulzeit weiter (siehe oben).

Methodisch sind Zuhörstrategien wichtig. Grundsätzlich sollte jedoch das Hören nicht gleich von Arbeitsaufträgen gelenkt sein, sondern ein größerer Teil des Hörspiels am Stück gehört werden, um imaginative Verstrickung zu ermöglichen. Nach einer Klärung der W-Fragen sollte dann weitergehört werden. Hier kann dann auf die vier oben genannten Aspekte besonders geachtet werden (arbeitsteilig). Bei schwierigen Hörspielen kann auch der erste Teil nochmals angehört werden.

Für eine Detailanalyse, wie sie erst mit älteren Schülern und Schülerinnen möglich sein wird, empfiehlt sich das Arbeitsblatt 7 „Hörspielprotokoll" ⊚. Zur Demonstration wurden die ersten Zeilen ausgefüllt und zwar am Beispiel des Hörspiels *Die Alster-Detektive*. In die erste Spalte kommt die laufende Nummerierung der selbst gefundenen Einheit. Es ist zu beachten, dass man sich bei der Segmentierung nicht automatisch an den Tracks der CD orientieren kann. Möglicherweise nehmen Schüler und Schülerinnen teils unterschiedliche Untergliederungen vor. Das kann Ausgangspunkt eines Gesprächs sein. Wer dies jedoch vermeiden will, kann gemeinsam mit den Schülern und Schülerinnen die Unterteilung vornehmen oder – wenn dieser Schritt übersprungen werden soll – eine Untergliederung und die entsprechenden Zeitangaben vorgeben, sodass sich die Lernenden auf die Erfassung der Handlung und der auditiven Gestaltung konzentrieren können. In der zweiten Spalte wird notiert, bis wohin der Abschnitt geht. Am besten geeignet sind Abspielgeräte mit Minuten- und Sekundenangaben; manchmal, aber keineswegs immer, fallen Abschnitt und Track zusammen; im Notfall kann man sich auch die ersten Worte oder spezifische Klangsignale zu Beginn eines neuen Abschnitts notieren. In der dritten Spalte vermerken die Schüler und Schülerinnen den Inhalt und zwar Personen und Handlung. Während die ersten drei Spalten vor allem dem Überblick und der späteren Orientierung im Hörspiel sowie der Erfassung des Aufbaus und Handlungsverlaufs dienen, verlangt die vierte Spalte schon die Befassung mit einem Spezialaspekt. In ihr wird notiert, wie in diesem Fall der Übergang zum nächsten Abschnitt gestaltet ist. Wer darauf keinen Fokus legen will oder diese Untersuchungsfrage an eine Teilgruppe vergeben will, kann diese Spalte vom Arbeitsblatt tilgen oder zunächst unausgefüllt lassen.

Für die arbeitsteilige genauere Untersuchung der einzelnen Abschnitte gibt es nun zwei Wege: Entweder untersucht eine Gruppe nur einen oder wenige bestimmte Abschnitte im Hinblick auf alle im Arbeitsblatt 8 ⊚ genannten Aspekte. Das setzt voraus, dass in jeder Gruppe das Hörmedium zur Verfügung steht und sich die Gruppen nicht gegenseitig stören. Oder alle Schüler und Schülerinnen hören gemeinsam Abschnitt für Abschnitt, untersuchen aber jeweils nur einen bestimmten Aspekt. Bei der Terminologie auf Arbeitsblatt 8 wurde versucht, so zu formulieren, dass die Lernenden verstehen, was gemeint ist – auch teils auf Kosten der fachlichen Präzision. Zudem wurde nicht Vollständigkeit der Möglichkeiten angestrebt. Die vorgegebenen Kategorien sind nur Anhaltspunkte; wichtiger ist, dass die Schüler und Schülerinnen auf Gestaltungselemente aufmerksam werden und diese zu beschreiben versuchen. Dem dienen die freien Zeilen „Das fiel mir/uns auf".

Wenn man mit Hörspieladaptionen von Prosatexten arbeitet, dann kann dies mit unterschiedlichen Intentionen verbunden sein: Man möchte die Schüler und

Schülerinnen mit einem literarischen Stoff oder einem Werk (in vereinfachter Form) bekannt machen; man benutzt Hörspielausschnitte, um zu Beginn der Prosatext-Lektüre den Einstieg zu erleichtern und einen Leseanreiz zu geben; man wechselt zwischen eigener Lektüre und Hörspielausschnitten ab; man regt die Lernenden an, eine eigene Hörspielfassung zu einem anderen gelesenen Text zu schreiben; man vergleicht Prosatext und Hörspieladaption.

Gerade die letztgenannte Differenzerfahrung führt zu einer sehr intensiven Hörhaltung und setzt genaue Textkenntnis voraus, um beurteilen zu können, was verändert wurde und mit welchen Mitteln das Hörspiel zusätzlich gestaltet. An die Feststellungen schließen sich unweigerlich Urteile an: Stimmen die Schüler und Schülerinnen der Hörspielfassung zu oder nicht? Begründungen, die sich am Text orientieren, führen notwendig zu Interpretationsgesprächen. Das Arbeitsblatt 9  kann hierzu Impulse geben.

## 2.4.9 Einen Roman hören, ein Hörtagebuch führen

Im Wesentlichen gibt es vier Varianten: Die Lehrkraft liest das Buch in Etappen vor (Kapitel 2.4.2); simultanes Hören und Lesen (Kapitel 2.4.5); Hören und Lesen im Wechsel (Kapitel 2.4.6); individuelles Hören mit Aufgaben („Hörtagebuch", Hörverstehensaufgaben).

Hörtagebücher können dem Muster der inzwischen weit verbreiteten Lesetagebücher folgen. Im Internet finden sich zahlreiche Vorlagen für Lesetagebücher zwischen sehr freier Rezeption über Grade mittlerer Lenkung (Wahlaufgaben und Pflichtaufgaben) bis hin zu hoher Lenkung. In der didaktischen Literatur gibt es auch mittlerweile eine Vorlage für ein sehr kindgerecht gestaltetes „Zuhörheft" zu Zoran Drvenkars *Eddie im Finale* für Grundschulkinder (Hattendorf/Hoppe 2008b), das vor allem auf das Hörverstehen abzielt und wenig eigene Textproduktion verlangt. Zu beachten ist, dass die Kinder und Jugendlichen Abspielgeräte haben sollten, die genaue Zeitmessung ermöglichen, damit sie immer wieder die Anschlussstelle finden. Neben den üblichen Aufgaben, die auch das Lesetagebuch kennt, könnten folgende Aufgaben gestellt werden, welche die Spezifika des Hörmediums berücksichtigen:

Handlungs- und produktionsorientierte Aufgaben sind:

A
‣ Suche zu einer Passage im Hörroman eine passende Musik. Begründe deine Wahl!
‣ Untermale eine Passage im Hörroman mit passenden Geräuschen. Begründe deine Wahl!
‣ Würdest du eine Passage anders lesen? Suche den Text im Buch und probiere es aus!

Analytische Aufgaben sind:

> ‣ Untersuche, wie die Sprecherin oder der Sprecher es schafft, dass die Figuren unterscheidbar sind!
> ‣ Untersuche, wie die Sprecherin oder der Sprecher mittels der Sprechweise Spannung aufbaut!
> ‣ Beurteile Stimme und Sprechweise. Begründe dein positives oder kritisches Urteil!

Einen anderen Ansatz schlägt Barian (2008) im Hinblick auf den Jugendroman *Löcher* von Louis Sachar vor. Hier findet sich eine Vielzahl unterschiedlicher Aufgabenformate, deren Ziel es ist, die „Informationsentnahme aus der gesprochenen Sprache" (S. 25) zu trainieren.

## 2.4.10 Lyrik mittels eines Hörmediums hören

Lyrik und Hören scheinen eine Art natürliche Verbindung einzugehen, wenn man bedenkt, dass das Wort *lyrikos* einen Text meint, der zur Lyrabegleitung vorgetragen wird. Jüngere Kinder begegnen Gedichten nicht durch stilles Lesen. Kinderlyrik ist in aller Regel Dichtung, die dafür geschrieben wurde, dass sie laut gesprochen, wenn nicht gar gesungen wird. So ist Lyrik eine der zentralen Gattungen, wenn es um Hören im Literaturunterricht geht, und mehrere der Praxisbeispiele beziehen sich auf diese Textsorte. Der Ursprung der Kinderlyrik in Ammenversen, Abzählreimen und so weiter macht den Zusammenhang von Text und Stimme unmittelbar sinnfällig. Kinder können auf diese Weise schon früh durch „hörendes Lesen" fremde Subjektivität erfahren (Lösener/Siebauer 2011, S. 14). Lyrik eignet sich in der Schule aber auch wegen ihrer relativen Kürze, sodass mehrfaches vergleichendes Hören, eigenes experimentierendes Sprechen und Detailanalysen von Sprechgestaltung möglich sind (ein Unterrichtsmodell schon für die Schulanfänger und Schulanfängerinnen: Müller 2012).

Noch immer krankt das Lesen von Lyrik an der Vorstellung vieler Schülerinnen und Schüler, sie müssten das Metrum betonen, am Ende eines Verses eine Pause machen und am Ende einer Strophe eine besonders markante Betonung setzen. Das bekannte Leiern ist unausweichliche Folge. Ganz tabu sollte es sein, Lyrik aus dem Stegreif zu lesen. Deshalb muss es durchaus kein Nachteil sein, den Unterricht mit einer Textbegegnung in Form einer Profilesung zu beginnen, auch wenn dies die Deutungsoffenheit einschränkt. Wer den anderen Weg geht, hat allerdings den Vorteil, dass die eigene, unbeeinflusste Vorstellung mit einer fremden verglichen werden kann. Leises, probierendes Sprechen dient am ehesten dazu, den Rhythmus als die „Sprechbewegung" (Lösener/Siebauer 2011, S. 16) eines Textes zu erfassen.

## 2.4.11 Dramatische Texte mittels eines Hörtextes erschließen

Es gibt Tonaufzeichnungen von Aufführungen oder im Studio produzierte Audioaufnahmen von Dramen. Doch immer fehlt etwas Wesentliches, nämlich alles Sichtbare, was bei einem Schauspiel dazu gehört. Grundsätzlich sollte deshalb mit der Klasse – wo immer möglich – eine Aufführung besucht oder zumindest eine Videoaufzeichnung angesehen werden.

Abgesehen davon gibt es auch Möglichkeiten, gerade hier Hörbücher sinnvoll einzusetzen: Nacherzählungen von Dramen dienen der Bekanntschaft mit einem literarischen Stoff oder einem Werk in vereinfachter Form. Man kann hier nicht von der Lektüre eines Dramas sprechen. Wenn allerdings, wie beim Praxisbeispiel 3.5.2 (*Wilhelm Tell*), Szenen eingebaut beziehungsweise angefügt sind, kann das Hörbuch in einem sinnvollen Wechsel mit der eigenen Dramenlektüre eingesetzt werden, der Verständnissicherung dienen und das Mitlesen wichtiger Szenen ermöglichen.

Gelegentlich liegen Dramenstoffe auch in Hörspielfassungen, die vom selben Autor stammen, vor. Im Praxisteil findet sich unter 3.6.1 ein Beispiel (*Biedermann und die Brandstifter*). Das Gleiche gilt zum Beispiel für Dürrenmatts *Die Panne*. Bevor man zu der schlechteren Lösung greift, dass der Dramentext gelesen wird, *ohne* dass eine Aufführung besucht oder zumindest als Film gesehen werden kann, sollten lieber gleich Hörspielaufführung und Hörspieltext kombiniert werden. Aber auch hier machen die Schüler nur die Bekanntschaft mit einem Stoff und mit der Kunstform Hörspiel – ein „Drama" haben sie nicht kennen gelernt.

Bei älteren Dramentexten fällt es auch noch Lernenden der Oberstufe schwer, den Text beim Lesen zu verstehen. Die Blankverse in Lessings *Nathan der Weise* oder die Sprache des *Faust*, um nur zwei verbreitete Beispiele zu nennen, stellen oft kaum überwindbare Hürden dar. Eine große Verstehenserleichterung bedeutet es erfahrungsgemäß, den Text zu hören und dabei mitzulesen. Was in Kapitel 2.1.2 gezeigt wurde, gilt auch für Schülerinnen und Schüler in höheren Jahrgangsstufen. Dieser Einsatz eines Hörmediums dient aber nur der Textbegegnung beim Lesen und kann und soll keinesfalls das Betrachten der Aufführung ersetzen.

## 2.4.12 Hörtexte und Hörmedien bewerten und präsentieren

Kinder sind, wenn sie in die Grundschule kommen, kleine Hörbuch-Expertinnen und -experten, denn sie haben in der Regel schon viele Hörerfahrungen gemacht und Vorlieben und Abneigungen entwickelt. Es macht ihnen Spaß, als Tester aufzutreten, was den Vorteil hat, dass sie besonders aufmerksam zuhören, ohne dass gleich eine Lernsituation gegeben ist, obgleich sie sehr wohl spielerisch mit wesentlichen Kategorien bekannt gemacht werden. So hat das Landesinstitut für Schule und Medien in Berlin-Brandenburg (LISUM) ein einfaches Raster entworfen, mit dem auch junge Schülerinnen und Schüler ihre Urteile festhalten können (Hattendorf/Hoppe 2008a). Die Lernenden vermerken Titel, Autor/Autorin und Sprecher/Sprecherin und kreuzen dann in je drei durch Smileys gekennzeichneten Kategorien (gut – mittel – schlecht) an:

▸ Inhalt: Verständlichkeit; Spaß und Unterhaltung; Spannung; Altersangemessenheit.

▸ Darbietung Hörspiel: Die Stimmen der Sprecher passen zu den Figuren; die Hintergrundgeräusche wirken echt; beim Hören kann man sich alles gut vorstellen.

▸ Darbietung Lesung: Der Vorlesende verändert die Stimme passend zum Text; der Vorlesende gibt den Figuren passende Stimmen; der Vorlesende liest im richtigen Tempo vor; beim Hören kann man sich alles gut vorstellen.

Zum Schluss können die Schülerinnen und Schüler noch eine persönliche Anmerkung machen. Die Blätter mit den Testergebnissen können archiviert werden und anderen Kindern als Hörempfehlung dienen. In abgewandelter Form lassen sich auch Karteien mit Lieblingshörbüchern anlegen, auf denen die Kinder kurz im Rahmen eines Vordrucks ihren Favoriten charakterisieren.

Die Grundidee der folgenden methodischen Anregung für Lernende der Sekundarstufe wurde den Bildungsstandards im Fach Deutsch für den Mittleren Schulabschluss (Sekretariat der KMK 2004, S. 50–52) entnommen, jedoch wurde das Modell stark abgewandelt. Die Aufgabe steht dort unter dem Titel „Gespräch über Hörbücher/Audiobooks: Argumentatives Gespräch einer Jury, die ein für Schüler/-innen interessantes Hörbuch/Audiobook auszeichnen soll". Die Aufgabenstellung: Mehrere Kleingruppen (ca. 2–5 Personen) bilden je eine Jury. Jede wählt ein Audiobook nach bestimmten Kriterien aus und stellt es dem Plenum (der Klasse) vor, wobei die Wahl begründet wird. Die Lernenden, die keiner Jury angehörten, stimmen schließlich ab, welches der Hörbücher im Klassenverband angehört und behandelt werden soll. Größe und Anzahl der Gruppen hängt von der Größe der Klasse ab. Es sollten jedoch noch genügend Lernende da sein, die nicht zu einer Jury gehören und schließlich abstimmen. Es empfiehlt sich, den Jurygruppen eine Auswahl von Hörbüchern, zum Beispiel aus öffentlichen Büchereien, zur Verfügung zu stellen. Die Hörbücher sollten geeignet sein, später im Klassenverband gehört und behandelt zu werden, wobei Dauer und Tiefe der gemeinsamen Befassung variabel und wiederum abhängig von den Intentionen ist. Die Jury bereitet ihre Präsentation außerhalb des Unterrichts vor und hat dabei das Hinweisblatt zur Verfügung. Es muss mit einem ausreichenden zeitlichen Vorlauf gearbeitet werden, damit die Jury Zeit genug hat, die Hörbücher zu hören, ihre Entscheidung herbeizuführen und ihre Präsentation vorzubereiten. Der Zeitrahmen für die einzelne Präsentation muss von der Lehrkraft selbst bestimmt werden. Die Präsentation kann im Prinzip wie eine Buchvorstellung bewertet werden (siehe Arbeitsblatt 10 ⊙).

Es bieten sich in Jahrgangsstufe 9 vor allem Lesungen oder Hörspieladaptionen von Jugendbüchern an, in Jahrgangsstufe 10 klassische Hörspiele, zum Beispiel von Frisch, Dürrenmatt, Andersch oder anderen. Je nach ausgewähltem, gemeinsam zu hörenden Audiobook ist eine systematische Verknüpfung mit dem Literaturunterricht ebenso denkbar wie ein bloßes Hineinhören in einen längeren Text, der dann zur eigenen Lektüre empfohlen wird, oder das Anhören eines Hörspiels, an das sich ein literarisches Gespräch anschließt.

## 2.4.13 Schülerleistungen beurteilen

Beurteilen umfasst mehr als nur die Vergabe von Noten. Im Anschluss an Baurmann/Dehn (2004) seien die folgenden Teilaspekte im Hinblick auf unser Thema erörtert: Beurteilen in Lernsituationen (förderndes Beurteilen) vs. Bewerten in Leistungssituationen (prüfendes Bewerten); die Klärung, was überhaupt beurteilt werden soll; Kriterienkataloge; prozessorientiertes vs. produktorientiertes Beurteilen; Selbst- vs. Fremdbeurteilen.

### Beurteilen in Lernsituationen (förderndes Beurteilen) vs. Bewerten in Leistungssituationen (prüfendes Bewerten)

Die Beurteilung in Lernsituationen dient der Förderung der Lernenden auf ihrem Lernweg. Sie bekommen ein Feedback, das noch nicht notwendig wertend sein muss. Sie werden über ihren Leistungsstand informiert und erhalten in Form konstruktiver Kritik Hinweise auf die Gestaltung ihres weiteren Lernprozesses. Beim prüfenden Bewerten dagegen wird ein (vorläufiger) Endstand eines Lernprozesses erfasst und mit einer Note versehen, die letztlich der Selektion dient. Beide Situationen sind im Deutschunterricht in Bezug auf Hören durchaus schwierig, weil das, was beim Hören geschieht, nicht direkt beobachtet werden kann. In jedem Fall sollten die auch sonst üblichen Prinzipien zur Anwendung kommen: Beurteilt wird nur eine Leistung, auf die vorbereitet wurde, nach Kriterien, die den Lernenden bekannt sind und möglichst mit ihnen erarbeitet wurden. Das prüfende Bewerten, das besonderen Gütekriterien genügen muss, ist deshalb schwierig, weil das Thema Hören im muttersprachlichen Unterricht noch keine so lange Prüfungstradition wie andere Teilbereiche hat, wir also auf keine bewährten Modelle zurückgreifen können, und weil die Leseverstehensmodelle nicht einfach übertragbar sind, da der Flüchtigkeitsaspekt und der Prosodieaspekt andere Bedingungen als beim Lesen schaffen; ferner sind auch nicht die Hörverstehensmodelle des Fremdsprachenunterrichts einfach auf die Muttersprache übertragbar, da – je nachdem, ob es sich um die Mutter- oder um eine Fremdsprache handelt – der Automatisierungsgrad der Hörverstehensprozesse sehr unterschiedlich ist.

Gleichwohl wurden bereits in Vergleichsstudien wie VERA, IGLU, DESI und PISA Hörverstehensaufgaben im Fach Deutsch gestellt. Um diese Aufgaben zu konstruieren, gibt es eine noch junge, aber sehr aktive Forschung zur Operationalisierung des Hörverstehens. Kompetenzstufenmodelle liegen in unterschiedlichen Stadien vor. Auf sie wird weiter unten eingegangen.

**Was wird überhaupt beurteilt?**

Um welche Art von Verstehensleistung geht es im Hinblick auf Hörtexte? Das derzeit in Entwicklung befindliche Modell wird von der KMK, dem IQB und der Universität Duisburg-Essen verantwortet (im Folgenden „IQB-Modell" genannt, Kultusministerkonferenz u. a. 2011). Im Hinblick auf die Hörverstehenskompetenz für die Primarstufe bezieht es sich auf den Kompetenzbereich „Sprechen und Zuhören" der KMK-Standards. Dort heißt der einschlägige Unterpunkt „Inhalte zuhörend verstehen". Das schon seit 2009 vorliegende Modell (Kultusministerkonferenz u. a. 2009) für den Mittleren Schulabschluss bezieht sich auf den Standard „wesentliche Aussagen aus umfangreichen gesprochenen Texten verstehen, diese Informationen sichern und wiedergeben". Die Nähe zu Kompetenzmodellen des Lesens ist nicht zufällig, sie rührt „daher, dass ein Großteil der zugrunde liegenden Items im Sinne der Anforderungen in den Bildungsstandards auf das Verstehen, Erinnern und Wiedergeben von Textinhalten abzielt." (Kultusministerkonferenz u. a. 2009, S. 7)

Ein Beispiel für Sechstklässler: Die Lernenden bekamen eine Passage aus dem Kinderbuch Henning Mankells *Der Hund, der unterwegs zu einem Stern war* vorgelesen und beantworteten Multiple-Choice-Fragen wie folgende:

Wozu will Ture Joel zwingen?
- [ ] Joel soll die Kletterpflanzen abschneiden.
- [ ] Joel soll Gertrud mit der Schere bedrohen.
- [ ] Joel soll Ameisen aus dem Fenster kippen.
- [ ] Joel soll die Johannisbeerbüsche mit Farbe anstreichen.  (Behrens 2010, S. 35)

Hier handelt es sich zweifellos um die Wiedergabe von Textinhalten. Zu fragen wäre aber: Was ist der „Inhalt" eines *literarischen* Textes? Nur sein propositionaler Gehalt? Ist es damit getan?

Bisher wird – aus nachvollziehbaren Gründen – nicht berücksichtigt, dass Hören auch im Kompetenzbereich „Lesen – mit Texten und Medien umgehen" auftaucht, aber in durchaus anderen Zusammenhängen:

▸ „lebendige Vorstellungen beim Lesen und *Hören* literarischer Texte [zu] entwickeln" (Behrens 2010, S. 11),

▸ „Beim *Hören* und Lesen literarischer Texte beschäftigen sich die Kinder mit wichtigen, sie bewegenden Fragen und setzen sich identifizierend und abgrenzend mit literarischen Figuren auseinander" (S. 9 – Kursivierung K. M.).

Vorstellungsbildung ist ein zentrales Element literarischen Verstehens, aber da es sehr unterschiedliche Vorstellungen zu einem Text geben kann, ist sie keineswegs gleichzusetzen mit dem Verstehen des Inhalts, bei dem es „falsch" und „richtig" gibt. Auch dass sich Kinder mit ihnen wichtigen Fragen beschäftigen und sich mit literarischen Figuren auseinandersetzen, ist besonders bei jüngeren keineswegs an eine textadäquate Verstehensleistung geknüpft. Dennoch handelt es sich um eine legitime Teilleistung literarischen Lernens, die über das Hören erreicht werden kann. Dass im vorläufigen Entwurf des IQB-Kompetenzmodells ebenso wie bei den Aufgabenbeispielen in Behrens/Eriksson (2009) zwar vorgelesene literarische Texte für Hörverstehensaufgaben herangezogen werden, aber die Kompetenzen dem Bereich „Sprechen und Zuhören" entlehnt werden und nicht dem Bereich „mit Texten und Medien umgehen", erscheint aus literaturdidaktischer Sicht bislang noch unbefriedigend. Um Missverständnissen vorzubeugen: Es soll keinem Irrationalismus das Wort geredet werden, so als sei es beliebig, was man höre. Es gibt einen propositionalen Gehalt von Gesagtem, der falsch oder richtig hörverstanden werden kann. Aber schon in Alltagssituationen können wir das richtig Gehörte sehr unterschiedlich verstehen. Schulz von Thun (1981) zeigt an seinem Vier-Ohren-Modell der Kommunikation, dass ein und derselbe Satz, je nach Sprecher- und Situationsinterpretation als Sachmitteilung, Appell, Selbstoffenbarung oder Beziehungsindikator verstanden werden kann. Noch viel mehr gilt dies für literarische Texte, die per se polyvalent sind. Hörverstehen mit „falsch" und „richtig" messen zu wollen, erfasst nur sehr partielle Leistungen. So plädiert auch Krelle für einen weiten Hörverstehensbegriff in der Schule:

> Auch wenn in den curricularen Vorgaben das Zuhören schwerpunktmäßig als Hörverstehen aufgefasst wird […] und aktuelle Hörverstehenstests den Gegenstand notwendigerweise möglichst eng fassen, sollten andere wesentliche Aspekte des Zuhörens im Deutschunterricht nicht vernachlässigt werden.
>
> (Krelle 2010, S. 66)

Die Gretchenfrage lautet: Was ist „Mittel" und was ist „Ziel"? Pointiert formuliert: Bei den bisherigen Hörverstehenstests ist das Ziel das Hörverstehen und der literarische Text ist eines unter mehreren Mitteln, das Hörverstehen zu entwickeln und zu testen. In unserem Kontext dagegen ist das literarische Lernen das Ziel und das Hören ist eines unter anderen Mitteln, die literarische Kompetenz zu entwickeln und zu testen. Dabei ist das Hörverstehen, so wie es bisher in Tests operationalisierbar ist, zwar eine wesentliche, aber nur eine Teilkompetenz, die noch dazu unter ganz unterschiedlichen Rahmenbedingungen auftreten kann, sodass kaum mit einem einheitlichen Instrumentarium gemessen werden kann (zum Beispiel mit oder ohne visuelle Unterstützung, Hören allein von sprachlichem Input oder von Sprache zusammen mit weiteren akustischen Signalen). Dies betrifft vor allem die Konstruktion von Aufgaben, auf die noch kurz eingegangen werden soll.

Aufgabenformate spiegeln prototypisch die Kompetenzstufen und wirken in der Praxis in hohem Maße normativ. Umso mehr sei daran erinnert, dass Hören unter anderen Bedingungen abläuft als Lesen, was bei der Aufgabenstellung zu berücksichtigen ist. Das betrifft vor allem zwei Aspekte: ob die Aufgabe vor oder nach dem Hören gestellt wird; ob offene, halboffene oder geschlossene Aufgabenformate verwendet werden.

Vor dem Hören gestellte Aufgaben wirken aufmerksamkeitslenkend. Wenn zum Beispiel die Frage lautet: „An welchem Schauplatz spielt die Geschichte?", dann wird ein Hintergrundgeräusch wie zum Beispiel das Läuten einer Kirchenglocke aufmerksam wahrgenommen. Wenn die Frage lautet: „Zu welcher Tageszeit spielt die Geschichte?", wird man beim Schlag der Turmuhr mitzählen – beides Informationen, die man vielleicht überhören würde, wenn es nur darum ginge, wie der Streit zwischen zwei Kindern auf dem Kirchenvorplatz verläuft, weil das die hörende Person am meisten interessiert. Bei nachträglich gestellten Aufgaben muss man immer damit rechnen, dass die individuelle Selektivität der Wahrnehmung sehr verschieden sein kann. Deshalb dient bei den Praxisbeispielen in diesem Band das erste Hören meist der persönlichen Primärrezeption, dann wird die Aufgabe gestellt und dann nochmals gehört. Auch bei Leseverstehensaufgaben nimmt man dem Schüler nicht nach dem ersten Lesen das Textblatt weg! Die vom IQB vorgeschlagenen Varianten für die Testung des Hörverstehens in der Mittelstufe sind daher sehr bedenkenswert:

> Neben Aufgaben, in denen die Items erst nach dem einmaligen Hören präsentiert werden, kommen auch andere Formen von Zuhöraufgaben zum Einsatz:
> – Einzelne Informationen zu Items werden bereits vor dem Hören gegeben und damit wird eine Hörerwartung oder -intention induziert (z. B. durch Infokästen, in denen vorab mögliche Fragen geklärt werden).
> – Der Hörtext wird einmal vorgespielt, die Items werden während des Hörens gelöst. Die Schülerinnen und Schüler haben danach die Möglichkeit, die Items zu überarbeiten. Der Hörtext wird in Sinnabschnitte unterteilt, Items zum jeweiligen Abschnitt werden jeweils nach dem Hören des Abschnitts gelöst.
> – Der Hörtext wird zweimal vorgespielt, die Items werden erst nach dem zweimaligen Hören präsentiert. (Kultusministerkonferenz u. a. 2009, S. 7)

Erinnert sei ferner daran, dass es sich beim Sprechen und Hören literarischer Texte um Aufführungssituationen handelt. Wie in Kapitel 1.5.3 beschrieben, gilt für Aufführungssituationen ästhetischer Texte, was Fischer-Lichte (2004, S. 273) als zwei „Ordnungen" bezeichnet hat: Der „Ordnung der Repräsentation", zum Beispiel einem gedruckten Text, steht die „Ordnung der Präsenz", die Aufführungssituation, gegenüber. Erstere ist verstehbar, die zweite erlebbar. Das spezifische „Verstehen" einer Aufführung ist Teil der ästhetischen Erfahrung und enthält daher einen größeren Anteil an Subjektivität. Multiple-Choice-Fragen haben zwar den Vorteil, dass nicht die produktive Sprachkompetenz des Schülers getestet wird, sondern nur sein Hörverstehen, jedoch schränken sie mit ihren vorgegebenen Lösungen auch sehr ein.

**Kriterienkataloge**

Kriterienkataloge der Art, wie sie für die von Lernenden hervorgebrachten Produkte gelten, zum Beispiel geschriebene oder gesprochene Texte, kann es bei nicht unmittelbar beobachtbaren Kompetenzen wie Lesen und Hörverstehen nicht geben. Man muss sich immer bewusst sein, dass man neben der Verstehensleistung auch noch die Fähigkeit misst, das Verstandene zu versprachlichen, zumindest – bei Multiple-Choice-Aufgaben – einem sprachlichen Input richtig zuzuordnen. Bei der Orientierung, um welche Hörfähigkeiten es überhaupt geht, sind die bisherigen Ausarbeitungen des IQB zum Hörverstehen – trotz obiger Einschränkung – hilfreich. Im vorläufigen Entwurf für die Primarstufe (Kultusminterkonferenz u. a. 2011, S. 7–11) und in dem Modell für den Mittleren Schulabschluss (siehe auch Köller/Knigge/Tesch 2010, S. 41ff.) finden sich folgende Niveauabstufungen:

| PS (Primarstufe) | MSA (Mittlerer Schulabschluss) |
|---|---|
| **Niveau I** | |
| Prominente Einzelinformationen erinnern und wiedererkennen (Entwurf) | Wiedererkennen und Erinnern prominenter Einzelinformationen |
| **Niveau II** | |
| Benachbarte Informationen miteinander verknüpfen und weniger prominente Einzelinformationen reproduzieren (Entwurf) | Benachbarte Informationen miteinander verknüpfen und den Text genrespezifisch zuordnen |
| **Niveau III** | |
| Verstreute Informationen miteinander verknüpfen und den Text ansatzweise als Ganzen erfassen (Entwurf) | Verstreute Informationen miteinander verknüpfen, der Vorlage paraverbale Informationen abgewinnen und den Text ansatzweise im Ganzen erfassen |
| **Niveau IV** | |
| Anspruchsvolle Erinnerungsleistungen und Details im Kontext verstehen (Entwurf) | Auf der Ebene des Textes wesentliche Zusammenhänge erkennen, die Gestaltung reflektieren und versteckte Einzelinformationen erinnern |
| **Niveau V** | |
| Auf der Ebene des Textes wesentliche Zusammenhänge erkennen und auf zentrale Aspekte des Textes bezogene Aussagen selbstständig begründen (Entwurf) | Interpretieren, Begründen, Bewerten und anspruchsvolle Erinnerungsleistungen |

Zusammen mit den „schwierigkeitsbestimmenden Merkmalen" (Böhme/Robitzsch/Busé 2010, S. 90), die in Kapitel 2.1.3 referiert wurden, kann ein Bewusstsein dafür entwickelt werden, wie Abstufungen vorzunehmen sind.

Im Hinblick auf literarische Kompetenz und für Lernsituationen seien folgende Aufgaben vorgeschlagen (hier Beispiele für alle Jahrgangsstufen), die helfen sollen, Leistungen von Schülerinnen und Schülern zu beobachten:

| Ziel | Mögliche Aufgaben | Mögliche Verfahren |
|---|---|---|
| Vorstellungsbildung | Kann der/die Lernende passende Assoziationen entwickeln oder zum Text passend kreativ werden? Kann er/sie sich den akustisch dargestellten Raum vorstellen? | Bild zum Gehörten malen, sich bewegen, szenisch nachspielen, auch Figurenschattenspiel, Unterrichtsgespräch |
| aufmerksame Wahrnehmung sprachlicher Gestaltung | Kann der/die Lernende beim wiederholten Hören die Stellen nennen, die sprachlich auffällig sind; kann er/sie – imitierend oder wörtlich – nachsprechen? Kann er/sie im Stil des Gehörten kleine Zusatztexte schreiben? | Unterrichtsgespräch, nachsprechen, Zusatztexte schreiben |
| Nachvollzug der Perspektiven literarischer Figuren | Kann der/die Lernende Figurenmerkmale erschließen? Kann er/sie die Stimmungen der Figuren erkennen? Kann er/sie sich in die Figuren hineinversetzen? | literarisches Gespräch, Unterrichtsgespräch, nachspielen, Standbild, schriftliche Figurencharakteristik |
| Verständnis der Handlungslogik | Kann der/die Lernende antizipieren? Kann er/sie Kausalitäten aus der Handlungslogik konstruieren? Kann er/sie die Bauform des Hörspiels nachvollziehen? Kann der/die Lernende in einem Hörspiel die Erzählpassagen und die szenischen Passagen unterscheiden? | Unterrichtsgespräch, weiterschreiben, ein Hörprotokoll verfassen, schriftliche Untersuchungsaufgaben |
| bewusster Umgang mit Fiktionalität | Kann er/sie die „Gemachtheit" eines Hörtextes erkennen? Kann er/sie selbst etwas Ähnliches produzieren? | ein Hörprotokoll verfassen, Gespräch, schriftliche Untersuchungsaufträge, kleine eigene Produktionen |
| Verständnis metaphorischer und symbolischer Ausdrucksweise | Kann der/die Lernende die symbolische Bedeutung von Geräuschen und Musik erkennen? | Gespräch, Text-Geräusch- und Text-Musik-Kombinationen selbst erstellen |

| prototypische Vorstellungen von Gattungen/Genres | Kann der/die Lernende typische Gattungsmerkmale erkennen? Hat der/die Lernende Wissen über die Bauformen verschiedener Hörspieltypen? Kann er/sie Typen der Lyrik unterscheiden (Ballade, *Slam Poetry*)? | Umschreiben, vergleichen, verfremden, imitieren, parodieren, begriffliche Analyse |
|---|---|---|
| literaturhistorisches Bewusstsein | Kann der/die Lernende historische Unterschiede zwischen Sprechweisen erkennen und interpretieren? | verschiedene Aufnahmen vergleichen (mündlich, schriftlich) |

**Prozessorientierte Beurteilung vs. produktorientierte Beurteilung, Selbst- vs. Fremdbeurteilen:** Das Sammeln selbst hergestellter Hörtexte fällt unter die Kategorie „Hörbar machen" (Kapitel 2.5.9). Für die prozessorientierte Beobachtung durch die Lehrkraft kommt Arbeitsblatt 11 ⊚ infrage. Die bisherigen Vorschläge, Höraktivitäten über einen längeren Zeitraum hinweg zu dokumentieren, erfolgen meist in der Form schriftlicher Selbstreflexion der Schüler: siehe dazu Arbeitsblatt 12 ⊚.

## 2.4.14 Rechtliche Fragen

Bei der Beschaffung von Hörmedien, ihrer Vervielfältigung und Verwendung im Unterricht, insbesondere bei der Verwendung für eigene Produktionen und bei öffentlichen Aufführungssituationen, ist eine ganze Reihe von rechtlichen Fragen zu beachten. Relevant sind hier in erster Linie die Vorschriften des Urheberrechtes (UrhG), das in Deutschland sowohl die Urheberpersönlichkeitsrechte als auch die Verwertungsrechte regelt. Die Rechte am Werk verbleiben für eine gesetzlich festgelegte Frist zwar stets beim Urheber und sind nicht übertragbar, allerdings kann der Urheber die Verwertung seiner Rechte abtreten, beispielsweise an einen Verlag oder eine Verwertungsgesellschaft wie die GEMA. Das Gesetz regelt aber auch einige Nutzungsrechte, die der Urheber nicht beschneiden kann (wie etwa das Zitatrecht und die sogenannten „Schulprivilegien", die die Verwendung geschützter Werke im schulischen Rahmen betreffen).

Für Lehrerinnen und Lehrer ergibt sich daraus die Konsequenz, dass sie in jedem Fall genau prüfen müssen, ob die Verwendung, Weitergabe (etwa im Internet, schuleigenen Intranet oder durch Verleihung von Medien) und Aufführung von Hörmedien ohne Weiteres möglich ist oder eine – unter Umständen kostenpflichtige – Genehmigung seitens der Rechteinhaber erfordert. Es ist keineswegs so, dass jede Nutzung von Hörmedien im Unterricht schon ein Verstoß gegen das Urheberrecht darstellt, jedoch ist auch im schulischen Rahmen nicht einfach alles erlaubt. Selbst wenn Hörmedien GEMA-frei sein sollten oder etwa im Internet zum kostenfreien Download angeboten werden, sind sie selbstverständlich urheberrechtlich geschützt und dürfen nur im dem Rahmen genutzt werden, den der Urheber oder Verwerter dafür gesetzt hat. Diese Rechte werden oft in Lizenzbestimmungen formuliert. Ein Fehlen von Lizenzbestimmungen oder sonstigen Schutzklauseln ändert aber nichts daran, dass das angebotene Medium sehr wohl urheberrechtlich geschützt sein kann.

Die Vorschriften des Urheberrechtes sind recht komplex und unterliegen auch ständigen Anpassungen seitens der Gesetzgebung und Rechtsprechung, daher strebt das vorliegende Buch keine konkrete Darstellung der rechtlichen Situation an. Anhang 4.2.4 enthält jedoch eine Reihe von Internetadressen, die zur Information über die rechtliche Lage (zum Teil speziell für Lehrende) genutzt werden können.

## 2.5 Poetische Texte hörbar machen und sprechen

### 2.5.1 Lautleseverfahren

Mit Rosebrock/Nix (2008, S. 38 ff.) lassen sich bei den Lautleseverfahren das „Wiederholte Lautlesen" und das „Begleitende Lautlesen" unterscheiden. Beim „Wiederholten Lautlesen" lesen leseschwache Lernende einem Tutor oder einer Tutorin so oft einen mittelschweren Text vor, bis sie einen gewissen Standardwert an Wörtern pro Minute erreicht haben. Weil dieses Verfahren zwar wirksam, aber langweilig ist, schlagen Rosebrock/Nix eine Verbindung mit sinnvollen Zielen vor: Vorstellung von Lieblingsbüchern, Gestalten einer Hörbuchanthologie, Simulation einer Radiosendung, Lesetheater (siehe Kapitel 2.5.5), Vorlesewettbewerb. Beim „Begleitenden Lautlesen" bilden ein gut lesender und ein weniger gut lesender Schüler ein Tandem. Dabei kann entweder die leistungsstärkere Person einen Text vorlesen und die andere die Passage wiederholen oder die beiden lesen abwechselnd oder synchron. Jedenfalls sollte das Begleitende Lautlesen mindestens 8 Wochen, 3-mal pro Woche 15 bis maximal 20 Minuten lang durchgeführt werden. Außerdem schlagen Rosebrock/Nix vor, dass Lernende Hörbücher hören und begleitend laut mitlesen.

### 2.5.2 Sprechgestaltung vorbereiten

Zum klassischen sprecherzieherischen Repertoire gehören Übungen zur Atmung, zur Stimmbildung und zur Artikulation. Wer großen Wert auf die sprecherzieherische Komponente legt oder auch nur Semiprofessionalität anstrebt, findet hierfür eigene Lehrwerke (Pabst-Weinschenk 2000; Rossié 2007) und kurzgefasste Leitfäden (Draeger/Anders 2004). Auch Schau (1996) bietet eine Art Vorschule des szenischen Interpretierens, das Sprechübungen einbezieht. Hier seien nur wenige Hinweise gegeben.

Die einfachsten vorbereitenden Schritte, die jede Lehrkraft mit der Klasse durchführen kann, sind:

- Hinweise auf eine günstige Körperhaltung (offene Haltung, mindestens eine Hand frei, um natürlich gestikulieren zu können, fest stehen oder mit geradem Rücken sitzen, beide Füße auf dem Boden, ruhig atmen);
- bewusstes Gähnen und Räkeln (beim Gähnen wird der ganze Atem- und Stimmapparat bewegt, Mund- und Rachenraum werden groß und leicht formbar);
- Summen auf einem Ton (zur Lockerung);
- das Sprechen mit einem Sektkorken zwischen den Schneidezähnen (mehrfaches Sprechen ein und desselben Textes mit dem Korken, dann ohne): Das provoziert eine verstärkte Lippenbewegung, die sich positiv auswirkt, wenn der Korken wieder entfernt ist. Diese Übung sollte allerdings maßvoll eingesetzt werden, denn sie kann auch zu Fehlern führen (Rossié 2007, S. 211);
- Artikulationsübungen wie das Sprechen von Zungenbrechern und Nonsenspoesie;
- das Erproben von Stimm- und Sprechvarianten: Ein und derselbe Satz wird auf unterschiedliche Weise (schnell, langsam, hoch, tief usw.) beziehungsweise aus verschiedenen Stimmungen heraus gesprochen (zum Beispiel fröhlich, traurig, empört, gelangweilt, zornig) (siehe auch den in Kapitel 2.5.3 genannten Lernparcours).

All diese Elemente sind auch enthalten in dem in der Praxis erprobten Kursus von Müller-Dyes/Schiller (2006), der leider an einer eher entlegenen Stelle publiziert wurde, aber als exzellenter Leitfaden dienen kann. Die Autoren schlagen zunächst eine Aufwärmphase vor, bei der 5 Übungen innerhalb einer Unterrichtsstunde durchgeführt werden, sodann 5 Übungen zur Stimmproduktion, wobei schon poetische Texte (Nonsensdichtung) einbezogen werden.

In der Fachliteratur findet das „Lernen am Modell" kaum Erwähnung – zu Unrecht. Es mag als Gefahr gesehen werden, dass Lernende etwas Fremdes imitieren und damit in ihrer eigenen Gestaltungsfreiheit eingeschränkt werden. Hier geht es aber um etwas anderes: Das Nachahmen sprachlicher Vorbilder ist ein direkterer und einfacherer Weg, etwas zu lernen, als eine Anweisung: „Sprich deutlich, laut und langsam, variiere den Ton" – diese abstrakten Appelle in konkretes Verhalten umzusetzen, ist für Lernende eine zu große Herausforderung, insbesondere dann, wenn sie keine Klangvorstellung haben. Diese Ratschläge führen, wenn überhaupt, nur zu einer minimalen Verbesserung für ein paar Minuten. Wiederholtes Hören einer natürlichen Sprechfassung auf Medium, gegebenenfalls sogar Mitsprechen, erleichtert dagegen den Lernprozess. Es dient der Entwicklung der Sprechfertigkeiten, nicht der Übernahme einer bestimmten Textinterpretation. In die gleiche Richtung zielt auch die Übung „Schlechtes Sprechen", die das IQB vorschlägt (Behrens/Eriksson 2009, S. 68). Erst liest die Lehrkraft einen Text besonders leise, dann folgt der Profivortrag vom Medium. Die Kinder erkennen, wie schwer es fällt, einer schlechten Sprechfassung zu folgen. Kriterien können schon mit Grundschulkindern hörend und sprechend erarbeitet werden (Gegner 2012; siehe Arbeitsblatt 14 ⦿). Vor einer frühen Tonaufzeichnung von Schülerleistungen, um diese dann vorzuspielen und zu verbessern, wird gewarnt, da die Konfrontation mit der eigenen Stimme zu Frustrationserlebnissen führen kann, insbesondere wenn die technischen Bedingungen des Speichermediums unzureichend sind.

Was Lautreinheit angeht, ist zu fragen, ob sie überhaupt ein vorrangiges Ziel ist. Zum einen geht es im vorliegenden Band um subjektive Begegnungen von jungen Menschen mit Literatur und nicht um die Ausbildung von Sprechkünstlern. Zu Recht weisen Müller-Dyes/Schiller (2006, S. 259) darauf hin, dass nicht das „Schönlesen" der Sinn von Klanginszenierungen ist. Zum anderen bedeutet Standardlautung auch immer Orientierung an einer Aussprachenorm zu Ungunsten regionaler Varietäten, was im schulischen Kontext eine psychologisch, pädagogisch und kulturpolitisch oft fragwürdige Entscheidung darstellt. Auch ist davor zu warnen, naiv bestimmte Stimm- und Sprechqualitäten einzufordern. Hinter stimmlichen Problemen verbergen sich möglicherweise Erkrankungen, die die Lehrkraft nicht ohne fachkundige Unterstützung diagnostizieren und behandeln kann (siehe Günther 2008).

Auch ohne einen professionellen sprecherzieherischen Lehrgang lassen sich mit einfachen Mitteln und ohne größeren Aufwand im Unterricht aller Schularten befriedigende und förderliche Ergebnisse erzielen; und dies umso besser, wenn eine Expertin oder ein Experte zu einem Workshop eingeladen werden kann oder entsprechende Angebote der Lehrerfortbildung genutzt werden.

## 2.5.3 Eine Sprechfassung erarbeiten

Über Sprechtechniken hinaus ist es eine gute Vorbereitung auf das gestaltende Sprechen, wenn Lernende zunächst für „hörendes Lesen" sensibilisiert werden, also für das „Erkennen, Benennen und Gestalten von Sprechstimmungen" (Siebauer/Lösener 2008). Dies kann mithilfe eines im Internet zugänglichen Lernparcours (http://www.loesener.de/uebungen) geübt werden. Auch Müller-Dyes/ Schiller (2006) bauen auf speziellen *Warming-up-* und Stimmgebungsübungen auf, um sich dann der eigentlichen Klanginszenierung literarischer Texte zuzuwenden, wobei sie an geeigneten, leicht beschaffbaren Texten konkret zeigen, wie Rolleninszenierungen und mimetische Inszenierungen (gemeint ist das Sprechen von lautmalerischer Literatur) erarbeitet werden können.

Für die konkrete Erarbeitung eines Textes gilt, dass Prosodie – wie erwähnt (Kapitel 1.5.4) – strukturierend und expressiv wirkt. Die Sprechenden müssen also Entscheidungen treffen, was die Struktur des Textes angeht und welche Emotionen und Stimmungen ausgedrückt und vermittelt werden sollen. Das kann bei einfachen Texten, die auf vertraute Situationen rekurrieren, automatisiert und ohne weiteres Nachdenken erfolgen, bei komplexeren Texten jedoch bedarf bei des der Überlegung beziehungsweise experimentierender Sprechversuche. Typisch ist mehrfaches, um Verstehen bemühtes Lesen bei gleichzeitigem halblauten Mitsprechen (Murmeln).

Die beste Vorbereitung der expressiven Funktion besteht darin, dass sich die Lernenden die im Text dargestellte Situation plastisch vorstellen. Es geht nicht nur um die abstrakte Erkenntnis einer „Sprechlage" (Ertmer 1996. S. 105). Die Lernenden müssen sich vielmehr intensiv imaginieren, in welcher Stimmung und Lage sich die Figur befindet, und sie müssen förmlich vor dem inneren Auge sehen, was sie in Worte fassen. Wenn dies gelingt, ergeben sich passende Stimme und Sprechweise gleichsam von selbst und die Sprecherin oder der Sprecher muss nicht krampfhaft an Tempo, Melodie und Lautstärke denken. Ein früherer Abteilungsleiter des NDR berichtet aus seiner Regiearbeit mit Kindern als Synchronsprechern, dass er die Kinder fragte: „Hast du schon einmal so eine oder eine ähnliche Situation erlebt?", um sie in die Situation emotional einsteigen zu lassen; andernfalls würde er nur eine Dressurleistung erreichen, die nicht wirke, weil sie nicht glaubwürdig sei (Buresch 2011, S. 46f.). Rufus Beck (2011) gibt den Kindern eines Vorlesewettbewerbs den Tipp: „Gutes Lesen ist Kopfarbeit. Am besten funktioniert es, wenn sich der Vorleser dem Buch und den Charakteren öffnet. […] Das Wichtigste sind das Denken und die Fantasie." Er hat einmal beschrieben, wie er die Hermine in *Harry Potter* spricht: „[Es] reicht die körperliche Vorstellung, und wenn Sie den Kopf in einer bestimmten Stellung halten, die Nase etwas höher und gleichzeitig immer nicken, dann haben Sie auch die Stimme, die Figur." (Kistner/Beck 2005, S. 64) Wenn eine solche plastische Vorstellung dessen, was man spricht und wen man spricht, nicht gelingt, spricht der/die Lernende den Text wie einen Fremdkörper, was man sofort merkt und was die Wirkung zunichte macht. Auch ist bei Gedichten die Gefahr des Leierns gegeben. Deshalb ist es die vordringlichste Aufgabe, dass die Lernenden sich gedanklich ganz in die Welt des Textes begeben. Spinner bereitete zum Beispiel den Vortrag des politischen Gedichts *Der Bauer – An seinen durchlauchtigen Tyrannen* von Gottfried August Bürger so vor (erprobt in einer Hauptschulklasse):

> „Stell dir vor, du bist der Bauer auf dem Feld. Du hast den ganzen Tag unter der heißen Sonne geschuftet. Nun kommt der Fürst in der Kutsche hier auf dem Weg vorbei, prächtig gekleidet, bequem sitzend. Sprich jetzt die erste Strophe! / Stell dir vor, du bist der Bauer und sitzt am Abend nach dem harten Arbeitstag in deiner Hütte auf der Holzbank. Vor dir ist der Tisch mit einem Stück Brot und einem Glas Wasser. Du denkst über deine Situation nach. Sprich die zweite Strophe!"
>
> (Spinner 2000, S. 109f.)

Verfahren der imaginativen Vertiefung in einen Text sind auch das Schreiben einer Vorgeschichte zu einem Text, das Anbringen von Sprechblasen oder das Verfassen einer Rollenbiografie.

Zur expressiven Funktion gehört ebenso der Hörerbezug. Sprechen gelingt besser, wenn man sich schon beim Üben ein Gegenüber vorstellt. Nochmals sei hier Rufus Beck zitiert. Auf die Frage, ob er in einem Tonstudio ins Leere spreche, antwortete er, dass er dort zwar meist allein sei, aber dass er eigentlich immer für jemanden Bestimmten spreche. „Wenn da niemand sitzt, stelle ich mir jemanden vor, habe einen Menschen vor Augen. Auch vor einem Publikum mit 10.000 Menschen nimmt man sich einen, für den man spielt." (Kistner/Beck 2005, S. 63) Außerdem beeinflussen die Vermutung, wie die Gruppe wohl den Vortrag aufnimmt, und die beabsichtigte Wirkung die Anlage des Vortrags.

Die Vorbereitung der strukturierenden Funktion besteht im Wesentlichen darin, dass die lernende Person den Text durcharbeitet und dabei vor allem

▸ Sinneinheiten erfasst und durch Pausen abgrenzt;
▸ Betonungsschwerpunkte festlegt;
▸ Melodieverläufe (besonders Hochschlüsse und Tiefschlüsse) bestimmt;
▸ den Lesetext entsprechend präpariert;
▸ mehrfach zur Probe spricht, wobei sich die Sprechfassung in der Regel weiterentwickelt;
▸ besonders darauf achtet, typische Fehler zu vermeiden.

Für die Präparation des Lesetextes wird sehr oft vorgeschlagen, Notationen, also handschriftliche Zeichen, anzubringen, von denen die folgenden besonders häufig begegnen (Menzel 1990; Pabst-Weinschenk 2000, S. 115):

| | |
|---|---|
| **Betonung:** Unterstreichen des ganzen Worts oder der Silbe | ____ |
| **Pausen:** | |
| kurze Pause im Satz | ´ |
| Atempause zwischen zwei Gedanken | / |
| lange Pause | // |
| **Enjambement:** über das Zeilen-/Versende hinweglesen | ) (rechts von der Zeile)<br>( (links von der Zeile) |
| **Melodie:** | |
| Stimme heben | ↑ (am Ende: Hochschluss) |
| Stimme senken | ↓ (am Ende: Tiefschluss) |
| Stimme in der Schwebe lassen | → |

| Weitere Hinweise zum Tempo, zur Sprechstimmung und so weiter: | |
|---|---|
| geschweifte Klammer rechts mit entsprechendem Kommentar | } *schneller werdend* |
| Lange und komplizierte Wörter, bei denen es leicht zu Versprechern kommt, in Sprechsilben aufgegliedert schreiben | *Elek-trizi-täts-werke* |

Zeichen und Kommentare zur Präparation des Lesetextes

Melodienotierungen, wie sie die Wissenschaft zur Aufzeichnung von Intonation verwendet (Stock 1996, S. 28f.; Schwitalla 2006, S. 67), sind in der Schule eher unüblich.

Die Praxis, Notationen anzubringen, ist nicht unumstritten. Befürworter sehen in ihnen eine Gedächtnisentlastung und Verschriftlichung von Sprechentscheidungen, die auf diese Weise später vergleich- und diskutierbar werden. Gegner befürchten eine Einengung der Flexibilität und Spontaneität, eine Verwirrung der Lernenden und eine zusätzliche Belastung bei der Informationsverarbeitung (Ockel 2011, S. 87). Der goldene Mittelweg kann darin bestehen,

▸ dass man den Schülerinnen und Schüler freistellt, ein individuelles Zeichenarsenal auf der Basis des vorgeschlagenen zu entwickeln: Dieses Arsenal kann durchaus entschlackt sein. Die meisten Lernenden brauchen nicht drei Pausenzeichen, sondern nur zwei (kurze Pause /, lange Pause //) und sie lassen die Stimme automatisch in der Schwebe, wenn nicht ausdrücklich Hochschluss oder Tiefschluss markiert ist. Grundsätzlich gilt: nur das Nötigste!

▸ dass man das Zeichenarsenal sukzessive entwickelt;

▸ dass man weitere Formen der Textaufbereitung empfiehlt, die größere Übersichtlichkeit mit sich bringen. So empfiehlt es sich, dass Lernende bei geringen Textmengen den Text mit dem Computer abschreiben (oder bei längeren Texten auf eine digitalisierte Fassung des Textes zugreifen) und dabei einen größeren Zeilenabstand wählen und Flattersatz herstellen. Der Flattersatz bedeutet, dass die Zeile dort, wo eine längere Pause gemacht wird, umbrochen wird (siehe Beispiel bei Müller 2006c, S. 48). So entsteht ein Schriftbild, das bei epischen Texten einen genügend breiten Rand für Notizen lässt und die Sprechpausen optisch stark betont. Außerdem beschäftigen sich die Lernenden beim Abschreiben oder zumindest beim Umbrechen sehr intensiv mit dem Text, der ihnen auf diese Weise immer vertrauter wird.

Für das Arbeitsblatt 12 ◉ wurden Ausschnitte aus Interviews mit Rufus Beck gewählt, weil er einigen Kindern und Jugendlichen positiv bekannt sein dürfte und frisch und unakademisch formuliert. Es wird davon ausgegangen, dass die Lehrkraft die einzelnen Maximen erläutert.

121

## 2.5.4 Poetische Texte vorlesen

An welcher Stelle im Unterrichtsverlauf soll die Sprechgestaltung erfolgen? Das hängt davon ab, welche Intentionen man verfolgt. Dass das laute Stegreiflesen als Textbegegnungsphase wenig sinnvoll ist, ja dass man hier nicht von Ausdruckslesen sprechen kann, wurde schon mehrfach betont. Spinner (2000, S. 101 ff.) hat herausgearbeitet, dass in der Geschichte der schulischen Sprecherziehung das Vorlesen durch Schülerinnen und Schüler unterschiedliche Funktionen hatte. In der kunsterzieherischen Tradition galt es als Beweis einer geglückten Auseinandersetzung mit dem Text: Einstimmung durch Lehrervortrag → Besprechung → Schülervortrag. In der sprecherzieherischen Tradition, zum Beispiel bei Drach, ist die sprecherische Erarbeitung zugleich der Vorgang der Texterschließung. In der Tradition des handlungs- und produktionsorientierten Literaturunterrichts lassen sich laut Spinner zwei Varianten unterscheiden: Bei Waldmann diene das Vorlesen zur Erarbeitung analytischer Kenntnisse über formale Textmerkmale und deren Funktion, bei Haas zur „sinnenhaft-affektiven Kontaktaufnahme des Lesers mit dem Text" (Spinner 2000, S. 103).

Als sinnvollste Variante erscheint es, durch das sprecherische Ausprobieren sich eine Textdeutung zu erarbeiten. Der Vortrag ist die Interpretation (so auch Payrhuber 1993, S. 50). Dazu muss jedoch der Text zunächst still erlesen und – im Wechsel mit murmelndem Sprechen – durch Zeilenumbrüche oder Notationen (siehe Kapitel 2.5.3) aufbereitet werden.

Kann dies ohne Vorbereitung gelingen? Ja, wenn der Text einfach genug ist. Andernfalls müssen Verständnishilfen gegeben werden. Es ist jedoch motivierender, wenn die Lernenden die Verständnisfragen nach dem ersten stillen Lesen selbst formulieren.

So kann es sinnvoll sein, bestimmte Wörter und Wendungen vorab zu kennen, Textmuster zu durchblicken (z.B. das Sonett), Epochenwissen zu haben, über spezifisches Vorwissen zu bestimmten Gedichten zu verfügen (z.B. im Falle von Praxisbeispiel 3.7.2 den Prometheus-Mythos oder von Praxisbeispiel 3.7.3 das *Ginkgo-biloba*-Blatt) oder sich in die Sprechsituation des Gedichts einzufühlen (z.B. bei appellativer Lyrik).

Bei sehr voraussetzungsreichen Gedichten kann also der Vortrag durchaus an das Ende der Stunde rutschen und einem analytischen Verstehensprozess folgen. Das sollte jedoch eher die Ausnahme bleiben, damit nicht die Gefahr besteht, dass der Vortrag als eigentlich unwichtiges „Deko-Element" wahrgenommen wird, mit dem man die Zeit bis zum Stundengong füllt.

Der didaktisch ergiebigste Moment ist der Vergleich (Differenzerfahrung) verschiedener Sprechfassungen: die Reflexion über die unterschiedlichen Wirkungen und die Begründung der eigenen Entscheidungen. Ganz von selbst entsteht so ein interpretierendes Gespräch, das sich nah am Text bewegt. Dabei können die Fassungen, die die Lernenden selbst erarbeitet haben, verglichen werden und zwar sowohl in Form der sprecherischen Realisation als auch in Form eines Vergleichs der Notationen: Welche Worte betont der/die eine und der/die andere? Welche Pausen werden wo gemacht? Ebenso können Hörfassungen auf Medium mit der eigenen Sprechfassung verglichen werden. Zu diesem Zweck eignet sich jede Hörfassung, auch die schlechteste. Ja, gerade die Fassungen, die Abwehrreaktionen und Widerspruch hervorrufen, sind besonders geeignet, ein lebhaftes Gespräch zu entfachen. Sie dürfen freilich nicht für eine Erstrezeption verwendet werden, sondern die Lernenden müssen sich zuvor ein eigenes Bild vom Text gemacht haben. Wegen der leichten Verfügbarkeit bietet sich dieses Verfahren besonders bei Lyrik an.

Jedoch sollte das sprechgestaltende Vorlesen nicht auf Gedichte beschränkt sein. Kurzprosa bietet dank ihres übersichtlichen Umfangs die Möglichkeit, relativ schnell zu guten Ergebnissen zu gelangen und experimentierend an Sprechfassungen zu arbeiten, und bereitet dem Leseanfänger weniger Probleme als Lyrik. Obwohl in der Primar- und Unterstufe sehr verbreitet, sollte die Praxis des vorbereiteten lauten Lesens nicht auf die unteren Jahrgangsstufen beschränkt sein. Ein einfach umsetzbares Unterrichtsbeispiel auch noch für die Jahrgangsstufe 9/10 (zu Kleists *Bettelweib von Locarno*) bietet Große (2011) und weist überzeugend nach, wie gerade durch dieses Verfahren Kleists besondere Satzkonstruktionen und Spannungsbögen bewusst gemacht werden. Hier werden Schülervorträge in einem „Casting" verglichen, der eigene Vortrag mit einem Vortrag auf Hörmedium kontrastiert und schließlich die Option aufgezeigt, den Text in ein Hörspiel zu transformieren.

Romane werden in der Schule in der Regel nur in Ausschnitten gestaltend vorgelesen, und zwar bei Buchpräsentationen und beim Vorlesewettbewerb in den 6. Jahrgangsstufen. Hier entfällt die Möglichkeit, mehrere Fassungen desselben Prä-Textes zu vergleichen. Stattdessen spielt der Hörerbezug eine umso größere Rolle. Die Lernenden müssen sich Gedanken darüber machen, wie sie vorlesen, damit die Hörenden den Textinhalt verstehen, gut unterhalten und zum eigenen Lesen animiert werden. Auch wenn die Vorbereitung zu Hause erfolgt, sollte doch an geeigneten Beispielen im Unterricht geübt werden, wie man die gewünschten Effekte erzielt.

### 2.5.5 Poetische Texte vortragen

Von einem Vortrag kann schon die Rede sein, wenn die sprechende Person noch immer das Textblatt in der Hand hat, aber so frei wie möglich spricht. Die klassische Form des Vortrags ist jedoch das Sprechen eines auswendig gelernten Textes. Früher eine Selbstverständlichkeit, ist es als angstbesetzte Drillübung mancherorts bei Lernenden und Lehrenden in Misskredit geraten. Auch mag eine Rolle gespielt haben, dass das Einprägen bestimmter kanonischer Texte zu sehr an bildungsbürgerliche Praktiken der Klassikerverehrung erinnerte. In anderen

Ländern ist man da unbeschwerter. Daniel Pennac hat in *Schulkummer* von seinem erfolgreichen Wirken als Lehrer in französischen Problembezirken geschrieben und selbstbewusst seine Methoden verteidigt, mit denen er die Sprach- und Textkompetenz seiner Schülerinnen und Schüler deutlich und nachhaltig verbesserte:

> Indem ich alle meine Schüler – von der *Sixième* bis zur *Terminale* – zahllose Texte auswendig lernen ließ (einen pro Schulwoche und jeder dieser Texte konnte das ganze Jahr hindurch täglich dran sein), warf ich sie kopfüber in den großen Strom der Sprache, der aus den Tiefen der Zeiten kommt, gegen unsere Tür andrängt und unser Haus durchflutet. (Pennac 2009, S. 142)

Davon sind wir weit entfernt, insbesondere was Prosa angeht, doch auch bei uns wird das Auswendigsprechen, zumindest von Gedichten, inzwischen deutlich differenzierter gesehen (Lösener 2007). Außerdem sollte nicht übersehen werden, dass Lernende bereits viele Texte auswendig können, die ihnen niemand aufgetragen hat: neben Werbeslogans, Witzen und Zitaten auch lange Songtexte, die sie immer wieder gehört und mitgesprochen haben, weil diese ihr Lebensgefühl besonders gut zum Ausdruck bringen. Deshalb können Hip-Hop- und Rap-Versionen klassischer Gedichte, die zum Mitsprechen einladen (z. B. siehe Praxisbeispiel 3.4.2, *Herr von Ribbeck auf Ribbeck im Havelland*), ein sehr guter Brückenbauer hin zu älterer Literatur sein.

In der didaktischen Literatur werden folgende Empfehlungen zum Auswendiglernen gegeben (Baurmann/Menzel 2006, S. 12; Lösener 2007, S. 38):

▸ Zur Erhöhung der Motivation: Die Lernenden sollen ihren Text unter mehreren Alternativen, auch fremdsprachigen, wählen können. Die Lehrkraft trifft nur eine Vorauswahl. Auswendigsprechen darf dabei nie als Strafe missbraucht werden! Es darf auch nicht als entfremdetes Abfragen der Hausaufgabe erscheinen, sondern muss als sinnvoll erachtet werden, wobei Rituale eher akzeptiert werden als Ausnahmesituationen. Und schließlich: Auch die Lehrkraft muss Texte auswendig sprechen können, sie soll dabei jedoch nicht als ein Muster verstanden werden, das es zu kopieren gilt.

▸ Zur Technik des Sich-Einprägens: Die Schüler und Schülerinnen schreiben ihren Text selbst auf und verwenden dabei Notationen. Sie lernen den Text in überschaubaren Abschnitten laut und wiederholen diese in regelmäßigen Abständen. Sie sprechen den Text von Anfang an ausdrucksvoll. Es ist kontraproduktiv, einen Text mehrmals vor sich hinzuplappern, um ihn dann irgendwann „schön" zu sprechen (Drach 1969, S. 211). Sie wechseln vielmehr zwischen Ablesen und freiem Sprechen, bis sie immer seltener auf das Blatt sehen müssen. Bewährt hat sich auch die Konfetti-Methode, bei der immer größere Teile des Textes mit Konfetti abgedeckt werden. Sie benutzen je nach Lerntyp visuelle, auditive oder handlungsorientierte Wege.

▶ Zur Vermeidung von Angst: Niemand soll zum Auswendigsprechen gezwun-
gen werden. Es ist freiwillig. Die Lernenden bereiten kleine Kärtchen vor,
die ihnen an Stellen, an denen erfahrungsgemäß „Hänger" auftreten, wei-
terhelfen. Sie bekommen bei Bedarf Hilfestellung souffliert. Es gilt als explizite Regel in der Klasse, dass niemand ausgelacht wird, sondern den Vortragenden Wohlwollen und Interesse entgegengebracht wird. Vortragssituation
und räumliches Umfeld sind vorher zu bedenken und positiv zu gestalten. Es
sollte nicht vom eigenen Platz aus und im Sitzen gesprochen werden, aber
die Sprechenden müssen sich auch nicht notwendig frontal vor der Klasse
aufstellen. Es können auch zwei Personen gemeinsam vor der Klasse stehen,
abwechselnd sprechen und sich dabei gegenseitig ansehen. Auswendigsprechen wird bewertet, aber nicht benotet. Die Kriterien werden gemeinsam erarbeitet. Falls benotet werden soll, muss der Vortrag des Gedichts entsprechend vorbereitet worden sein.

Sinnvoll ist es, das Auswendigsprechen in Projekte einzubauen, zum Beispiel
Kinder in Seniorenheimen Gedichte vortragen zu lassen oder einen Themen-
abend in der Schule zu gestalten (ausführliche Beschreibung bei Lösener 2007).

## 2.5.6 Poetische Texte szenisch sprechen

Die verschiedenen Varianten dessen, was man unter szenischem Sprechen verstehen kann, wurden schon in Kapitel 1.5.4 behandelt. Methodische Anleitungen
und Praxisbeispiele gibt es in Hülle und Fülle, sodass hier nur Beispiele vorgestellt werden sollen (geordnet nach zunehmendem Grad der szenischen Elemente).

### Ein Theaterstück hörend erarbeiten (Oberstufe)

Kampermann (1988, S. 57) führte in einer 11. Klasse ein Unterrichtsmodell zu
Dürrenmatts *Die Physiker* durch, eine Kombination aus Sprechgestalten und Hören – mit den technischen Mitteln der 80er Jahre.
    Die erste Lektüre des Dramas fand zu Hause statt. Daran schloss sich folgen-
des Vorgehen an:

> Jedes einzelne Bild (Szene) wird von zwei Leseteams jeweils für die kommende Unterrichts-
> stunde zum Vorlesen einstudiert. Im Unterricht nehmen die beiden Teams an zwei Vorlesepul-
> ten Platz, die übrigen Schüler richten sich bequem ein, um genau zuhören zu können. Die
> beiden Szenenlesungen finden ohne Unterbrechungen statt; ein Kassettenrecorder oder Ton-
> band zeichnet die Lesungen auf. Noch in der gleichen Stunde oder (bei längeren Szenen) in
> der darauf folgenden schließt sich eine Aussprache an. Dabei ergreifen zuerst die Vorleser
> selbst das Wort und berichten über die Erfahrungen, Schwierigkeiten und Diskussionen bei

der Einstudierung. Anschließend kommen die Zuhörer zu Wort. Dabei geht es vor allem um die folgenden Leitfragen:

– Was sagt die Gestaltung der Szene über die Deutung des Texts aus (Charakterisierung der Figuren, Interaktion, intendierte Aussage des Stückes)?

– Ist der Vortrag den Absichten, die die Sprecher mit ihrer Erarbeitung zum Ausdruck bringen wollten, gerecht geworden?

– [...] Nach Bedarf können einzelne Passagen zur genaueren Untersuchung noch einmal abgespielt werden. (Kampermann 1988, S. 57))

Die Ergebnisse werden in Protokollen festgehalten. Auch eine sinnvolle Klausur kann abschließend gestellt werden. Vor allem aber konstatierte die Lehrkraft in den Auswertungsgesprächen, dass die Lernenden am Schluss große Teile des Stücks auswendig beherrschten und sich durch den Vortrag sowohl der Besonderheiten der Dialogführung als auch des tragikomischen Charakters des Stücks bewusst geworden waren.

### Spoken Word Poetry nachsprechen (Mittel-und Oberstufe)

Die zurzeit attraktivste Form vorgetragener Literatur stellt sicher der *Poetry Slam* dar. Da es sich hier um selbst verfasste Texte handelt, tut sich für den Deutschunterricht neben Hören und Sprechen auch noch die Dimension der Textproduktion auf. Anfangen kann man jedoch auch schon mit dem Nachsprechen, selbstverständlich im Stehen und besonders rhythmisch (Praxisbeispiele 3.5.3, *Sommersonne*, und 3.6.2, *fernsehabend*). Einfache weitere Schritte zur eigenen Performance zeigen Anders/Abraham (2008) auf.

### Eine Ballade zu einem Hörbild umgestalten (Unter- und Mittelstufe)

Es handelt sich hier um einen Methoden-„Klassiker", bieten sich doch Balladentexte wegen ihrer dramatischen Elemente gut zur Verlebendigung an. In Bergers (2004) Unterrichtsmodell wird Fontanes *Brück am Tay* effektvoll gelesen und mit selbst erzeugten Geräuschen untermalt. Aber auch die Erstellung einer „Sprechpartitur", bei der die Verse auf verschiedene Sprecherinnen und Sprecher aufgeteilt werden, bietet sich an (Lösener/Siebauer 2011, S. 70 f.).

### Einen Erzähltext umschreiben und als „Lesetheater" aufführen (Primarstufe und Unterstufe)

Nix (2006) hat diese Methode, die aus dem angelsächsischen Raum stammt, beschrieben. Dabei wird von der Lehrkraft, später auch von den Lernenden, ein Erzähltext in ein einfaches Rollenskript umgeschrieben (mit Erzählern und Figuren). Durch wiederholtes Lautlesen gelangen auch schwache Leser zu Fortschritten bezüglich Leseflüssigkeit und Leseverstehen.

Eine sehr einfache Vorstufe, bei der Kinder die Erzählung *Lassmich* von Gudrun Pausewang in Rollen sprechen, findet sich in der Handreichung des IQB (Bremerich-Vos/Granzer/Behrens/Köller 2009, dort auf CD-ROM).

**Vortrag eines unveränderten Textes in Gruppen, Einbeziehung des Raums (Mittelstufe)**

Spinner schlägt für das Gedicht *Tränen des Vaterlands, Anno 1636* von Gryphius folgenden Arbeitsauftrag vor (erprobt in einer 8. Jahrgangsstufe Realschule):

> Bereitet in der Gruppe einen Vortrag des Gedichts vor! Dazu müsst ihr euch überlegen, wie ihr den Text aufteilt: Wer spricht welche Wörter/Sätze/Verse? Einzelne Teile des Textes können auch von mehreren Sprechern gleichzeitig gesprochen werden! Überlegt euch ferner, wie ihr euch im Raum verteilt. Ihr dürft den ganzen Raum benutzen. Wenn ihr wollt, könnt ihr auch mit Bewegungen arbeiten. Ziel sollte es sein, dass durch euren Vortrag das Gedicht möglichst intensiv zur Geltung kommt. Wenn ihr im Gedicht etwas nicht versteht, könnt ihr mich fragen.
>
> (Spinner 2000, S. 108)

**Einen Rezitationsabend mit einfachen Bühnenelementen durchführen (Primar- und Unterstufe)**

Wittmann/Koch-Wittmann beschreiben die Durchführung eines thematischen Rezitationsabends in der Unterstufe, bei dem einfache, aber effektvolle Mittel zum Einsatz kommen. Das Thema der Aufführung hieß – an sich wenig spektakulär – „Tageszeiten":

> Zu Beginn kommen alle Mitwirkenden in den dunklen Zuschauerraum hineingestolpert und rezitieren dabei mit verteilten Rollen *In der Dunkelheit* (Original: *Im Nebel*) von Josef Guggenmos. Bis auf zwei Schüler nehmen alle außerhalb der Bühne Platz; die beiden Schüler gehen auf die Bühne und lesen abwechselnd bei Taschenlampenlicht [...] Franz Hohlers *Eine wilde Nacht* vor. Stimmung: gruselig. [...] Die nächste Tageszeit [...] bringt auch das nächste Gedicht zum Vortrag: Aus dem abgedunkelten Schummerlicht wird das Publikum mit *Morgensonne* von Joachim Ringelnatz herausgerissen – ein Text für temperamentvolle Schüler mit lauter Stimme ... Eine Malerin/ein Maler erscheint mit Staffelei und liest/rezitiert *Ich male mir ein Frühjahr* von Wolfgang Menzel.      (Wittmann/Koch-Wittmann 2011, S. 46)

## 2.5.7 Eine Lesung auf Hörmedium erstellen

Zwei grundsätzliche Fragen sind zu unterscheiden, zum einen eine technische, zum anderen eine inhaltliche. Auf der technischen Seite geht es um die Frage, wie das Ergebnis auf einem Trägermedium gespeichert werden kann. Dies soll am Beispiel des Hörspiels in Kapitel 2.5.8 gezeigt werden.

Auf der inhaltlichen Seite geht es primär darum, welcher Text in welcher Aufbereitung gesprochen werden soll. Die scheinbar einfachste Form ist die reine Lesung eines Textes, das heißt, es gibt für einen Text nur einen Sprecher oder eine Sprecherin und außer der Stimme werden keine weiteren Mittel eingesetzt. Bei Grundschulkindern ist dies jedoch nur die *scheinbar* einfachste Lösung, denn mehrere Rollen zu sprechen und stimmlich zu differenzieren, verlangt eine Menge an emotionalen Gestaltungsmöglichkeiten ab (Langer 2007, S. 24). Mit etwas älteren Kindern kann man gute Ergebnisse erzielen, wie die Vorlesewettbewerbe der 6. Klassen immer wieder beweisen.

Auch für noch ältere Schülerinnen und Schüler kann die Lesung Teil eines attraktiven Hörmediums werden, wenn die Textkombination ein interessantes Produkt ergibt. So können sich mehrere an einem Hörmedium beteiligen und das additive Prinzip stellt keine allzu großen Anforderungen an Organisation und Technik. Kombinierbar sind beispielsweise mehrere Texte eines Autors oder einer Autorin, von Kinder- bis Allgemeinliteratur, einer bestimmten Epoche (auch verschiedene Sprachen und verschiedener Genres), einer bestimmten Gattung (auch verschiedene Sprachen), zum Beispiel Gedichte, Fabeln, Märchen, eines bestimmten Landes, einer Region oder einer Stadt, eines bestimmten Dialekts oder zu einem bestimmten Thema, zum Beispiel Liebe, Jahreszeiten, geschichtliche Ereignisse (auch verschiedene Sprachen). Das Kompositionsprinzip kann sehr unterschiedlichen Aufbaumustern folgen, zum Beispiel homogen, kontrastierend, zyklisch und so weiter.

Die Wahl von Ausschnitten oder Kürzung des Textes ist fast immer unvermeidlich, wenn es sich um längere Originalwerke handelt. Sie sind eine für den Deutschunterricht willkommene Gelegenheit, über einen Text nachzudenken. Eingriffe sollten aber auf dem Cover vermerkt werden („gekürzte Lesung", „*nach* dem Text von …), um das Bewusstsein dafür zu wecken, dass mit fremdem geistigen Gut gewissenhaft umgegangen wird. Gelesene Passagen aus literarischen Texten können von vornherein als Teil eines größeren Ganzen konzipiert sein, was dann oft zu einem sogenannten Feature führt, also zu einer Verknüpfung von diversen Genres wie Erzähltexten, Sachtexten, Interviews, O-Tönen, Musik und so weiter. Ausschnitte können mit eigenen Kommentaren versehen werden oder selbst geschriebene Verbindungstexte von einem zum anderen Element führen. Auch Lieblingstexte können auf diese Weise kommentiert werden. Hier verbindet sich das Sprechen *von* Texten mit dem Sprechen *über* Texte.

Gelesene Geschichten können mit selbst produzierten (oder importierten) Geräuschen kombiniert beziehungsweise unterlegt werden, was schon mit jungen Schülerinnen und Schülern gut und unterhaltsam gelingen kann (Cybinski 2003a). Rogge/Rogge (1999, S. 158) schlagen ein denkbar einfaches Skript vor, das drei Spalten enthält, wobei der Text in der linken, die dazu geplanten Geräusche in der mittleren und Hinweise für die Realisierung in der rechten stehen:

| Text | Geplante Geräusche | Umsetzung |
|---|---|---|
| Ein Junge hatte immer große Angst, wenn er nachts allein in der Wohnung sein musste. […]<br>Er hörte ein Rascheln und ein Knacken, als ob jemand am Fenster wäre. | Kratzen, Knacken | Mit Zweigen über raue Wand fahren, Zweige zerbrechen |

Meist verändert sich der Charakter leicht zum Szenischen hin, wenn die Figuren eines Textes auf mehrere Sprecher verteilt werden (Beispiel für die 1. Jahrgangsstufe: Werner/Gierse 2008). Auch die Vorschläge des IQB zur Verwirklichung der Bildungsstandards für die Grundschule enthalten die Aufgabe „Wir erstellen ein Minihörspiel" (Cichlinski/Granzer 2009, S. 208 f. und Begleitmaterial auf der dazugehörigen CD-ROM). Die Fabel *Der aufgeblasene Frosch* wird dort mit verteilten Rollen gelesen und aufgenommen und mittels *Audacity* (siehe S. 133) mit Musik oder Geräuschen unterlegt.

Neben dem verständlichen Wunsch der Lernenden, ein narratives Hörspiel zu schaffen, wie sie es von ihren Hörerfahrungen her kennen, sollte nicht vergessen werden, dass es auch Spaß machen kann, mit vorgefundenem Sprachmaterial (auch literarischer Herkunft) zu spielen. Hier lohnt durchaus ein Blick in ältere Publikationen, denn es geht um die kreative Idee, nicht um die veralteten technischen Bedingungen. So hat Schill (1991) das Hörspiel als Spiel mit Sprachmaterial aufgefasst und in einem Unterrichtsmodell für Viert- bis Sechstklässler Werbesprüche durch Kontrastierung, Übertreibung, Wörtlichnehmen von Aussagen und Wortspiele entlarvt. Zusammen mit Verfremdungseffekten und Textkombinationen können ältere Jugendliche eine sogenannte Hör-Collage erstellen, die Pabst-Weinschenk (2008, S. 29) definiert als „mit vielfältigen Effekten gestaltetes Audioformat, das mit Geräuschen, mit Überlagerungen von Texten und eigenwilliger Schnitttechnik und akustischen Verfremdungen eine besondere Stimmung ausdrückt". Ein inspirierendes Beispiel für die Oberstufe hat Willerich-Tocha (2004) vorgelegt. Die Lernenden beschäftigten sich mit der Erzählung *Liebe* der polnischen Erzählerin Hanna Krall. In ihren Texten geht es um Geschichten von Überlebenden des Holocaust. Die Ausführenden lasen den Text im Wechsel von Einzel- und Gruppensprechen, bauten Echoeffekte und Leitmotive ein. Sie erweiterten den Text durch Gedichte, Songs, Bibeltexte, Autobiografien und historische Darstellungen. Die Stimmencollagen und Medienmontagen mündeten einerseits in eine Live-Aufführung, andererseits in die Erstellung eines Hörbuchs (siehe auch Pabst-Weinschenk 2007).

Lesungen können in sehr einfacher Form mit Musikelementen kombiniert werden, nämlich wenn Texte und Musik im Wechsel folgen. Das muss keine langweilige Sache sein, sondern kann zu reizvollen Kontrastierungen oder Entsprechungen führen. Eine andere Variante ist die Überlagerung von Text und Musikelementen, wie sie für das Hörspiel typisch ist und dort näher behandelt wird. Wichtig ist in jedem Fall, dass rechtliche Fragen beachtet werden (siehe Anhang 2.4.14). Musik wird fast immer mit Rechten der GEMA verbunden sein. Auch Geräusche und „Atmosphären" können Urheber haben, deren Rechte zu beachten sind. Aber es gibt auch Angebote speziell für die Verwendung in Schulen. Auf der sicheren Seite ist man mit komplett eigenen Produktionen, die zu einer willkommenen Zusammenarbeit mit dem Fach Musik führen können.

## 2.5.8 Ein Hörspiel erstellen

Die szenische Lesung ist eine Zwischenstufe zwischen Lesung und Hörspiel. Sie entsteht aus der Bearbeitung eines epischen Textes und enthält neben der Erzählerrolle szenische Teile (Lesen mit verteilten Rollen). Damit nähert sie sich dem Hörspiel, das oft auch beide Elemente kennt. Es handelt sich bei szenischer Lesung und Hörspiel eher um zwei Stufen auf einem Kontinuum als um zwei verschiedene Formen, sodass sie hier in einem Kapitel behandelt werden. Im Zusammenhang dieses Buchs geht es vor allem darum, dass poetische Texte, die auch still gelesen werden können, zum Ausgangspunkt für auditive Produktionen werden. Viele Anregungen, von der Ideengenerierung bis hin zur technischen Umsetzung, gibt der Wettbewerb „Ohr liest mit", den der Börsenverein des Deutschen Buchhandles seit Jahren veranstaltet und mit einer hilfreichen Homepage begleitet (siehe Anhang). Zunächst soll die szenische Aufbereitung eines epischen Textes beschrieben werden, dann die Erstellung eines Hörspielskripts. Die technische Seite der Produktion ist in beiden Fällen im Prinzip gleich.

Die szenische Lesung eignet sich sehr gut schon für Grundschulkinder. Am Anfang steht die Bearbeitung der epischen Vorlage. Der Text sollte in seiner Originalfassung laut gelesen nicht länger als 10 bis 15 Minuten dauern und viele Dialoge enthalten (Langer 2007, S. 24). Der Text wird so umgeschrieben, gekürzt und hinsichtlich seiner „Rollen" farbig markiert, dass ein Leseskript entsteht. Das kann bei Erstklässlern durch die Lehrkraft geschehen (z. B. Emde 2007), bei etwas Älteren können hieran die Kinder selbst arbeiten, was zu einer besonders intensiven Beschäftigung mit dem Text führt. Wermke (2003) hat dies mit Fünftklässlern am Beispiel des Märchens *Vom Fischer und seiner Frau* ausprobiert und beschrieben. Sie unterscheidet die Hörspielbearbeitung des Erzähltextes in einem „Szenario", die Konzeption der akustischen Umsetzung in einer „Partitur" und die Aufnahme des Hörspiels (S. 20). Wer eine Anleitung für die Mittelstufe sucht, wird in einem älteren, aber immer noch lesenswerten Beitrag von Waldmann (1984) fündig.

Die Anforderungen an ein „richtiges" Hörspiel sind insofern höher, als hier die Erzählinstanz tendenziell in den Hintergrund tritt und für die Zuhörenden das Geschehen im Wesentlichen aus Szenen, Geräuschen und Musik ableitbar sein soll. Das erhöht den Zeitbedarf und erfordert besonderes Know-how. Die von Gattermaier (2003, S. 287) im Jahr 1999 befragten Lehrkräfte von Klassen der Jahrgangsstufe 8 in Sachsen und Bayern zeigten denn auch wenig Interesse an auditiven Verfahren. Die beiden literaturunterrichtlichen Methoden „Aus einem Text ein Hörspiel oder einen Videofilm machen" und „Zum Text eine passende Musik suchen" landeten abgeschlagen auf den beiden letzten Plätzen. Ob die Ergebnisse heute anders ausfallen würden, kann nur gemutmaßt werden, sicher ist jedoch, dass sich die Rahmenbedingungen seither deutlich verändert haben: Die technischen Realisationsmöglichkeiten sind einfacher geworden und erbringen befriedigendere Ergebnisse. Dennoch ist der Aufwand gerade für Anfänger und Anfängerinnen recht hoch, weshalb man sich nicht zu viel vornehmen sollte. „Ohr liest mit" begrenzt die Länge der Hörstücke auf maximal 7 Minuten. Ein Hörspiel von 5 bis 15 Minuten erfordert bei Lernenden der Mittelstufe einen Sprech- und Konzentrationsaufwand über die Dauer von 45 bis 90 Minuten. Für den Schnitt und die Unterlegung mit Geräuschen werden weitere 1 bis 2 Stunden benötigt (Baader 2010, S. 20). Die ausführlichste, aktuellste und beste Anleitung liegt mit der Handreichung von Baader (2010) vor, die hier nur in groben Zügen wiedergegeben werden kann, zumal Baader davon ausgeht, dass die Schüler und Schülerinnen sich die Handlung selbst ausdenken, also sich nicht auf eine literarische Vorlage beziehen.

### Erstellen des Manuskripts

Für die Kinder ist es hilfreich sich klarzumachen, dass die gesprochenen Anteile entweder Dialoge oder Monologe (Selbstgespräche) oder Erzählermitteilungen sein können. Schauplätze werden meist durch Geräusche (Atmosphären) und Musik, die Zeit ebenfalls durch Geräusche oder durch Äußerungen von Figuren verdeutlicht. Die Zahl der Figuren und Schauplätze sollte nicht zu umfangreich sein. Für die grobe Planung schlägt Baader vor, ein Raster anzulegen, in dem ganz knapp Szene für Szene Schauplatz, Geräusche und Handlung beschrieben werden:

| | |
|---|---|
| Arbeitstitel: _____ | |
| Figuren: _____ | |
| **Szene 1:** | **Szene 2:** |
| Schauplatz: _____ | Schauplatz: _____ |
| Geräusche: _____ | Geräusche: _____ |
| Was passiert: _____ | Was passiert: _____ |

Das eigentliche Skript ist in Szenen gegliedert, die jedoch ausformuliert werden. In 3 Spalten werden Figuren, Regieanweisungen (Stimmung, Atmosphäre, Geräusche) und zu sprechende Texte eingetragen (nach Baader 2010, S. 46):

| **Szene:** _____ | | | |
|---|---|---|---|
| **Nr.** | **Figur** | **Stimmung/Geräusche** | **Text** |
| 1 | Tina | Gut gelaunt<br>Vogelgezwitscher | Was für ein schöner Morgen! |
| 2 | Miriam | Mürrisch, gähnt | Lass mich schlafen, Schwesterchen, es ist doch noch halb in der Nacht. |

### Sprechrollen verteilen

Ein Rollencasting (Vorsprechen) empfiehlt sich, ebenfalls ein Durchspielen noch ohne Aufnahme, damit die Ausführenden ihre Wirkung testen. Neben Lautstärke, angemessenem Tempo, Klarheit und sinngemäßer Betonung spielen die Konzentrationsfähigkeit und die Ernsthaftigkeit eine große Rolle (Baader 2010, S. 53). An die An- und Abmoderation ist zu denken. Für das Sprechen gilt, dass die Schülerinnen und Schüler erstens insbesondere bei der Hörspielproduktion stehen, frei gestikulieren können und nicht mit dem Manuskript rascheln, weshalb Notenständer als Ablage für das Skript praktisch sind. Der Abstand vom Mikrofon entspricht dem Hörabstand der Hörenden. Daher kann man mit unterschiedlichen Entfernungen Raumeindrücke erzielen. Außerdem sollen die Schülerinnen und Schüler nicht ablesen, sondern spielen. Deshalb sollten auch Dialoge gemeinsam gesprochen werden.

### Geräusche und Musik suchen

Hörspielgeräusche können verschiedene Funktionen haben (Orte, Stimmungen, Ereignisse kennzeichnen usw.) und aus unterschiedlichen Quellen stammen: Sie können aufgenommen werden (mit einem MP3-Rekorder), selbst produziert werden (mit einfachen Hilfsmitteln, siehe zum Beispiel die Tipps bei http://www.ohrenspitzer.de) oder importiert werden (zum Beispiel von http://www.ohrenspitzer.de, http://www.auditorix.de, http://www.hoerspielbox.de, http://www.soundarchiv.com, http://www.findsounds.com – Rechte auch hier beachten!).

### Musik suchen

Musik kann ebenfalls verschiedene Funktionen haben (Intro-Funktion, Szenengliederung, Orte und Stimmungen kennzeichnen usw.), importiert oder selbst produziert werden (Rechte unbedingt beachten, siehe Kapitel 2.4.15). Auch GEMA-freie Angebote stellen bestimmte Regeln auf: http://www.gemafreiewelten.de, http://www.medienpaedagogik-praxis.de, http://www.tonarchiv.de, http://dig.ccmixter.org, http://www.soundtaxi.net, http://www.hoerspielbox.de.

### Tontechniker/Tontechnikerin bestimmen

Er oder sie kümmert sich um die Beschaffung, den Aufbau und den Anschluss der benötigten Technik. Die Verantwortlichen verfolgen die Aufnahme über Kopfhörer und kontrollieren die Aufnahmequalität, weisen also auf zu leise oder zu laute Sprechweise oder Störgeräusche hin und lassen gegebenenfalls die Aufnahme wiederholen (Baader 2010, S. 61).

### Regisseur/Regisseurin bestimmen

Die Aufgabe der Regie ist die Kontrolle der Spielqualität. Sie achtet darauf, dass natürlich und sinngemäß gesprochen wird, lässt zu diesem Zweck Passagen wiederholen und macht Verbesserungsvorschläge (Baader 2010, S. 61). Sie kann auch – möglichst im kleinen Team – ein Regiebuch führen, wie es Schau (1999, S. 64) für die Erarbeitung szenischer Interpretationen vorschlägt. In ihm werden festgehalten: die einzelnen Proben und ihre Ergebnisse, der Zeitplan, die Rollenverteilung, die Aufgabenverteilung und so weiter. Dies hilft, Vereinbarungen schnell und ohne Streitereien in Erinnerung zu rufen und temporär abwesende Schülerinnen und Schüler über die Fortschritte zu informieren.

**Aufnehmen**

Wenn man die technische Ausstattung der Schulen und Beteiligten betrachtet, kann von dem folgenden Standard ausgegangen werden: Man braucht für eine Hörmedienproduktion

▸ einen Computer mit Mikrofon- und Kopfhörereingängen und idealerweise einem USB-Anschluss;

▸ als Software ein Tonbearbeitungsprogramm wie *Audacity*, das kostenlos verfügbar und einfach handhabbar ist (http://www.audacity.de). Man kann mit *Audacity* beliebig viele Einzelaufnahmen, also Sprache, Geräusche, Musik und so weiter als Tonspuren zusammenführen, kombinieren, schneiden, anpassen, mischen und mit Effekten verfremden. Daneben gibt es im Handel erhältliche Softwareprogramme, zum Beispiel *MAGIX audio studio*. Im Zweifelsfall beraten Landesmedienanstalten (Landeszentralen für Medien) in den einzelnen Bundesländern.

▸ einen MP3-Player mit Aufnahmefunktion; ein externes Mikrofon, am besten mehrere, sowie Tisch- oder Bodenstativ für das Mikrofon;

▸ einen Kopfhörer;

▸ einen Notenständer für das Skript.

Der Aufnahmeraum sollte ruhig sein (Textilien schlucken Schall). Wer – wie dies teilweise bei Grundschulen der Fall ist – einen Klassenraum mit einem abgetrennten Nebenraum hat, kann den Nebenraum als Sprecherstudio benutzen, damit Mikrofon und Tonregie getrennt aufgebaut werden können (Langer 2007, S. 25). Vor der Aufnahme sind die Mikrofone auszusteuern und eine Probeaufnahme zu machen.

In allen Handreichungen wird empfohlen, Sprache, Geräusche und Musik getrennt aufzunehmen und nachträglich diese Tonspuren zu mischen. Allerdings sollten Dialoge gleich gemeinsam gesprochen werden, weil so die Natürlichkeit der Sprechsituation leichter erreicht wird.

Man kann ein Hörspiel chronologisch – also Szene für Szene – aufnehmen, bei größeren Produktionen kann es jedoch ratsam sein, abhängig von den benötigten Sprecherinnen und Sprechern auch die Reihenfolge zu ändern. Auf jeden Fall empfiehlt Baader einen Aufnahmeplan, der die Szene und die beteiligten Sprecher auflistet. In einer dritten Spalte wird gekennzeichnet, was fertig ist, und es kann aufgeschrieben werden, mit welcher Nummerierung die fertigen Tonträger oder Dateien versehen sind.

Schnitt, Mischung und Bearbeitung (zum Beispiel Lautstärkeanpassung, Effekte) der Tonspuren sind eine dank *Audacity* zwar auch für Laien machbare, aber doch zeitaufwändige Angelegenheit. Jedoch erfüllt das Endprodukt alle Beteiligten mit Stolz.

## 2.5.9 Eigene Hörmedien präsentieren

Es sei an dieser Stelle erneut daran erinnert, dass grundsätzlich sehr sorgfältig auf rechtliche Vorgaben geachtet werden muss. Das gilt immer dann, wenn in die eigenen Produktionen Musik, Tondokumente oder Geräusche eingebaut werden sollen, die nicht selbst hergestellt wurden, ja auch dann, wenn „nur" ein fremder Text als Grundlage dient. Aufführungen im Klassenverband sind unbedenklicher und werden rechtlich anders gesehen als solche vor einer Öffentlichkeit. Finanzielle Gewinne (z. B. durch Eintrittsgelder) dürfen nicht mit fremden Erzeugnissen gemacht werden. Wer sich informiert (siehe Anhang 2.4.14) und besser einmal mehr als einmal zu wenig nachfragt, braucht aber keine Angst zu haben.

### Präsentation im Klassenverband

Bergk hat schon 1988 darauf aufmerksam gemacht, dass und wie sich (in diesem Fall Grundschul-)Kinder mit ihren selbst erstellten Medien sinnvoll beschäftigen können. Die Kinder sprachen kleine Vorlesestücke aus der Fibel auf Kassette. Diese wurden gesammelt. Beim Vorspielen rieten die Kinder, wer gerade sprach. Oder das vorlesende Kind veränderte ein Wort und die anderen mussten dieses herausfinden. Oder sie sprachen über die Vorleseleistung, stellten Fragen und gaben Tipps. Eine effektvollere Präsentation, die mit den heutigen technischen Möglichkeiten arbeitet, hat das IQB in seine Handreichung für den Primarbereich aufgenommen (Cichlinski/Granzer 2009, S. 210 und dazugehöriges CD-ROM-Material zu Kapitel 9). Dort wird auf das Gedicht *Fips* von Christian Morgenstern Bezug genommen:

**Wir gestalten eine Folienpräsentation zu dem Gedicht ‚Fips':**
**Schritt 1:**
Arbeitet in einer Gruppe mit vier Kindern zusammen.
**Schritt 2:**
Jeder malt zu einer Strophe ein Bild. Überlegt genau, was auf dem Bild gezeichnet sein muss.
**Schritt 3:**
Danach fotografiert jeder sein Bild ab oder scannt es ein.
**Schritt 4:**
Anschließend speichert jeder im Computer sein Bild mit seinem Namen ab. Legt euch zum Beispiel auf dem Computer einen Ordner mit dem Namen „Grafik – Fips" an.
**Schritt 5:**
Jeder spricht seine Strophe betont und nimmt sie mit MP3-Player/„Audacity" auf. Beachtet dabei, ruhig, laut und deutlich zu sprechen und Pausen zu machen.
Legt einen neuen Ordner mit dem Namen „Sound – Fips" an. Speichert eure gesprochene Strophe in diesem Ordner mit eurem Namen ab.
**Schritt 6:**
Öffnet das Programm PowerPoint und bringt die vier Grafiken und vier Sounds über die Einstellung „Einfügen" in einer PowerPoint-Präsentation zusammen.
**Schritt 7:**
Stellt eure Präsentation der Klasse vor. Wie wirkt sie?"

(Cichlinski/Granzer 2009, CD-ROM)

Bei älteren Jugendlichen sollte die Reflexion über die eigene Sprechfassung größeren Raum einnehmen, zum Beispiel in Form von „Audiokommentaren" (Reflexionen zur Aufnahme einer eigenen Sprechversion) (Lösener/Siebbauer 2010, S. 72).

**Präsentation vor einer schulinternen Öffentlichkeit**
Hier ist vor allem daran zu denken, dass sich Kinder verschiedener Klassen ihre Produktionen vorspielen. Warum eigentlich nicht auch einmal eine Hörspielnacht anstelle der beliebten Lesenächte veranstalten?

**Präsentation im Netz**
Hier spricht man mittlerweile von Multimedia-Veröffentlichungen (Richards 2011) und meint vor allem in Bezug auf Audiodateien die Publikation von Podcasts. Dafür werden MP3-Dateien vom eigenen Computer auf einen Internetserver gestellt, möglichst über den schuleigenen Webserver. Ein Vorbild kann http:// portal.schul-internetradio.de sein. Hier bietet der Verein „n-21: Schulen in Niedersachsen online" Möglichkeiten, im Unterricht produzierte Audiobeiträge ins

135

Netz zu stellen und eigene Internetradio-Programme aus dem Klassenzimmer zu senden. Vergleichbares findet sich unter http://www.schulradio-bayern.de, um nur zwei Beispiele zu nennen. Immer lohnt sich der Blick in http://www.schulpodcasting.info (wo die Verbreitung von Audiodateien über das Internet gefördert wird), in http://wiki.podcast.de/Produzieren und auf den Deutschen Bildungsserver http://www.schulweb.de/de/schulradios/intro.html?kategorie=radios sowie auf http://www.primolo.de.

### Präsentation in Offenen Kanälen oder Bürgerradios

Wie Baader aus ihrer eigenen Erfahrung berichtet (2010, S. 73), kommen auch die Offenen Kanäle und Bürgerradios infrage. Sie sind neben den öffentlich-rechtlichen und den kommerziellen privaten Rundfunkanstalten seit 1980 das dritte Standbein der deutschen Medienlandschaft und stehen für technische Beratung zur Verfügung (http://www.bok.de). Dazu gibt es schon ein Unterrichtsmodell für Lernende ab der 5. Jahrgangsstufe mit einem selbst erstellten „Hörspieladventskalender" (Fabian/Enk 2007). Grundsätzlich können die Landesmedienanstalten wegen ihrer sehr guten Kenntnis der besonderen Verhältnisse im jeweiligen Bundesland als Vermittler auftreten.

## 2.5.10 Schülerleistungen beurteilen

Die Situation beim Beurteilen von „Sprechen" ist grundsätzlich etwas einfacher als beim Beurteilen von „Hören", zum einen weil es um eine produktive Leistung geht, die gut beobachtbar ist, zum anderen weil es eine eigene Bezugswissenschaft (Sprechwissenschaft) gibt, die sich um das Problem gekümmert hat, wie im schulischen Kontext gestaltendes Sprechen zu beobachten und zu bewerten ist (Hillegeist 2010). Wie schon bei der Erörterung des Beurteilens von Hörleistungen soll auch hier von einzelnen Aspekten ausgegangen werden.

### Beurteilen in Lernsituationen (förderndes Beurteilen) vs. Bewerten in Leistungssituationen (prüfendes Bewerten)

Die fördernde Beurteilung begleitet den Lernprozess insofern, als sie sich auf Zwischenstände auf dem Weg zu einem Ziel bezieht und über den erreichten Stand informiert. Sie beurteilt durchaus Produkte, aber eben nicht Endprodukte. Sie will motivieren, indem sie das, was schon gelingt, betont, und sie will Hilfestellung für die weitere Verbesserung geben, indem sie zeigt, wo noch Entwicklungsbedarf ist und wie Schwächen und Mängel abgebaut werden können.

Hillegeist (2010) unterscheidet zwei Phasen des Rückmeldegesprächs:

▸ das wertungsfreie Feedback: Hierbei erfahren die Lernenden – in diesem Fall durch andere Lernende – eine beschreibende Rückmeldung, aufgrund derer sie feststellen können, ob ihre intendierte Wirkung mit der realisierten übereinstimmt. Die Aufgabenstellung an die Beobachtenden könnte lauten: „Welche Bilder/Assoziationen hattest du, als du das Gedicht gehört hast? Was hast du dir vorgestellt, wo die Situation spielt? Wen hast du dir dabei vorgestellt? Welche Gefühle bringt die Person zum Ausdruck?" (S. 42) Wenn der Text schon selbst Hinweise auf die passende Gestaltung gibt oder vorab den Beobachtenden bekannt ist, wird es schwierig werden, Wertungsfreiheit zu erzielen. Auch die Lehrkraft kann Wertungsfreiheit wohl nur schwer glaubwürdig repräsentieren, weil die Lernenden davon ausgehen, dass sie den Text kennt und sich ein eigenes Bild gemacht hat, wie er zu interpretieren ist. Immerhin kann man darauf dringen, dass in dieser Phase unbedingt Ich-Botschaften zu formulieren sind, die klar machen, dass es um Rezeptionseindrücke und nicht um Tatsachenfeststellungen geht.

▸ die konstruktive Kritik: Hierbei geht der oder die Beobachtende „über die Wahrnehmung der erlebten Präsentation hinaus und bietet eine Empfehlung für Verbesserungen an" (S. 43). Er oder sie orientiert sich dabei an einem im Voraus vereinbarten Anforderungsprofil (Kriterienraster). Auch hier gilt, dass die Beobachtenden möglichst Ich-Botschaften formulieren und sich auf konkrete Beobachtungen stützen, nicht jedoch verallgemeinern (S. 45).

Das Beurteilen in Leistungssituationen (prüfendes Bewerten) kann in Deutschland institutionell bedingt nur durch die Lehrkraftkraft vorgenommen werden. Die Selektionsfunktion dieser Beurteilungen, die Bewertungen sind, macht es notwendig, dass die Lehrkraft justiziable Entscheidungen trifft. Der Rahmen dafür wird durch schulrechtliche Vorschriften und inhaltlich durch die Standards und Lehrpläne vorgegeben.

**Was wird überhaupt beurteilt?**
Wie schon in Kapitel 2.2 gezeigt wurde, kommen Vorlesen und Vortragen in den KMK-Standards an zentralen Positionen vor. Dabei merkt man an einzelnen Formulierungen, von welchem Kompetenzbegriff ausgegangen wird: „Wirkungen der Redeweise kennen, beachten und situations- sowie adressatengerecht anwenden: Lautstärke, Betonung, Sprechtempo, Klangfarbe, Stimmführung, Körpersprache (Mimik, Gestik)" (Sekretariat der KMK 2004, S. 8). Das Wort „kennen" bezieht sich auf deklaratives Wissen, das Wort „anwenden" auf prozedurales Wissen (Können) und das Wort „beachten" auf Problemlösungs- und metakognitives Wissen (siehe Ossner 2006). Eine Stegreifaufgabe zu sprachlichen Mitteln zu schreiben, kommt also ebenso wenig infrage, wie einen Schüler oder eine Schülerin „mal schnell", weil noch eine Note gebraucht wird, ein Gedicht aufsagen zu lassen. Ein besonderes Problem in der Prüfungssituation besteht darin, dass das Produkt, das bewertet wird, flüchtig ist – eine Eigenschaft, die es allerdings mit allen anderen mündlichen Leistungen gemein hat. Es ist die Aufgabe der Lehrkraft, durch die schriftliche Dokumentation konkreter Beobachtungen Nachvollziehbarkeit zu gewährleisten. Dennoch bleibt zu fragen,

in welchem Maße die Beurteilung sachgerecht und schülerangemessen ausfällt. Dass bei mündlichen Abschlussprüfungen stets zwei Prüfende anwesend sein müssen, verbessert die Beurteilung mündlicher Leistungen hinsichtlich ihrer Aussagekraft wesentlich.

Die Benotung von Vortragssituationen wird aus pädagogischen Gründen immer wieder mit Skepsis gesehen (z.B. Lösener 2007). Diese Skepsis ist verständlich, wenn man bedenkt, dass das, was einem als Lehrkraft wichtig ist, nämlich ästhetische Erfahrung, stark gefährdet ist durch angstbesetzten Leistungsdruck oder gar Versagenserlebnisse. Jedoch besteht dieses Dilemma auch in allen anderen Lernbereichen: Wir wollen Freude am Schreiben wecken und setzen diese durch Benotung aufs Spiel und so weiter. Im staatlichen Schulsystem kann dem nicht ausgewichen, sondern nur versucht werden, die Prüfungssituation durch gute Vorbereitung und transparente Leistungserwartungen so erträglich und berechenbar wie möglich zu machen. Zur Transparenz und zur Sicherung einer sachgerechten Beurteilung tragen Kriterienkataloge bei.

**Kriterienkataloge**

Hier stellt sich die Frage, in welche Teilleistungen das gestaltende Sprechen aufzugliedern ist und welche Maßstäbe anzulegen sind. Was die Maßstäbe angeht, so kommt man mit einem Falsch-Richtig-Schema nicht weit. Es gibt zwar vereinzelt nachweislich falsche Sprechgestaltungen, wenn zum Beispiel Gliederungssignale des Textes ignoriert werden, wie dies in Praxisbeispiel 3.7.3 (*Gingo biloba*) der Fall ist. Aber solche Fälle sind selten. Eine unhistorische Interpretation wie die des *Prometheus* durch Schefts (siehe Praxisbeispiel 3.7.2) ist nicht „falsch", sondern ein interessantes Rezeptionszeugnis und eine gewagte Uminterpretation, die künstlerisch durchaus ansprechend ist. Ist es also schon schwierig, die „falsche" Interpretation zu identifizieren, so ist es ganz unmöglich, „die" einzig richtige zu bestimmen. Es geht vielmehr um das Einschätzen von Angemessenheitsstufen, die auf mehreren Beurteilungsebenen auszumachen sind.

Aber welche Beurteilungsebenen gibt es? Die Kriterien des Vorlesewettbewerbs für die 6. Klassen haben den Vorteil eines weiten Bekanntheitsgrads, größter Übersichtlichkeit und leichter Handhabbarkeit. Dort wird unterschieden zwischen

▸ Lesetechnik: sicheres und flüssiges Lesen, wobei kleine Versprecher nicht überzubewerten sind, angemessenes Lesetempo, sinngemäße Betonung;

▸ Textgestaltung: Verständnis für Stimmung und Atmosphäre des Textes, Fähigkeit, diese an die Zuhörer weiterzugeben, keine übertriebenen schauspielerischen Darbietungen;

▸ Textverständnis: sinnvolle Auswahl und Vorstellung des gewählten Textes, Timing.

Dieser Katalog ist nicht verallgemeinerbar, weil er mit dem dritten Punkt auf die besonderen Wettbewerbsbedingungen zugeschnitten ist, nämlich dass das Kind ein der Jury fremdes Buch vorbereitet hat, aus dem es einen Ausschnitt vorliest. Außerdem eignet sich der Katalog nur für kinderliterarische, narrative Texte, bei denen meist recht eindeutig beurteilt werden kann, ob die Betonung sinngemäß ist und die Atmosphäre getroffen wird. Je anspruchsvoller und polyvalenter die Texte sind, desto schwieriger wird es, Leistungen innerhalb der genannten Beurteilungsebenen einzuschätzen.

Hillegeist (2010) schlägt im Hinblick auf Schule, aber aus sprechwissenschaftlicher Perspektive, eine Systematik von Beobachtungs- und Bewertungskriterien vor, die eine Art Baukasten darstellen will. Dabei unterscheidet sie zwischen den Anforderungssituationen „Vorlesen", „Vortragen" und „szenisches Sprechen", worauf hier aber nicht im Einzelnen eingegangen wird, weil sie die Begriffe teils anders verwendet als im vorliegenden Band und auch weil die Kriterienkataloge nur marginal differieren. Hillegeist (S. 61–83) arbeitet mit zwei Katalogen, einem für die Selbstbeurteilung der Vortragenden und für die Fremdbeurteilung durch ihre Mitschüler und Mitschülerinnen (hier Schülerkatalog genannt) und mit einem für die Lehrkraft (hier Lehrerkatalog genannt).

Beim Schülerkatalog (Beispiel „Vorlesen") werden Antwortoptionen vorgegeben, die angekreuzt und durch eigene Beobachtungen ergänzt werden können:
▸ Grundlagen: eigenes Leseverständnis, sinnerschließendes Vorlesen (Lesefertigkeit/Lesetechnik) (im Wesentlichen: Flüssigkeit);
▸ ästhetische Präsentation: sinngestaltendes Lesen (im Wesentlichen das Gestalten von „Bildern und Gefühlen"), Sprechgestaltungsmittel (z. B. Deutlichkeit, Tempo, Lautstärke, Melodie), Körperausdrucksmittel (Zuwendung zu den Zuhörern, Blickkontakt).

Beim Lehrerkatalog (Beispiel „Vorlesen") werden zwei Pole vorgegeben, die im Folgenden zitiert werden. Sie werden mittels einer Skala von 1 bis 5 bewertet.
▸ Grundlagen:
  – Textverständnis („Kein Textverständnis" – „Sichere Kenntnis des Inhalts und dessen Umsetzung in Präsentation und Gespräch")
  – sinnerschließendes Vorlesen („Stockend" – „Sinnerschließendes, flüssiges Vorlesen")
▸ ästhetische Präsentation:
  – Sprechgestaltung insgesamt („Unbeteiligtes Vorlesen" – „Sinngestaltendes, zuhörerbezogenes Vorlesen")
  – sichtbare Gestaltungskriterien: Blickkontakt („Nicht vorhanden" – „Im Zuhörerbezug"); Mimik („Unbeteiligt" – „Lebendige Ausdrucksmittel")
  – Sprechgestaltung im Detail: Verständlichkeit (Gliederung „nicht erkennbar" – „klar durchdachte Sinngliederung", Betonung „unverständlich" – „sprechdenkend, Markierung des Wesentlichen"); emotional-intentionale

139

Umsetzung (Sprechhaltung „nicht erkennbar" – „differenzierte, durch-
drungene Gesamtdarstellung"); sprechtechnische Umsetzung (Stimmklang
„eingeschränkter Ausdruck" – „klar, klangvoll, flexibel, im Zuhörerbezug",
Lautstärke „zu leise, unflexibel" – „angemessen und flexibel", Artikulation
„undeutlich, eingeschränkt" – „deutlich, verständlich, flexibel", Sprechgeschwindigkeit „zu schnell, zu langsam, zu unflexibel" – „angemessen und
flexibel", Sprechmelodie „monoton" – „lebendig, flexibel")

Dieses ambitionierte Unternehmen stellt den ersten Versuch dar, das Thema Beurteilung differenziert zu entfalten, und ist damit wegweisend. Gleichwohl wird
es noch weiterzuentwickeln sein. Beispielsweise wird nicht deutlich, woran eigentlich „Textstimmigkeit" beziehungsweise „Leseverständnis" zu erkennen
ist. Bei Hillegeist wird nur vermerkt: „Sichere Kenntnis des Inhalts und dessen
Umsetzung in Präsentation und Gespräch" (Hillegeist 2010, S. 76). Textverständnis erschöpft sich jedoch keineswegs in der Kenntnis des Inhalts. Selbst für die
Beurteilung des Verstehens einfacher kinderliterarischer Texte ist dies ein dürf-
tiges Instrument, erst recht gilt das für die Bewertung komplexer Verstehensleistungen. Auch die „textuelle Mündlichkeit des Textes" bei Lösener (2007, S. 107)
ist nur ein Teilaspekt. Eine gewisse Einsilbigkeit bezüglich der Kriterien des Text-
bezugs mag daraus zu erklären sein, dass es in beiden Publikationen in erster Linie um die Kompetenz des gestaltenden Sprechens geht. Wenn jedoch, wie im
vorliegenden Band, das Ziel die literarische Kompetenz ist und das Sprechen
ein – wichtiger – Weg dorthin, dann wird nach Kriterien zu suchen sein, die das literarische Verstehen genauer ausdifferenzieren.

Wenn die in Kapitel 2.2.1 genannten Teilkompetenzen und Aspekte literarischen Lernens Indikatoren des Verstehens poetischer Texte sind, dann sollten sie
auch bei der mündlichen Präsentation ihren Ausdruck finden. Zum Beispiel sollte deutlich werden, ob die Lernenden die Perspektive von Figuren nachvollzie-
hen können. Dabei ist es nicht so wichtig, mit welchen sprecherischen Mitteln im
Einzelnen die Schülerinnen und Schüler dies erreichen, sondern nur, dass sie es
tun. Also ist es nicht so wichtig, ob sie die Figur besonders schnell oder besonders
hoch oder besonders undeutlich sprechen, sondern es ist allein wichtig, dass das
Figurenmerkmal „hektisch" sprecherisch zum Ausdruck kommt.

Aber – so ist sogleich zu fragen – kommt hier nicht doch ein zu dogmatisches
Textverständnis ins Spiel, das von „der" richtigen Lösung ausgeht? Werden hier
nicht individuelle und subjektive Zugänge vereitelt? Ist es nicht gerade der Reiz
der konkretisierenden, handlungs- und produktionsorientierten Verfahren im Literaturunterricht, dass sie sehr verschiedene Interpretationen zulassen? Hier erscheint der Begriff der „wissenden Subjektivität", den der Sprechwissenschaftler
Geißner (1981, S. 180) geprägt hat, angebracht. Subjektive Interpretationen sind
erwünscht, aber sie müssen begründet werden können, möglichst mit Rückbezug
auf den Text. Die KMK-Standards fordern schon für den Abschluss der Primarstufe:

- Zentrale Aussagen eines Textes erfassen und wiedergeben
- Aussagen mit Textstellen belegen
- Eigene Gedanken zu Texten entwickeln, zu Texten Stellung nehmen und mit anderen über Texte sprechen. (Sekretariat der KMK 2005, S. 12)

Für den Mittleren Schulabschluss heißt es: „Eigene Deutungen des Textes entwickeln, am Text belegen und sich mit anderen darüber verständigen" (Sekretariat der KMK 2003, S. 14).

Ein zunehmender Grad der Bewusstheit und der argumentativen Begründung künstlerischer Entscheidungen wird erst mit fortschreitender kognitiver Entwicklung erwartet werden können. Bei noch sehr jungen Kindern wird man darauf verzichten beziehungsweise sich mit Bezügen zur eigenen Erlebniswelt zufriedengeben. Aber einfach Sprechgestaltungen autoritativ von Lehrerseite zu beurteilen, ohne dem Kind im literarischen Gespräch die Gelegenheit zur Erläuterung gegeben zu haben, würde dem diskursiven Charakter des Literaturunterrichts keineswegs gerecht. Deshalb sollte in die Bewertung sprechgestaltender Leistungen auch die Fähigkeit zu deren Begründung mit einbezogen werden. So können zum Beispiel bei sogenannten „Audiokommentaren" (Lösener/Siebauer 2011, S. 72) die Kommentare eine zu bewertende Ebene darstellen, nicht nur die Sprechgestaltung.

Im Anschluss an die theoretischen Grundlagen in Kapitel 1.5.4 wird ein Kriterienkatalog vorgeschlagen, der sich in einem Dreieck aus sprechender Person, Text und Hörer bewegt und von folgenden Kompetenzen ausgeht:

▸ Textkompetenz: Die Sprechenden müssen sich mit dem Text auseinandergesetzt und ein Verständnis aufgebaut haben, egal ob dies nun intuitiv, reflektiert, vor oder während der Sprechversuche erfolgt ist. Sie müssen den Text inhaltlich, sprachlich und als Textganzes wahrnehmen und eine Interpretation aufbauen.

▸ Sozialkompetenz: Zugleich müssen sie an die Zuhörenden denken und überlegen, welche Bedürfnisse und Voraussetzungen diese mitbringen. Sie werden auch überlegen, welche Wirkungen sie erzielen wollen und wie sie dabei im Hinblick auf Zuhörende und Situation vorgehen müssen.

▸ Sprechkompetenz: Um ihr Textverständnis ausdrücken und um sich sprechend auf die Zuhörenden einstellen zu können, brauchen die Sprechenden *spezifische* Sprechkompetenz. Darüber hinaus müssen sie über eine grundlegende, situationsunabhängige Sprechkompetenz verfügen, die zum Beispiel darin besteht, einen Text flüssig vorzulesen und eine offene Körperhaltung einzunehmen.

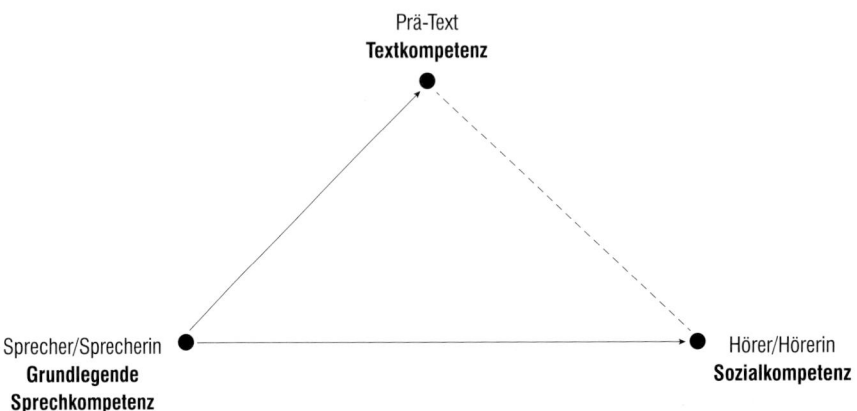

Kompetenzen für einen Kriterienkatalog zur Leistungsbeurteilung

Jede der drei Kompetenzen ist wichtig für eine gelungene Leistung, denn ohne Textverständnis kann man nicht stimmig sprechen, ohne Sprechkompetenz kann man sein Textverständnis nicht realisieren, ohne Sozialkompetenz kann man das Auditorium nicht erreichen. Die gestrichelte Linie in der Grafik soll lediglich bezeichnen, dass der Hörer oder die Hörerin dank der Kompetenzen der sprechenden Person – im besten Fall – ein passendes Textverstehensangebot bekommt. Ob die hörende Person den Text wirklich verarbeiten kann, hängt aber nicht allein von den Kompetenzen der sprechenden Person ab.

Im Einzelnen gehören zu den Kompetenzen unten aufgeführte Teilkompetenzen und -fähigkeiten. Wie sie sich sprecherisch manifestieren, wird rechts vermerkt. Die Auflistung bezieht sich auf das Vorlesen epischer Texte in Lernsituationen. Für den Vortrag von Gedichten oder andere Situationen wären Anpassungen vorzunehmen.

| Textkompetenz | Sprecherische Kompetenzen |
|---|---|
| **Ebene des Inhalts:** | |
| Fähigkeit, sich Schauplatz und Geschehen plastisch vorzustellen | Der/die Lernende passt die Sprechweise den Teilstimmungen des Textes an. |
| Fähigkeit, die Perspektive von Figuren nachzuvollziehen | Der/die Lernende spricht die Figuren unterschiedlich und kontextangemessen (muss aber nicht „performen"). |
| Verständnis der Narrativik | Der/die Lernende arbeitet Erwartungsbrüche, Spannungsaufbau und Pointen sprachlich heraus. |

▶

| Ebene der sprachlichen Gestaltung: | |
|---|---|
| Verständnis der sprachlichen Elemente (Wort- und Satzverstehen) | Der/die Lernende spricht ungewohnte Wörter und Satzkonstruktionen richtig aus. |
| Fähigkeit, sprachliche Besonderheiten und ihre Funktion wahrzunehmen | Der/die Lernende gestaltet auffällige sprachliche Merkmale bewusst, z. B. Alliterationen, Lautmalerei, Wiederholungsfiguren. |
| Fähigkeit, sprachliche Gliederungssignale zu verstehen | Der/die Lernende berücksichtigt sprecherisch explizite Oppositionen, Reihungen usw. |
| Fähigkeit, den Rhythmus des Textes wahrzunehmen | Der/die Lernende passt die Sprechweise dem Rhythmus des Textes an. |
| **Ebene des Textganzen:** | |
| Verständnis für die Textsorte | Der/die Lernende spricht passend zur Textsorte, z. B. ein Märchen, oder konterkariert bewusst die Textsorte. |
| Fähigkeit, Darstellungsstrategien und Wirkungsintentionen zu identifizieren | Der/die Lernende spricht passend zur Darstellungsstrategie, z. B. Ironie, und zur Wirkungsintention, z. B. Appell, Satire, oder konterkariert bewusst. |
| Fähigkeit, eine kohärente Interpretation aufzubauen | Der/die Lernende hält den sprecherischen Interpretationsansatz durch. |

| Sozialkompetenz | Sprecherische Kompetenzen |
|---|---|
| Ebene der akustischen Verständlichkeit | Der/die Lernende spricht laut genug, deutlich genug und langsam genug, sodass ihn/sie die anderen verstehen können. |
| Ebene des Personenbezugs | Der/die Lernende nimmt immer wieder Blickkontakt mit den Zuhörenden auf, fixiert aber niemanden, sondern lässt den Blick ruhig schweifen. |
| Ebene der inhaltlichen Verständlichkeit | Der/die Sprechende schafft es, dass die Zuhörenden gut mitdenken und den Text verstehen können. Wenn er/sie dies nicht erreicht, kann dies liegen an: zu schnellem Sprechen, zu wenigen Pausen, falschen Betonungen, zu geringer stimmlicher Abwechslung. |
| Ebene der Unterhaltung | Der/die Sprechende schafft es, dass die Zuhörenden den Vortrag interessant und nicht langweilig finden. |

| Grundlegende Sprechkompetenz | Sprecherische Kompetenzen |
|---|---|
| Ebene der Sprechflüssigkeit | Der/die Lernende spricht flüssig, nicht stockend, überspringt keine Wörter und Zeilen, verliert nicht den Anschluss nach Blickkontakt. |

▶

| Ebene der Versprecher | Dem/der Lernenden unterlaufen wenige Versprecher. Mit denen, die vorkommen, kann er/sie gelassen umgehen. |
| Ebene von Mimik und Gestik | Der/die Lernende begleitet das Sprechen mit natürlicher, lebendiger Mimik und Gestik. |
| Ebene der Körperhaltung | Der/die Lernende nimmt eine offene Körperhaltung ein. |

Auf dieser Basis kann nun ein Kriterienkatalog (Arbeitsblatt 15 ⊙) entwickelt werden, der von der Funktionalität der eingesetzten Mittel ausgeht und diese nicht absolut setzt. Es gibt nämlich keinen absoluten Wert, der „Pausen machen" heißt, denn Pausen können auch an der falschen Stelle stehen. Aber Pausen sind von Wert in Hinblick auf Textstruktur und Hörerbezug. Wenn dies begriffen wird, brauchen die Lernenden nicht krampfhaft an Pausen zu denken, sondern nur daran, wie sie das Textverständnis ausdrücken und den Zuhörern und Zuhörerinnen Zeit geben mitzudenken. Dann folgen die Pausen als logische Konsequenz. Deshalb treten in dem Katalog die Sprechausdrucksmittel auch nicht als eigener Block auf, sondern sie sind den beiden primären Funktionen Textverständnis und Hörerbezug zugeordnet. Das Schema hat zudem den Vorteil, dass die Lehrkraft die sprechgestaltende Leistung als Manifestation literarischen Verstehens werten kann (Textkompetenz), ebenso wie eine schriftliche Leistung.

Bei der Herstellung von Hörmedien kommen neben der sprecherischen Leistung auch technische Kriterien zum Tragen. Pabst-Weinschenk (2008, S. 14) schlägt für die Aufgabe „Buchvorstellungen als Podcast" vor:
▸ Informationsgehalt (entspricht der oben genannten Kategorie Textkompetenz);
▸ Unterhaltungswert (entspricht der oben genannten Kategorie Sozialkompetenz/Hörerbezug);
▸ angemessene akustische Gestaltung (entspricht der oben genannten Kategorie Sprechkompetenz, bezieht sich aber auf noch andere akustische Elemente);
▸ technische Umsetzung (neue Kategorie: technische Kompetenz).
Für die Erstellung eines Hörspiels empfiehlt sich ein prozessorientiertes Beurteilen (siehe nächste Seite).

Sehr oft wird vorgeschlagen, Kriterienkataloge nicht vorzugeben, sondern gemeinsam mit den Schülern und Schülerinnen zu entwickeln. Hier kann genauso argumentiert werden wie bei Kriterienkatalogen für schriftliche Leistungen: Je stärker die Lernenden bei der Genese des Katalogs eingebunden sind, umso plausibler erscheinen ihnen die Kriterien und umso bereitwilliger werden diese akzeptiert. Da sie jedoch nicht notwendig über das Vokabular und die systematischen Kenntnisse verfügen, um die Kriterien benennen zu können, kann ihnen ein Begriffsspeicher mit diversen Kriterien gegeben werden, aus dem sie auswählen, was ihnen besonders einleuchtend erscheint. Der Kriterienkatalog kann

„mitwachsen", wenn er in Form von Kärtchen an einer Pinnwand befestigt wird. Die Schüler und Schülerinnen so früh wie möglich in die Erstellung von Kriterienkatalogen einzubinden, hat auch den Vorteil, dass sie sich in allen Phasen heranziehen lassen. Hillegeist (2010, S. 50) unterscheidet:

| Phase | Kriterien als: |
|---|---|
| präkommunikative Phase: | ▸ Vereinbarung zur Beobachtung der Leistung<br>▸ Orientierungshilfe zur Erarbeitung der Präsentation |
| kommunikative Phase | ▸ Mittel der Beobachtung von Präsentationen |
| postkommunikative Phase: | ▸ Mittel zur Beschreibung der Präsentation<br>▸ Leitfaden zur Feststellung der Fähigkeiten des/der Lernenden<br>▸ Orientierungshilfe mit Verbesserungsmöglichkeiten zur Förderung des/der Lernenden |

(Quelle: Hillegeist 2010, S. 50)

**Prozessorientiertes Beurteilen vs. produktorientiertes Beurteilen**

Ebenso wie bei schriftlichen Leistungen lassen sich auch bei mündlichen Prozess- und Produktperspektive unterscheiden. Die Prozessperspektive ist vor allem überall dort sinnvoll, wo zum einen eine ähnliche Aufgabe mehrfach im Jahr oder über mehrere Jahre hinweg auftaucht (dies ist beim Vorlesen und Vortragen in den Lehrplänen diverser Bundesländer der Fall), und zum andern, wo ein längerer Vorbereitungsprozess, der Phasen der Überarbeitung einschließt, zu einem Produkt führt.

Die Fortschritte, die auf der Zeitachse erzielt werden, die Anstrengungsbereitschaft und Lernfähigkeit der Schülerinnen und Schüler, ihre Selbstreflexion: all dies sind Elemente, die bei einer prozessorientierten Beurteilung relevant sind. Arbeitsblatt 15 ⊙ enthält deshalb einen zweiten Teil, der es der Lehrkraft ermöglicht, den Prozess im Rahmen einer Aufgabe zu berücksichtigen. Auch der Selbstreflexionsbogen (Arbeitsblatt 16 ⊙) enthält prozessuale Komponenten. Es ist in der Schulpraxis noch nicht verbreitet, mündliche Leistungen in einem Portfolio zu sammeln, wie dies mit geschriebenen Texten schon vielfach geschieht. Gleichwohl werden vom IQB solche „mündlichen Portfolios" (Bremerich-Vos/Granzer/Behrens/Köller 2009, S. 50) ausdrücklich empfohlen. Wem dies ein zu großer Aufwand ist, der kann zumindest sammeln:

▸ verschiedene Fassungen eines mit Notationen aufbereiteten Textes mit einer Reflexion der Veränderung,
▸ mehrere Texte, die für das Sprechen vorbereitet wurden,
▸ Selbst- und Fremdbewertungsbögen,
▸ Lerntagebücher zum gestaltenden Sprechen,
▸ Dokumentationen von Projekten zum gestaltenden Sprechen.

Am einfachsten ist die Prozesshaftigkeit zu beobachten und zu dokumentieren, wenn ein Hörmedium erstellt wird, weil dort die Fixierung der verschiedenen Fassungen und Stadien zum Entstehungsprozess dazu gehört. Baader (2010, S. 71) schlägt die drei Kategorien „Sprachkompetenz", „Team- und Selbstkompetenz" sowie „Medienkompetenz" vor. Zur Sprachkompetenz gehören sowohl Sprechen als auch Schreiben, zur Team- und Sozialkompetenz gehört etwa, dass Aufgaben freiwillig übernommen werden, dass die nötige Ernsthaftigkeit gezeigt wird, zur Medienkompetenz, dass die Schülerinnen und Schüler sich mit der Technik auseinandersetzen und schonend mit den Geräten umgehen.

**Selbst- vs. Fremdbeurteilen**
In Hillegeists (2010) Beurteilungsmodell spielen alle drei Varianten eine gleichwertige Rolle: die Selbstbeurteilung der Lernenden, die Fremdbeurteilung durch Mitlernende, die Fremdbeurteilung durch die Lehrkraft. Die ersten beiden sind in Lernsituationen besonders sinnvoll, weshalb mit Arbeitsblatt 16 ein Selbstreflexionsbogen vorgeschlagen wird. Damit die Fremdbeurteilung durch die Mitschülerinnen und Mitschüler konstruktiv und nicht destruktiv erfolgt, kann ein Rückmeldeverfahren, wie es bei der Textproduktion die „Textlupe" darstellt, sinnvoll sein (Arbeitsblatt 17 ◉). Für die Fremdbeurteilung durch Mitschülerinnen und Mitschüler kommt vor allem die Kategorie „Hörerbezug" zum Tragen, sofern sich diese nicht auch mit dem Text intensiv auseinandergesetzt haben. Die beigefügten Arbeitsblätter mit Kriterienkatalogen beziehen sich auf die Sekundarstufe und auf das Vorlesen von epischen Texten. Sie sind für jüngere Kinder und andere Aufgaben entsprechend anzupassen.

# 3 Praxisbeispiele

## 3.1 Die Praxisbeispiele im Überblick

Die Synopse auf S. 198 f. zeigt, welche Kompetenzen oder Aspekte literarischen Lernens schwerpunktmäßig gefördert werden. Die Begründung findet sich beim jeweiligen Unterrichtsmodell. Wenn etwas nicht angekreuzt ist, heißt dies nicht notwendig, dass der Punkt irrelevant wäre; zum Beispiel findet bei jedem Hörvorgang Vorstellungsbildung statt, aber manchmal gleichsam nebenbei und manchmal als bewusst angestrebtes Ziel des Lernarrangements. Die Synopse soll zum einen eine klare Vorstellung davon geben, was jeweils intendiert ist, zum anderen soll sie die Möglichkeit spiralcurricularen Vorgehens eröffnen. Die zweite Synopse (S. 200 f.) ermöglicht einen Überblick über die Gattungen und Formen.

## 3.2 Praxisbeispiele für das 1. und 2. Schuljahr

### 3.2.1 Ein Hörbuch zum Bilderbuch hören
(Martin Waddell, Barbara Firth: *Gehen wir heim, kleiner Bär*)

**Aufgabenstellung**

Die Schülerinnen und Schüler betrachten im Sitzkreis die Bilder des Bilderbuchs und hören dazu die Lesung. Die Lehrkraft sollte die CD anhalten, wenn die Kinder sich spontan äußern wollen. Sie hören dann nochmals mit geschlossenen Augen und in entspannter Sitzhaltung. Sie sprechen über eigene Hörerfahrungen in der Natur oder bei unheimlichen, zunächst undefinierbaren Geräuschen an welchen Schauplätzen auch immer. Zwei Kinder spielen die Handlung zur CD nach und die anderen machen dazu passende Geräusche.

**Erläuterungen**

Das schon zum Klassiker avancierte Bilderbuch erzählt von dem gemeinsamen Heimweg des großen und des kleinen Bären (Vater und Sohn) durch den verschneiten Wald. Der kleine Bär bleibt immer wieder stehen, weil er Geräusche hört und dahinter ein Monster vermutet, aber der Vater erklärt ihm die natürliche Ursache der Geräusche. Schließlich nimmt er den kleinen Bären auf die Schultern und trägt ihn heim. Dort – bei der Gutenachtgeschichte – lassen die beiden die Geräusche nochmals an sich vorbeiziehen. Die zum Buch produzierte CD, die von einem Erzähler gesprochen wird und mit Geräuschen unterlegt ist, ist mittlerweile kein Geheimtipp mehr, werden doch hier nicht nur ansprechende und kindgerechte Hörerlebnisse ermöglicht, sondern auch das Horchen, Lauschen und Hörverstehen thematisiert.

**Kompetenzen, Aspekte literarischen Lernens**

▸ *Wechselbeziehung von subjektiver Involviertheit und genauer Wahrneh-*

*mung:* Die Kinder identifizieren sich mit dem kleinen Bären, aber sie werden durch mehrfaches Hören auch auf die Eigenart des Textes gelenkt.

▸ *Aufmerksame Wahrnehmung sprachlicher Gestaltung:* Durch die wörtlichen Wiederholungen und die Repetition von Handlungsmustern werden die Kinder mit gestalteter Sprache bekannt gemacht.

▸ *Nachvollzug der Perspektiven literarischer Figuren:* Die Kinder sehen ein und dasselbe Geschehen mal aus der Sicht des naturmagisch denkenden kleinen Bären, mal aus der Sicht des rational-aufgeklärten großen Bären.

▸ *Verständnis der Handlungslogik:* Durch die sich wiederholenden Handlungsschritte erkennen die Kinder die Handlungslogik der Erzählung.

▸ *Ästhetische Wahrnehmung:* Die rhythmische Gestaltung fordert dazu auf, sich zur CD zu bewegen.

### Materialien

Benötigt werden die Hör-CD und das Buch, beide trotz des Alters gut erhältlich und eine sehr empfehlenswerte Anschaffung:

▸ Martin Waddell: *Gehen wir heim, kleiner Bär.* Gesprochen von Frank Hofmann. Hamburg: Jumbo 1997 (Neuauflage 2007)

▸ Martin Waddell, Barbara Firth: *Gehen wir heim, kleiner Bär.* Wien, München: Beltz, 1991

Für Anregungen zum szenischen Spielen empfehlen sich: Bernius/Gilles 2004, S. 79 sowie die Erläuterungen zum „Hörspielset Kindergarten" für Hörclubs der Stiftung Zuhören, http://www.stiftung-zuhoeren.de.

## 3.2.2 Ein Gedicht hören und gestaltend sprechen (Paula Dehmel: *Rumpumpels Geburtstag*)

### Aufgabenstellung

Die Kinder hören das Gedicht mehrfach, agieren zum Text, sprechen den Refrain mit. Dann lesen sie im Text mit. Die Kinder lernen den Text auswendig und sprechen ihn mit verteilten Rollen gestaltend. Sie ehren ein Geburtstagskind, indem sie das Gedicht vortragen und den Namen des betreffenden Kindes einsetzen.

### Erläuterungen

Paula Dehmel (1862–1918) gehört zu den zu Unrecht weitgehend vergessenen Meisterinnen der Kinderlyrik. Das Gedicht eröffnet viele Möglichkeiten, die Stimme gestaltend einzusetzen, hat einen Refrain, den alle mitsprechen können, und bietet sich an Geburtstagen als Gelegenheitsdichtung an. Im Refrain „Guten Morgen, Rumpumpel, dein Geburtstag ist heut" muss nur „Rumpumpel" ersetzt werden durch „liebe/r (Name des Kindes)". „Vater und Mutter" in Strophe 5 können ebenfalls angepasst werden.

**Kompetenzen, Aspekte literarischen Lernens**

▸ *Wechselbeziehung von subjektiver Involviertheit und genauer Wahrnehmung:* Den Kindern ist die Situation des Gratulierens und Beglückwünscht-Werdens aus ihrem Leben vertraut und emotional positiv besetzt. Gleichzeitig wird diese Situation mit ungewohnten Bildern kombiniert.

▸ *Aufmerksame Wahrnehmung sprachlicher Gestaltung:* Das Gedicht arbeitet mit einem Refrain, der in der letzten Strophe abgewandelt wird. Zugleich fordert es bewusste Sprechgestaltung bei der stimmlichen Realisierung der Tiere und des Kuchens.

▸ *Ästhetische Wahrnehmung:* Das Gedicht enthält Parallelismen und Anaphern, die den besonderen Klang und Rhythmus ausmachen und beim Sprechen deutlich werden.

**Materialien**

▸ Tondokument: Lesung, Track 1 ◉
▸ Arbeitsblatt 17 ◉ (Textblatt)

**Hinweise für die Lehrkraft**

Die Kinder hören das Gedicht mehrfach und agieren zum Text, indem sie die Bewegungen der Tiere und das Verhalten des Kuchens pantomimisch nachahmen. Sie sprechen den Refrain mit. Dann lesen sie simultan den Text. Sie sprechen mit und ahmen die Gestaltung der Sprecherin nach. Schließlich versuchen sie selbst vom Blatt zu lesen und dabei sprecherisch zu gestalten. Das dürfte nicht schwer fallen, da ihnen der Text inzwischen vertraut ist. Weiterer Verlauf: siehe „Aufgabenstellung".

## 3.2.3 Zu Sprache und Musik Imaginationen entwickeln (Brüder Grimm: *Der Froschkönig*)

**Aufgabenstellung**

Die Kinder lauschen dem Anfang der Erzählung. Bei dem folgenden Kammermusikstück lassen sie ihren Imaginationen freien Lauf, verarbeiten das Gehörte und antizipieren Kommendes.

**Erläuterungen**

„Klassische Musik und Sprache erzählen" lautet das Motto der Edition See-Igel, eines kleinen Verlags, der sich auf die Produktion ganz besonderer Kinderhörmedien spezialisiert hat: Die Lesung eines Erzähltextes erfolgt abschnittsweise im Wechsel mit Kammermusik. Erschienen sind bisher im Wesentlichen klassische Volks- und Kunstmärchen sowie von der Verlegerin selbst verfasste Märchengeschichten, zu denen es auch Bilderbücher gibt. Stets sind erstklassige Künstler und Künstlerinnen am Werk; die Musikstücke werden eigens für die Produktionen eingespielt. Es ist kein Wunder, dass ein solcher Verlag, der auf Klasse statt Masse setzt, hochrangige Auszeichnungen und Preise erhalten hat (zum Beispiel einen Klassik-Echo). Im vorliegenden Fall wird das bekannte Märchen durch Samuel Weiss gelesen. Die Musikstücke stammen aus dem 17. und 18. Jahrhundert (Händel, Stradella, Finger u. a.) und dem 20. Jahrhundert (Kagel, Ligeti). Die Mischung scheint gewagt, jedoch verblüfft die neue Wort-Musik-Synthese durch ihre Stimmigkeit, obwohl oder gerade weil auf eine quasi-naturalistische Verdoppelung verzichtet wird und stattdessen auf die Verbindungen schaffende Kraft der individuellen Assoziationen vertraut wird. Die Kinder verarbeiten während des Musikhörens den Text, sie antizipieren den weiteren Fortgang und nehmen beides, Wort und Musik, intensiv wahr. Dass dies gelingt, beweisen die langjährig beobachtbaren Reaktionen zahlreicher Kinder, welche die ihnen fremden Musikstile in aller Regel aufgeschlossen als Teil der Narrativik rezipieren und genießen (auch in Live-Konzerten in Baden-Württemberg, bei den Salzburger Festspielen und beim Lucerne Festival).

### Kompetenzen, Aspekte literarischen Lernens
▸ *Vorstellungsbildung:* Die Kinder erhalten während der Musikpassagen Gelegenheit, sich das Gehörte vorzustellen; durch die Musik wird die Fantasie angeregt.
▸ *Prototypische Vorstellungen von Gattungen/Genres:* Die Kinder lernen ein in vielerlei Hinsicht typisches Märchen kennen.
▸ *Kenntnis literarischer Stoffe:* Die Kinder lernen einen in vielen Ländern sehr bekannten Märchenstoff kennen.
▸ *Ästhetische Wahrnehmung:* Die Kinder erleben den Text in einer künstlerischen Wort-Musik-Kombination.

### Materialien
▸ Tondokument: Erzähltext Märchenanfang, Musikstück von Georg Friedrich Händel, Track 2

### Weitere Anregungen
Man kann das ganze Märchen hören, sich zur Musik bewegen, Szenen malen, nachspielen und so weiter.

Es gibt bereits mehrere Unterrichtsanregungen und -modelle zu Produktionen der Edition See-Igel: zu *Und der Igel schwimmt doch!* (Bergmann 2004); zu *Nussknacker und Mäusekönig* (Richter/Plath 2007. S. 147–148); zu *Glücksengel* (Niefanger 2006).

## 3.3 Praxisbeispiele für das 3. und 4. Schuljahr

### 3.3.1 Ein mehrsprachiges Hörspiel hören (Gcina Mhlophe: *Der Zauber der Schildkröte*)

#### Aufgabenstellung

Die Kinder hören den ersten 6 Minuten dieses mehrsprachigen Hörspiels zu. Dabei entnehmen sie dem Klang der fremden Sprachen die ungefähre Bedeutung des Gesagten, zumindest die Stimmung und teils den Charakter der Figuren. Sie identifizieren Naturlaute und tauchen ein in die Atmosphäre des afrikanischen Story-Telling. Sie lassen sich zu kreativem Gestalten anregen, antizipieren, wie die Geschichte wohl weitergehen könnte, tauschen sich über Erzähltraditionen aus und experimentieren gegebenenfalls selbst mit den Klängen fremder Sprachen. Auf analoge Weise lässt sich das ganze Hörspiel in Etappen (nach Sinnschritten, durchaus länger als 6 Minuten) hören und bearbeiten.

#### Erläuterungen

Das 1998 vom WDR produzierte Hörspiel zu dem afrikanischen Märchen, wie die Tiere zu ihren Farben kamen, hat schon Kultstatus und wurde daher auch 2010 erneut aufgelegt. Bereits die ersten 6 Minuten zeigen die besondere Machart des Hörspiels, die auf unvorbereitete Kinder überraschend und daher befremdlich wirken kann, aber bald ihren Reiz entfaltet. Das Märchen wird abwechselnd in mehreren Sprachen erzählt, nämlich auf Deutsch, Englisch, in Zulu und Xosa. Es beginnt mit einem englischsprachigen Sprechgesang „Story-telling time ist yet". Vor allem Kinder, die schon etwas Englisch lernen, verstehen, was gemeint ist. Dann setzt allerdings die afrikanische Erzählerin Gcina Mhlophe in ihrer Landessprache ein und man versteht nur das letzte Wort „Afrika", kann jedoch den Erzählton heraushören. Sogleich kommt die deutsche Übersetzung, ebenfalls im warmen Märchenton gesprochen von Marianne Rogée: „Es war einmal in Afrika." Auf Englisch greift die afrikanische Erzählerin aus („A long time ago") und die deutsche Erzählerin übersetzt. Nun beginnt die eigentliche Handlung und die deutsche Erzählerin spricht die Zuhörer direkt an: „Stell dir mal vor … ". Nach der Exposition, in der die ursprüngliche farbliche Gleichheit aller Tiere erzählt wird und einige der Tiere auch mit ihren Geräuschen zu hören sind (Elefant, Moskito), werden zwei Protagonisten eingeführt: die weise Schildkröte, von entsprechender Musik begleitet, und der missmutige Hyänenmann, der teils auf Deutsch, teils in Stammessprache zetert, dass er nichts zu fressen findet, bis er schließlich unter einem Baum einschläft. Hier endet der 6-minütige Abschnitt. Die Kinder können nicht erraten, wie der weitere Handlungsverlauf sein wird, aber sie können die Geschichte weiterfantasieren, vor allem aber können sie sich durch die Machart des Hörspiels und seine besondere Stimmung zu Anschlusskommunikation und produktiven Handlungen anregen lassen.

## Kompetenzen, Aspekte literarischen Lernens

▸ *Vorstellungsbildung:* Da die Kinder den Text zum Teil nicht wörtlich verstehen, müssen sie sich ausmalen, worum es wohl gerade geht.

▸ *Aufmerksame Wahrnehmung sprachlicher Gestaltung:* Die Kinder werden aufmerksam auf einzelne Wörter, die sie heraushören, und auf die Prosodie. Sie nehmen Mehrsprachigkeit bewusst wahr.

▸ *Verständnis der Handlungslogik:* Die Stellen, die nicht verstanden werden, zwingen dazu, in der Logik des Textes mitzudenken.

▸ *Bewusster Umgang mit Fiktionalität:* Es wird durch die explizite Erzählsituation klar, dass es sich hier um eine ausgedachte Geschichte handelt.

▸ *Prototypische Vorstellungen von Gattungen/Genres:* Die Kinder lernen ein in vielerlei Hinsicht typisches Märchen kennen.

▸ *Ästhetische Wahrnehmung:* Sie lauschen den Klängen fremder Sprachen, exotischen und vertrauten Geräuschen und Musiken.

▸ *Vertrautheit mit dem literarischen Gespräch, Sich-Einlassen auf die Unabschließbarkeit des Sinnbildungsprozesses:* Da es offensichtlich ist, dass man die unübersetzten Textpassagen, die in den afrikanischen Regionalsprachen gesprochen werden, nicht wörtlich, sondern nur sinngemäß verstehen kann, eröffnet dies mehrere Übertragungsmöglichkeiten in die deutsche Sprache.

## Materialien

▸ Tondokument: Der thematisierte Auszug der Tonaufnahme konnte leider nicht auf die beiliegende CD mit aufgenommen werden, sodass Lehrkräfte auf die Original-CD zurückgreifen müssen: *Der Zauber der Schildkröte: Fudukazis Magic* (Bibliographisches Institut, Mannheim; Neuauflage 2010), jedoch kann auch die alte Auflage von 1999 verwendet werden, die antiquarisch angeboten wird: eine sinnvolle Investition!

## Hinweise für die Lehrkraft

▸ Vor dem Hören: Die Kinder sollten darauf vorbereitet werden, dass sie ein Sprachengemisch vernehmen werden. Diejenigen, für die Deutsch Zweitsprache ist, sollen eine Geschichte in ihrer Erstsprache betont vorlesen und die anderen erraten die Stimmungen der Figuren. Die Kinder können auch bereits ihr Vorwissen über Afrika aktivieren mit Fragen wie: „Welche Tiere gibt es dort?"

▸ Während des Hörens des Ausschnitts: Die Kinder nehmen eine entspannte Sitzhaltung ein und schließen die Augen.

▸ Nach dem Hören: „An welche Tiere erinnerst du dich? Wie sind die? Woher weißt du das? Woran erinnert dich der Anfang ‚Es war einmal …' Woher kommen die Märchen? Wieso hast du das Gefühl, viel verstanden zu haben?" Der Hörspielausschnitt wird ein zweites Mal gehört. „Male ein Bild, das zum Hörspiel passt." Die Kinder erfinden den weiteren Handlungsverlauf: „Wie könnte die Geschichte weitergehen?"

**Weitere Anregungen**

▶ Die Kinder erzählen selbst einen Märchenstoff, den es in mehreren Kulturkreisen gibt, in ihren (Erst-)Sprachen.
▶ Es gibt auch mittlerweile mehrsprachige Hörbücher, in denen ein und dieselbe Erzählung nacheinander in verschiedenen Sprachen vorgetragen wird, zum Beispiel:
– Hammer, Sibylle: *Arthur und Anton*, München, 2007.
– Hengstler, Heike: *Wer ruft denn da?*, München, 2006.
Siehe auch das Angebot HörFux unter http://www.nord-sued.com.

## 3.3.2 Kurzprosa hören und sprachlich gestalten
### (Nach Hermann Bote: *Wie Till Eulenspiegel in einen Bienenkorb kroch*)

**Aufgabenstellung**

Die Kinder lesen und hören simultan den Eulenspiegelschwank. Sie spielen sodann zur Lesung die Geschichte als Figurenschattenspiel nach. Sie lesen den Schwank selbst laut und gestaltend.

**Erläuterungen**

Die Eulenspiegelschwänke gelten als Volksbuch, wurden aber von Hermann Bote (um 1467 – 1520) verfasst. Das Deutsch der frühen Neuzeit wurde in vorliegender Fassung aus dem Jahr 1978 zwar modernisiert, jedoch bleibt der Stil altertümelnd, und sowohl Wortbedeutung als auch Syntax sind den Kindern teilweise fremd. Durch das simultane Lesen und Hören verstehen die Schülerinnen und Schüler den Text leichter als beim stillen Lesen oder Stegreiflesen. Wenn die sprachliche Hürde genommen ist, ist die Handlung leicht zu verfolgen. Beim Schattenspielen vertiefen sie das Verständnis und hören den Text erneut mehrfach. Beim eigenen Lesen des nicht sehr langen Textes kann dann an der stimmigen Betonung gearbeitet werden.

**Kompetenzen, Aspekte literarischen Lernens**

▶ *Aufmerksame Wahrnehmung sprachlicher Gestaltung:* Der altertümelnde Stil lenkt den Blick auf die Sprache.
▶ *Nachvollzug der Perspektiven literarischer Figuren:* Durch das Spiel nehmen die Kinder mal die Perspektive Tills, mal die der genarrten Träger ein.
▶ *Prototypische Vorstellungen von Gattungen/Genres:* Die Kinder lernen einen typischen Schwank kennen.
▶ *Kenntnis literarischer Stoffe:* Sie lernen die Till-Eulenspiegel-Figur kennen.
▶ *Literaturhistorisches Bewusstsein:* Sie erkennen, dass es Texte gibt, die schon sehr alt und deshalb in einem anderen Deutsch geschrieben sind. Diese Texte zeigen auch Elemente einer Welt, die es so heute nicht mehr gibt.

**Materialien**

▸ Tondokument: Lesung, Track 3 ⊚
▸ Arbeitsblatt 18 ⊚

**Hinweise für die Lehrkraft**

Die Schülerinnen und Schüler lesen und hören simultan den Schwank. Die dabei von vielen Kinder intuitiv und aus dem Kontext erschlossenen Bedeutungen altertümelnder Wörter werden im anschließenden Gespräch für alle geklärt. Der Schwank wird nochmals vorgespielt und dabei von den Kindern als Figurenschattenspiel auf dem Tageslichtprojektor gestaltet. Dafür braucht man

▸ eine gehende und eine sitzende Eulenspiegel-Figur,
▸ einen Bienenkorb, der den sitzenden Eulenspiegel ganz verdecken kann,
▸ zwei gehende Figuren mit halb angewinkelten, nach vorne gestreckten Armen (damit sie als Träger, aber auch als Raufbolde inszeniert werden können).

Nachdem die Kinder so den Text mehrfach gehört und seinen Handlungsverlauf verstanden haben, erhalten sie das Textblatt und lesen den Text sinngestaltend vor. Es ist durchaus legitim, dass sie sich dabei an dem professionellen Sprecher orientieren („Lernen am Modell"). Dabei erfassen sie nicht nur die Bedeutung von sinnvollen Betonungen zur Herausarbeitung der Satzstruktur, sondern sie gestalten auch die wörtlichen Reden situationsangemessen.

**Weitere Anregungen**

Zahlreiche weitere Schwänke unterschiedlichen Schwierigkeitsgrads sind auf der Original-CD und in dem dazu gehörigen Buch enthalten.

## 3.3.3 Lautpoesie hören und experimentierend sprechen (Christian Morgenstern: *Das große Lalulā*)

**Aufgabenstellung**

Die Kinder erlesen das Gedicht in 6 Gruppen, dabei entziffern sie die Nonsenswörter und versuchen sie auszusprechen. Das Gedicht wird laut gelesen. Es ergibt keinen Sinn. Sodann hören die Kinder den Vortrag von Donata Höffer und Peter Franke. Plötzlich entsteht eine Situation vor dem inneren Auge und man glaubt den Text zu verstehen: Es spricht ein streitendes und sich versöhnendes Paar. Nun experimentieren die Kinder selbst mit verschiedenen Sprechweisen, allein oder zu zweit. Sie erkennen, dass „der Ton die Musik macht", dass der Sprechausdruck Bedeutung schafft.

**Erläuterungen**

Christian Morgenstern lebte von 1871 bis 1914. Das Gedicht ist Teil des Bandes *Galgenlieder*, der 1905 erschien. Obschon gut 10 Jahre vor dem Aufkommen des Dadaismus, hat Morgenstern hier den Prototypen der Lautpoesie geschaffen,

155

Dichtung, die auf der Ebene der Semantik keinen Sinn ergibt und erst als gesprochener Text Bedeutung bekommt und ihre Wirkung entfaltet.

### Kompetenzen, Aspekte literarischen Lernens

▸ *Vorstellungsbildung:* Die Kinder entwickeln innere Bilder zu den semantisch bedeutungslosen Wörtern.

▸ *Aufmerksame Wahrnehmung sprachlicher Gestaltung:* Sie konzentrieren sich mangels Inhalt auf die sprachliche Gestaltung. Satzzeichen werden zu Hinweisen auf eine mögliche Bedeutung und geben Betonungshinweise.

▸ *Bewusster Umgang mit Fiktionalität:* Es handelt sich eindeutig um frei erfundene Wörter, die jedoch in einer bestimmten Sprechweise Bedeutung erhalten: Aus künstlerisch gestalteter Sprache entsteht ein Modell von Welt!

▸ *Ästhetische Wahrnehmung:* Die Kinder lauschen dem Klang der Wörter.

▸ *Vertrautheit mit dem literarischen Gespräch, Sich-Einlassen auf die Unabschließbarkeit des Sinnbildungsprozesses:* Die Kinder erkennen, dass es innerhalb eines bestimmten Rahmens unterschiedliche Deutungsmöglichkeiten gibt.

### Materialien

▸ Tondokument: Lesung, Track 4 ⊙
▸ Arbeitsblatt 19 ⊙

### Hinweise für die Lehrkraft

Die Schülerinnen und Schüler erlesen das Gedicht in 6 Gruppen, das heißt, sie entziffern die Wörter und versuchen sie auszusprechen.

▸ Gruppe 1: Strophe I, V. 1–2
▸ Gruppe 2: Strophe I, V. 3–5
▸ Gruppe 3: Strophe II, V. 1–2
▸ Gruppe 4: Strophe II, V. 3–5
▸ Gruppe 5: Strophe III, V. 1–2
▸ Gruppe 6: Strophe III, V. 3–5

Die Kinder experimentieren selbst mit verschiedenen Les- und Sprecharten und begleiten sie mit Mimik und Gestik.

Allein zu sprechen: traurig, dann fröhlich werdend; ein Marktschreier bietet seine Waren an; jemand kämpft mit der Müdigkeit, ist erst verschlafen, steht dann aber doch auf, reckt sich und ist wach.

Zu zweit zu sprechen (dabei müssen die Kinder erst den Text auf zwei Rollen aufteilen, die durchaus anders sein können als in der Lesung auf CD): Telefongespräch zwischen zwei Personen; eine Person, die tadelnd spricht, die andere entschuldigt sich kleinlaut; zwei tuscheln über ein Geheimnis.

### Weitere Anregungen

Das Gedicht war schon mehrfach Gegenstand didaktisch-methodischer Überle-

gungen. Besonders empfehlenswert, weil in einen sprecherischen Kursus eingebunden, sind die Ausführungen bei Müller-Dyes/Schiller (2006, S. 264).

## 3.4 Praxisbeispiele für das 5. und 6. Schuljahr

### 3.4.1 Ein Krimi-Hörspiel hören und im Internet kommunizieren (Hamburger Bürgerschaft Hrsg.: *Die Alster-Detektive: Giftige Lieferung*)

#### Aufgabenstellung

Die Schülerinnen und Schüler laden sich aus dem Internet das 75-minütige Hörspiel herunter und hören es an. Sie bilden Gruppen, hören sich arbeitsteilig nochmals einzelne Tracks (zeitlicher Umfang pro Gruppe: 10 bis 12 Minuten) an und
fassen den Inhalt zusammen. Verständnisprobleme können geklärt werden. Eine
freie Diskussion über die behandelten Themen schließt sich an.

Bei einer erneuten arbeitsteiligen Gruppenarbeit achten die Kinder besonders
auf die Machart (Geräusche, Musikeinsatz). Sie tauschen sich über eigene Erfahrungen mit Hörkrimis aus und geben sich gegenseitig Hörtipps.

Sie informieren sich im Internet über den Schreibwettbewerb zum Hörspiel
und verfassen selbst Kurzkrimis, die sie sich gegenseitig vorlesen. Sie schreiben
Kommentare zu den Hörspielfolgen im Internet.

#### Erläuterungen

Die Hörspielreihe (ab 2009) knüpft an die Tradition beliebter Kinderkrimis an:
Vier Achtklässler – zwei Mädchen und zwei Jungen – ermitteln in der Hansestadt
und decken dort auf, was es mit Gammelfleisch, Graffiti-Schriftzügen, Tierquäle-
rei und Ähnlichem auf sich hat. Die Hamburgische Bürgerschaft (das Parlament
des Stadtstaats) fungiert als Herausgeberin der Hörspiele, die sie bei Profis (Kat-
rin Wiegand, Kai Schwind) in Auftrag gegeben hat. Das Anliegen der Vermittlung
von politischer Bildung merkt man, wenn der Weg der Kinderdetektive auch in
das Stadtparlament führt, sie einen Abgeordneten kennenlernen und allerhand
über politische Institutionen und Demokratie erfahren. Das könnte aufgesetzt und
belehrend wirken, stört hier aber nicht. Diese Hörspiele sind richtig gute Hörkost,
sehr aufwändig und hochwertig produziert und mit Profis besetzt. So wirken die
Sprecher der Kultserie *Die drei ???* mit, diesmal in den Rollen von Erwachsenen.
Als Erzähler führt „Opa Jost" durch das Geschehen, sodass jeder mitkommt. Die
Szenen sind mit authentischen Geräuschen und kurzen Musikelementen atmosphärisch dicht gestaltet und garantieren innere Bilder, Raumvorstellungen und
Hörgenuss auch für Kinder, denen der Schauplatz Hamburg unbekannt ist. Kein
Wunder, dass das Institut für Kindermedienforschung sich in seiner Rubrik „CD
des Monats" schon zweimal für eine Folge dieser Krimireihe entschieden hat.

157

## Kompetenzen, Aspekte literarischen Lernens

▸ *Wechselbeziehung von subjektiver Involviertheit und genauer Wahrnehmung:* Die Jugendlichen identifizieren sich mit den Protagonisten, müssen aber trotzdem sehr genau den auditiven „Text" des Hörspiels mitverfolgen, um die Handlung zu verstehen. Sie achten besonders auf Klänge und Geräusche, weil diese Auskunft über Handlungselemente geben, die (noch) nicht explizit benannt worden sind.

▸ *Verständnis der Handlungslogik:* In einem Krimi muss auf jedes Detail geachtet und schlussfolgernd mitgedacht werden.

▸ *Prototypische Vorstellungen von Gattungen/Genres:* Die Lernenden hören einen typischen Krimi des Musters „Detektivgeschichte".

▸ *Ästhetische Wahrnehmung:* Die Lernenden genießen ein Hörerlebnis, das sie an beliebte Serien aus ihrer früheren Kindheit oder Freizeit erinnert. Sie erleben einen teils szenischen, teils narrativen Text im Kontext der Schule als etwas Positives.

## Materialien

▸ Alle Hörspiele der Reihe *Die Alster-Detektive* sind legal und kostenlos aus dem Internet herunterladbar: http://www.alster-detektive.de. Unter der Adresse http://www.hierschreibenwir.de/alster-detektive.de kommt man zum Schreibwettbewerb, der zwar schon beendet ist, aber anregend wirken kann. Auf der Homepage kann man unter „Kontakt" seine eigenen Kommentare verfassen.

▸ Arbeitsblatt 20 ⓒ

▸ Genaue und ausführliche Beschreibungen zweier Folgen und zahlreiche Arbeitsanregungen finden sich unter http://www.hdm-stuttgart.de/ifak/cd_des_monats/archiv.

## Weitere Anregungen

Selbst verfasste und vorgelesene Krimis auf CD aufnehmen. Hörbuch-Vorstellungen: Kinderkrimis.

## 3.4.2 Einen Balladen-Rap hören und sprechen (Theodor Fontane: *Herr von Ribbeck auf Ribbeck im Havelland*)

### Aufgabenstellung

Die Kinder lernen das Gedicht über den Vortrag der Lehrkraft kennen und erschließen im Unterrichtsgespräch den Inhalt. Sie hören die Rap-Version und untersuchen die Veränderungen, die im Text vorgenommen werden. Sie erstellen am Computer die passende Textfassung. Sie sprechen den Rap mit, dann sprechen sie ihn zur Karaoke-Playback-Version.

## Erläuterungen

Die bekannte Ballade wird von dem Kinderensemble „Junge Dichter und Denker" mitreißend gerappt. Wer es selbst versuchen will, merkt schnell, dass das gar nicht so einfach ist, viel Sprechfertigkeit, Textkenntnis und Rhythmusgefühl verlangt. Spaß ist aber garantiert, langlebige Textohrwürmer auch. Das Hörtexterlebnis und die Freude am eigenen rhythmischen Gestalten sind hier das Wesentliche.

## Kompetenzen, Aspekte literarischen Lernens

▸ *Aufmerksame Wahrnehmung sprachlicher Gestaltung:* Der Text wird zwar im Rap nicht sinngemäß betont, sondern der Rhythmus überlagert alle anderen Gestaltungskriterien, aber der Text muss sehr flüssig und schnell gesprochen werden, um mit der Musik mithalten zu können. Das verlangt eine gründliche Befassung mit der Ballade. Auch beim Zuhören muss man die Ohren spitzen, um mitzukommen. Der Text selbst enthält mundartliche Elemente, sodass die Lernenden auf die Verschiedenartigkeit von Sprachen innerhalb des Deutschen aufmerksam werden.

▸ *Prototypische Vorstellungen von Gattungen/Genres:* Es handelt sich um eine typische Ballade.

▸ *Kenntnis literarischer Stoffe:* Die Geschichte ist sehr bekannt.

▸ *Literaturhistorisches Bewusstsein:* Die Sprache ist teils altertümlich, auch die dargestellte Welt gehört merklich der Vergangenheit an.

▸ *Ästhetische Wahrnehmung:* Die rhythmische Sprechweise zu Musik macht den Gedichtvortrag zu einem künstlerischen Erlebnis.

## Materialien

▸ Tondokumente: Rap-Version (Track 5 🄰). Die Karaoke-Playbackversion befindet sich auf der Original-CD: Thomas D.: *Junge Dichter und Denker – Die 1ste*, Hamburg, 2006.

▸ Arbeitsblatt 21 🄰

## Hinweis für die Lehrkraft

Die Lernenden markieren zunächst handschriftlich die Abweichungen der Rap-Version von der Vorlage, dann erstellen sie selbst am Computer eine Sprechversion, in welche die Abweichungen eingearbeitet sind.

## Weitere Anregungen

Wer unter dem Label „Junge Dichter und Denker" recherchiert, findet eine inzwischen erstaunlich umfangreiche Produktion. Einige Schulbuchverlage haben den Trend bereits aufgenommen und bieten didaktisches Material mit CDs an. So kann man auch noch in der Mittelstufe rappen.

### 3.4.3 Buch und Hörspiel vergleichen (Cornelia Funke: *Gespensterjäger auf eisiger Spur*)

**Aufgabenstellung**

Die Lernenden vergleichen den Anfang des Buches (S. 7–9) und den Anfang des Hörspiels (Track 1, 0:00–1:31) und erkennen, dass beim Genrewechsel vom Roman zum Hörspiel eine inhaltliche Bearbeitung vorgenommen wurde. Sie beschreiben die Veränderung und suchen nach Gründen.

**Erläuterungen**

Der 9-jährige Protagonist Tom wird von seinen Eltern und seiner Schwester nicht ernst genommen, weil er im Keller ein Gespenst sieht. In seiner Furcht bekommt er nur Beistand von einer Bekannten seiner Oma, Frau Kümmelsaft, mit deren Hilfe er schließlich Freundschaft mit dem Gespenst Hugo schließt und allerhand Abenteuer mit Gruseleffekt erlebt. Allzu tiefgehend ist die Story nicht, aber Kinder mögen sie, wie die Tatsache beweist, dass drei weitere Bände gefolgt sind und dass der Stoff, als Theaterstück adaptiert, erfolgreich auf mehreren Bühnen gespielt wurde und wird. Cornelia Funkes Kinderroman ist eine Lektüre, die sowohl in der 4. Jahrgangsstufe als auch noch am Anfang der 5. Jahrgangsstufe gelesen werden kann. Durch die zahlreichen Illustrationen wirkt aber das Buch etwas kindlich, sodass manche 5. Klassen möglicherweise sich durch eine Lektüre der Ganzschrift nicht mehr angesprochen fühlen. Mit ihnen kann auch nur der Vergleich zwischen Romananfang und Hörspielanfang bearbeitet werden und die Lektüre des ganzen Romans auf freiwilliger Basis erfolgen. Leistungsschwächere Klassen haben hier jedoch das ideale Buch für den Übergang von der (4-jährigen) Grundschule auf die Sekundarstufe I vor sich. Die Hörspiele sind inhaltlich gelungen adaptiert und künstlerisch wie technisch sehr hochwertig gemacht.

Um den Erzähltext, der als Lesung 2 CDs in Anspruch nimmt, in ein Hörspiel auf nur einer CD zu verwandeln und um den Bedingungen eines Spieltextes gerecht zu werden, musste der Roman sehr stark inhaltlich umstrukturiert werden. Die Schülerinnen und Schüler begeben sich auf Spurensuche, wie dies dem Bearbeiter Hansjörg Ahlers gelungen ist. Dazu eignet sich schon die Eingangsszene im Vergleich zum Anfang des Buchs.

Das Buch setzt mit der Beschreibung seitens eines Erzählers ein, der das ganze Pech schildert, das Tom bereits an dem Tag gehabt hat (bis „passierte es"). Erst dann kommt der Teil, mit dem das Hörspiel beginnt: Die Mutter fordert Tom auf, Getränke aus dem Keller zu holen. Im Hörspiel steht diese Handlung als eine lebendige Szene vor dem inneren Auge. Die Mutter ruft, der Sohn hört sie und gibt in einem inneren Monolog seine Gedanken und Gefühle über den Appell der Mutter wieder. Dass es sich dabei um Angst handelt, merkt man auch an der Unterlegung mit einem unheimlich wirkenden Tonarrangement. Sodann wird der imaginäre Dialog zu einem echten. An diesem Beispiel merkt man sehr gut, wie gekürzt wurde. Zugleich lag ein Hauptaugenmerk des Bearbeiters darauf, möglichst interessante Dialoge oder andere dialogähnliche Szenen zu gestalten. Weil es in diesem Teil des Hörspiels noch keine Erzählerin gibt, muss der Kunstgriff des inneren Monologs eingesetzt werden. Gleich zu Anfang wird Spannung erzeugt („Nicht dieses Wort"), während das Buch eher behäbig einsetzt und man schon erwartet, dass auf die dargestellte Pechsträhne nichts Gutes folgen kann.

### Kompetenzen, Aspekte literarischen Lernens

▸ *Aufmerksame Wahrnehmung sprachlicher Gestaltung:* Die Lernenden müssen detailgenau Vorlage und Adaption vergleichen, nicht nur inhaltlich, sondern auch sprachlich.

▸ *Nachvollzug der Perspektiven literarischer Figuren:* Diese Fähigkeit wird vor allem dann entwickelt, wenn die Kinder selbst Romanpassagen in Hörspielszenen umschreiben.

▸ *Verständnis der Handlungslogik:* Auch diese Fähigkeit wird vor allem dann entwickelt, wenn die Kinder selbst Romanpassagen in Hörspielszenen umschreiben, denn um beurteilen zu können, was im Hörspiel unbedingt enthalten sein muss und was gegebenenfalls entbehrlich ist, muss die Handlungskausalität genau erfasst werden.

▸ *Prototypische Vorstellungen von Gattungen/Genres:* Die Kinder erhalten durch den Kontrast von Buch und Hörspiel eine klare Vorstellung von den Besonderheiten der beiden Genres.

### Materialien

▸ Tondokument: Anfang des Hörspiels, Track 6 ◉
▸ Der Erzähltext (Cornelia Funke: *Gespensterjäger auf eisiger Spur.* Bindlach: Loewe Verlag, [7]2010) ist ohne Schwierigkeiten zu beschaffen.

### Weitere Anregungen

Die Schülerinnen und Schüler lesen das Buch und schreiben selbst Kapitel in eine Hörspielfassung um. Je nach Zeit können diese ausgearbeitet und vertont werden.

Es ist auch ergiebig, das ganze Hörspiel zu hören und mit dem Buch zu vergleichen. Das setzt aber eine genaue Textkenntnis und einen Überblick über die Struktur des Buches voraus. Dies kann vorbereitet werden, indem die Lernenden begleitend zur Lektüre eine Inhaltsübersicht über die Kapitel erstellen.

Tipps zum Einsatz des Hörspiels zum dritten Band der *Gespensterjäger*-Reihe finden sich unter http://www.hdm-stuttgart.de/ifak/cd_des_monats/archiv, dort unter „August 2010".

Es gibt auch eine Lesung des Romans mit ungekürztem Wortlaut, die daher sehr gut für simultanes Lesen und Hören geeignet ist.

# 3.5 Praxisbeispiele für das 7. und 8. Schuljahr

## 3.5.1 Buch-Hörspiel und Film-Hörspiel vergleichen (Kurt Held: *Die rote Zora*)

**Aufgabenstellung**

Die Schülerinnen und Schüler hören sich jeweils den Anfang der beiden Hörspiele an und vergleichen diese. Sie führen die Unterschiede auf die verschiedenen Hörspieltypen (Buch- und Film-Hörspiel) zurück. Es wäre ideal, wenn sie den Film (prominent besetzt mit Mario Adorf und Ben Becker) schon gesehen haben, die Aufgabe ist aber auch ohne Film lösbar.

**Erläuterungen**

Kurt Helds Roman um den 12-jährigen Halbwaisen Branko, der zu der Bande um die Anführerin „Die rote Zora" stößt, erschien 1941 und ist ein Klassiker der Kinder- und Jugendliteratur. Unter zahlreichen Adaptionen sticht das sehr qualitätvolle, spannende Hörspiel von 1998 heraus, das die Romanvorlage umsetzt. Es beginnt mit einer schwungvollen, folkloristischen Musik, die auf die Region einstimmt, in der die Handlung spielt (Dalmatien). Das ist hier notwendig, weil man den Schauplatz nicht sieht. Sodann setzt ein Erzähler ein, der in einigen Sätzen die Handlung zusammenfasst, für die der Roman 61 Seiten braucht: die Vorgeschichte Brankos, bevor ihm Zora aus dem Gefängnis verhilft. Diese Situation wird dann szenisch dargestellt und die eigentliche Handlung beginnt. Für die Zuhörenden ist Branko die Hauptfigur, da der auktoriale Erzähler ihn in den Mittelpunkt stellt.

Das Hörspiel zu dem Film von 2008 ist analog aufgebaut, unterscheidet sich aber dennoch signifikant. Zunächst wird zwar wiederum eingestimmt: mit Meeresrauschen und elegischer Musik. Diese Musik hat aber nicht die Funktion, den Schauplatz einzuführen, weil die zuhörende Person, die in der Regel schon den Film gesehen hat, die Handlung und ihr Ambiente kennt. Die elegische Musik versinnbildlicht vielmehr die Stimmung des traurigen Branko, der nach dem Tod seiner Mutter einsam auf einer Klippe steht und auf das Meer hinaussieht. Es gibt auch hier eine Erzählinstanz, die in die Geschichte einführt. Es handelt sich jedoch um eine Person aus der Handlung, Zora, die in der Ich-Form spricht. Es entsteht so der Eindruck, dass sie die Hauptfigur ist. Bei den Spielszenen wurde der Soundtrack des Films, leicht bearbeitet, übernommen, sodass bei den Hörenden, die den Film kennen, sich unweigerlich die Bilder des Films einstellen dürften.

**Kompetenzen, Aspekte literarischen Lernens**

▸ *Wechselbeziehung von subjektiver Involviertheit und genauer Wahrnehmung:* Die beiden Hauptfiguren, Branko und Zora, bieten sich als Identifikationsfiguren an, gleichzeitig muss jedoch beim Vergleich der Hörspiele auch sehr auf das „Wie" geachtet werden.

▸ *Nachvollzug der Perspektiven literarischer Figuren:* Um die Musik des Film-hörspiels (Anfang) zu verstehen, muss man sich in Branko einfühlen.

▸ *Verständnis der Handlungslogik:* Die Beurteilung der Hörspiele verlangt eine klare Vorstellung von den Zusammenhängen innerhalb der fiktionalen Welt.

▸ *Verständnis metaphorischer und symbolischer Ausdrucksweise:* Die Situationen, die die Anfänge der Hörspiele vor Augen führen, sind „sinnbildlich". Buch- und Filmhörspiel: Zora holt Branko aus seiner Isolation (Gefängnis) heraus. Filmhörspiel: Branko steht allein auf der Welt (Klippe) da.

▸ *Kenntnis literarischer Stoffe:* „Die rote Zora" ist zwar ein bekanntes Jugendbuch, aber ist an sich kein „kanonisierter" literarischer Stoff. Das Buch entfaltet jedoch eine Handlung, die Elemente enthält, die typisch für viele literarische Skripts sind, etwa: Eine Kinderbande schafft sich eine eigene Welt; die Kinder leben abenteuerlich und setzen sich über Normen hinweg, werden aber am Schluss in die Gesellschaft reintegriert; sie rebellieren gegen eine ungerechte Weltordnung.

**Materialien**

▸ Tondokument: die ersten Minuten des Hörspiels zum Buch (CD Track 7 ). Leider konnte aus rechtlichen Gründen die ergänzend heranzuziehende Film-Hörspielfassung nicht auf die beiliegende CD aufgenommen werden. Deshalb muss die Original-CD von der Lehrkraft angeschafft werden: *Die rote Zora – Hörspiel zum Kinofilm* (Karussell/Universal 2008).

▸ Zum Vergleich der Anfänge ist Track 1 des Film-Hörspiels in der Länge von 3:15 Minuten vorzuspielen.

▸ Arbeitsaufträge an die Schülerinnen und Schüler:

> Ⓐ
>
> ▸ Arbeite die Unterschiede zwischen den beiden Hörspielanfängen heraus, indem du jeweils untersuchst:
> – Womit beginnt das Hörspiel?
> – Wer erzählt?
> – Was wird in der ersten Spielszene dargestellt?
> ▸ Nimm das Buch zur Hand und lies die ersten 10 Seiten. Vergleiche Buchanfang und die beiden Hörspielanfänge und beschreibe die Veränderungen, die die Hörspiele vornehmen.
> ▸ Stelle Überlegungen an, warum sich die Bearbeiter für die jeweiligen Besonderheiten der Hörspielfassungen entschieden haben.

**Weitere Anregungen**

Den Film anschauen. Film und Film-Hörspiel vergleichen.

Das ganze Buch lesen, was eventuell angesichts der epischen Breite der Darstellungen vielen heutigen Schülerinnen und Schülern, die an ein anderes Tempo gewöhnt sind, schwerfallen könnte: Buch und Buch-Hörspiel vergleichen. Film und Buch vergleichen. Ziel sollte nicht die Bewertung verschiedener Genres sein, was nicht sinnvoll ist, sondern ein Gespräch über die Unterschiede, die sich notwendig aus der Eigenart des jeweiligen Mediums ergeben.

## 3.5.2 Klassische Stoffe über das Hören kennenlernen (Friedrich Schiller: *Wilhelm Tell*)

### Aufgabenstellung

Die Schülerinnen und Schüler lernen den Stoff des bekannten Dramas über eine Nacherzählung kennen. Sie lesen ausgewählte Szenen im Originaltext mit und erschließen sich dabei den Zugang zum historischen Sprachstand.

### Erläuterungen

In der Reihe „Weltliteratur für Kinder" liegen in Buch und Hörbuch Nacherzählungen großer Stoffe der Weltliteratur vor, so auch Schillers *Wilhelm Tell*. Während sich die (Bilder-)Bücher eher an ein kindliches Publikum wenden, können die Hörbücher durchaus noch in der frühen Mittelstufe eingesetzt werden. Die Originalhandlung wurde zwar vereinfacht (so fehlt im vorliegenden Fall die Rudenz-Bertha-Handlung), jedoch erhalten die Lernenden einen guten Eindruck von dem Werk Schillers, weil in den narrativen Text immer wieder dialogische Passagen eingebettet sind, die dem Originalwortlaut folgen. Dass dies stilistisch geglückt ist, macht die Qualität der CD aus – neben den überragenden sprachlichen Qualitäten des Sprechers Otto Sander. Als Zugabe enthält die CD am Ende einige Szenen, die komplett dem Original folgen. Hier können die Schülerinnen und Schüler den Text Schillers mitlesen und so in die Arbeit mit dem originalen Sprachstand des alten Textes hineinfinden. An der Frage, ob man Literatur, insbesondere Klassiker, vereinfachen dürfe, scheiden sich die Geister. Jedoch dürften viele Achtklässler schwer zu bewegen und in der Lage sein, den originalen Dramentext ganz und ohne Weiteres zu lesen. Soll man also darauf verzichten, sie mit diesem Werk bekannt zu machen, das anthropologische Grundfragen behandelt, für politische Freiheit eintritt und ein Meilenstein unserer Literaturgeschichte ist? Nein!

### Kompetenzen, Aspekte literarischen Lernens

‣ *Aufmerksame Wahrnehmung sprachlicher Gestaltung:* Die Spielszenen konfrontieren mit einer für die Lernenden teilweise fremd anmutenden Sprache.
‣ *Nachvollzug der Perspektiven literarischer Figuren:* Die Motive der handelnden Figuren sind oft nur im historischen Kontext zu verstehen.
‣ *Verständnis der Handlungslogik:* Die historisch ferne Welt „funktioniert" anders als die heutige.

▸ *Kenntnis literarischer Stoffe:* Es handelt sich um einen sehr bekannten Stoff. Viele Sprichwörter, die längst in den deutschen Sprachgebrauch übernommen sind, stammen aus diesem Drama.

▸ *Literaturhistorisches Bewusstsein:* Gerade im Kontrast der Nacherzählung mit den Szenen in Originalsprache wird der historische Abstand der Fassungen deutlich.

**Materialien**

▸ Tondokumente: Nacherzählung und szenische Lesung (Tracks 8 und 9 ●)

**Weitere Anregungen**

Die ganze CD hören und besprechen.

### 3.5.3 *Spoken Word Poetry* kennenlernen und mitmachen (Bas Böttcher: *Sommersonne*)

**Aufgabenstellung**

Die Schülerinnen und Schüler hören die Performance des Autors. Sie untersuchen den Text auf auffällige sprachliche Mittel (Lautebene, Wortschatz) hin. Sie lesen den Text selbst laut wie auf einer Bühne. Sie suchen weitere Texte des Autors und tragen diese vor.

**Erläuterungen**

Der mehrfach ausgezeichnete Autor Bas Böttcher, Jahrgang 1974, gilt als erster und bekanntester deutscher Slam Poet. Seine Popularität beruht auf der mitreißenden Performance seiner eigenen Texte, die von Wortwitz und Lautmalerei gekennzeichnet sind, dabei aber oft ernsthafte, kritische Inhalte haben. Böttchers Lyrik hat schon mehrfach Eingang in Unterrichtsmodelle gefunden, gleichzeitig repräsentiert er auch im Ausland (zum Beispiel bei Besuchen in Goethe-Instituten) eine neue Art von deutschsprachiger Gegenwartslyrik, die Spaß macht. *Sommersonne* gehört nicht zu den kritischen Gedichten, aber es vermittelt jugendliches Lebensgefühl und gute Laune. Es verwendet Jugendsprache und spielt virtuos auf der Lautebene. Kurzum, es repräsentiert typische Merkmale dieses Lyrikgenres, für das nach Anders/Abraham (2008, S. 6) gilt: „Als Text in gebundener Rede ist es gut vortragbar; es knüpft an Alltags- und Medienerfahrungen der Zuhörerinnen und Zuhörer an […]; es ist sprachspielerisch ambitioniert, unter anderem lautmalerisch und neologistisch; und es ist unterhaltsam." Typische Reimtechniken wie Mehrfachreime und durchgezogene Reime finden sich auch hier.

**Kompetenzen, Aspekte literarischen Lernens**

▸ *Wechselbeziehung von subjektiver Involviertheit und genauer Wahrneh-*

*mung:* Der jugendsprachliche Text dürfte das Lebensgefühl einiger Lernenden treffen, jedoch muss man ihn genau lesen, um den Text verstehen und mitsprechen zu können.

▸ *Aufmerksame Wahrnehmung sprachlicher Gestaltung:* Der Text enthält eine Fülle auffälliger sprachlicher Mittel, zum Beispiel viele Assonanzen.

▸ *Ästhetische Wahrnehmung:* Der Rhythmus und die Lautspiele des Textes machen seine Aufführung zu einem quasi-musikalischen Erlebnis.

**Materialien**

▸ Tondokument: Poetry-Slam-Aufführung, Track 10 ⊚
▸ Arbeitsblatt 22 ⊚

**Weitere Anregungen**

Unterrichtsanregungen zu Bas Böttchers Lyrik finden sich bei Anders/Krommer (2007).

Die Lernenden können selbst Texte verfassen und eine Lesebühne oder einen Poetry Slam simulieren (siehe Hinweise in Anders 2010 und 2011 sowie in *Praxis Deutsch*, Heft 208/2008 und *Deutschunterricht*, Heft 6/2007). Für ältere Schülerinnen und Schüler: Sie besuchen einen örtlichen Poetry Slam.

## 3.6 Praxisbeispiele für das 9. und 10. Schuljahr

### 3.6.1 Ein klassisches Hörspiel hören
### (Max Frisch: *Herr Biedermann und die Brandstifter*)

**Aufgabenstellung**

Die Jugendlichen hören den Hörspielanfang und analysieren und interpretieren die Personenbeschreibung, die dargestellte Situation und die Aussageabsicht.

**Erläuterungen**

Max Frischs bekanntes Bühnenstück von 1958 hat als Vorläufer das Hörspiel von 1952/53. Es ist ein eigenständiges Werk, das zwar etwas im Schatten des Dramas steht, aber immer noch als Buch und in einer sehr guten Höraufnahme von 1971 erhältlich ist. Bevor man lediglich den Dramentext liest, ohne eine Aufführung besuchen oder die Aufzeichnung einer Aufführung sehen zu können, sollte man lieber die Version eines Werks im Unterricht behandeln, bei dem die Rezeption von Textvorlage und Aufführung im Klassenzimmer nebeneinander möglich sind. Schon der Anfang ist interessant: Ein „Verfasser" führt in die Szenerie eines Aufnahmestudios ein, in dem die Binnenhandlung produziert wird. Biedermann wird als aalglatter Spießbürger vorgestellt. Das Ende wird vorausgedeutet: ein Brand. Es geht also um Illusionsbruch, um ein Distanz schaffendes Zeigen von

„Gemachtem" im Sinne Brechts; doch dann entfaltet die beklemmende Handlung ihre Sogwirkung.

### Kompetenzen, Aspekte literarischen Lernens

▸ *Bewusster Umgang mit Fiktionalität:* Dies trifft vor allem auf den Illusionsbruch am Anfang zu.
▸ *Verständnis metaphorischer und symbolischer Ausdrucksweise:* Die ganze Handlung ist symbolisch zu verstehen.
▸ *Prototypische Vorstellungen von Gattungen/Genres:* Die Jugendlichen werden mit typischen Elementen des Hörspiels und dramatischer Texte vertraut.
▸ *Kenntnis literarischer Stoffe:* Der Text ist so bekannt, dass die Metapher von den „Brandstiftern" schon sprichwörtlich geworden ist.

### Materialien

▸ Hörspielanfang auf der Original-CD, Track 1 bis 1:45 (Max Frisch: *Herr Biedermann und die Brandstifter.* Basel: Merian, 2007).

### Weitere Anregungen

Man kann das ganze Hörspiel im Wechsel mit der Lektüre des Hörspieltextes hören.

## 3.6.2 Ein modernes Gedicht über die Hörfassung erschließen (Albert Ostermaier: *fernsehabend*)

### Aufgabenstellung

Die Jugendlichen lesen den Text und hören simultan den Mitschnitt eines Live-Vortrags des Autors, der ihnen durch Pausen und Betonungen Verständnishilfe bietet. Sie strukturieren anschließend den Text, indem sie Satzzeichen einfügen. Sie lesen sodann den Text selbst sprechgestaltend. Schließlich analysieren und interpretieren sie das Gedicht.

### Erläuterungen

Albert Ostermaier, Jahrgang 1967, zählt schon seit Jahren zu den anerkanntesten Autoren der Gegenwartsliteratur. Die Tonaufnahme bringt einen Mitschnitt aus einer öffentlichen Bühnenlesung mehrerer Schriftstellerinnen und Schriftsteller, die 2001 in München stattfand. Begleitet wird Ostermaier von dem Musiker Bert Wrede. Der Live-Charakter wird deutlich am Beifall des Publikums.

Das Gedicht reiht Anspielungen auf diverse Fernsehsendeformate aneinander, wie sie einem beim Durchzappen durch die Programme begegnen. Banales und Tragisches stehen unvermittelt nebeneinander. Auch ein Hölderlin-Zitat ist eingebaut und fällt durch seinen abweichenden Sprachduktus auf. Dies kann als Anspielung auf einen Bildungssender verstanden werden, zugleich ist es aber mit Bedacht ausgewählt und hat einen Bezug zur existenziellen Situation des Fernsehzuschauers. Dieser zeigt die Unfähigkeit, für etwas wirklich Interesse aufzubringen, zwischen Wichtigem und Unwichtigem zu unterscheiden und Anteil zu nehmen. Aber es geht ihm ja auch nicht um die Inhalte, sondern um die eigene Situation: Er kann nicht „einschlafen", macht den Fernseher an, um der „Stille" zu entfliehen. Der Wirrwarr der Sendungen ist für ihn „bezahlbares Glück", weil er ihm hilft „abzuschalten", wobei das letzte und damit besonders betonte Wort doppeldeutig ist („Abschalten" des Fernsehgeräts, „Abschalten" im Sinne von Entspannen, Abstand gewinnen). Die letzte Zeile bricht in der Mitte abrupt ab, wie auch der plötzlich abgeschaltete Endlosfluss der Sendungen.

Formal erscheint das Gedicht als ungegliederter Block ungefähr gleich langer Zeilen, an eine Zeitungskolumne erinnernd. Auch die durchgängige Kleinschreibung und die fehlende Zeichensetzung machen es schwer, auf den ersten Blick bzw. beim ersten Lesen Sätze und Sinnabschnitte auszumachen. Der Literaturwissenschaftler Wulf Segebrecht interpretiert dies als Initiierung eines besonderen Leseprozesses: „Erst die Lektüre muß diese Strukturierung leisten und die grammatischen und semantischen Beziehungsverhältnisse zwischen den Wörtern herstellen. Dabei wird das Lektüretempo durch die typografische Einrichtung der Texte einerseits beschleunigt, weil keine Pausen- oder Betonungsmarkierungen den Lesefluß regulieren oder gar hemmen; andererseits wird das Tempo aber auch gedrosselt, weil jeder Leser seine individuelle Orientierung erst finden muß. Es handelt sich, so könnte man sagen, um dekonstruierte Texte, die vom Leser wieder rekonstruiert werden wollen." (Wulf Segebrecht: Im Kühlhaus der Identitäten [Rezension]. In: *Frankfurter Allgemeine Zeitung* vom 12.08.2002, Nr. 185, S. 32, http://www.faz.net/aktuell/feuilleton/buecher/rezensionen/belletristik/rezension-belletristik-im-kuehlhaus-der-identitaeten-174522.html, recherchiert am 03.08.2011). An diese Überlegungen schließen die Arbeitsaufträge an.

### Kompetenzen, Aspekte literarischen Lernens

‣ *Wechselbeziehung von subjektiver Involviertheit und genauer Wahrnehmung:* Die dargestellte Situation ist den Jugendlichen vertraut; demgegenüber steht die zunächst hermetisch erscheinende Sprache.
‣ *Aufmerksame Wahrnehmung sprachlicher Gestaltung:* Das Setzen der Satzzeichen verlangt dies.
‣ *Verständnis metaphorischer und symbolischer Ausdrucksweise:* Sowohl die Schlusszeile als auch das intertextuelle Hölderlin-Zitat verlangen Verstehen auf metaphorischer Ebene.
‣ *Ästhetische Wahrnehmung:* Die sprachliche Performance ist ein Erlebnis.

### Materialien

‣ Tondokument: Mitschnitt eines Live-Vortrags des Autors, Track 11
‣ Arbeitsblatt Nr. 23, das auch den Text enthält

**Weitere Anregungen**

Je nach Leistungsstand der Klasse kann entweder das eigene Fernsehverhalten reflektiert werden oder es kann dem intertextuellen Bezug zu dem Hölderlin-Gedicht *Brod und Wein* nachgegangen werden.

### 3.6.3 Ein Originalton-Hörspiel hören (Ror Wolf: *Rückblick auf große Tage*)

**Aufgabenstellung**

Die Schülerinnnen und Schüler bereiten sich auf das irritierende Hörerlebnis vor, indem sie sich über die Fußball-Weltmeisterschaft, um die es geht, sowie über die Arbeitsweise Ror Wolfs informieren. Die Jugendlichen hören einen Ausschnitt aus dem Anfang einer Collage aus Radioübertragungen (Originaltönen) der Fußball-Weltmeisterschaft von 1974. Sie erkennen Vertrautes (typische Elemente der Fußballberichterstattung, die Namen bekannter Fußballidole), aber fragen sich auch möglicherweise, warum Wolf gerade diese Elemente herausgeschnitten hat. Sie untersuchen den – von Wolf provozierten – Eindruck von der Moderation der Reporter. Sie lenken den Blick auf die Machart des Hörspiels, nämlich die Collagetechnik. Sie denken darüber nach, wie sie selbst eine solche Collage gestalten würden, wodurch ihr Blick vom „Was" auf das „Wie" des Mediengeschäfts Fußballberichterstattung gelenkt wird.

**Erläuterungen**

Der 1932 geborene Schriftsteller Ror Wolf befasste sich in den 1970er Jahren intensiv mit dem Thema Fußball und schuf elf sogenannte Radio-Collagen, in denen er Originaltöne aus der Radioberichterstattung zusammenschnitt und mit weiteren Tönen versah. Zum Literaturcharakter dieser Texte siehe Kapitel 1.3.1. Es handelt sich um ein typisches Originaltonhörspiel, das dem „neuen" Hörspiel zuzurechnen ist. Vorgefundenes Material (O-Töne, Material-, Musik- und Sprachzitate) wird kunstvoll nach Prinzipien der Reihung, der Rhythmisierung, der Kontrastierung und so weiter montiert.

Im vorliegenden Hörspiel begleitet der Hörer oder die Hörerin im Zeitraffer die deutsche Mannschaft auf ihrem Weg zum WM-Sieg im Jahr 1974. Es handelte sich um die erste Fußball-WM auf deutschem Boden und um den zweiten WM-Titel der deutschen Nationalmannschaft.

Das Hörspiel beginnt eigentlich mit der Eröffnungsfeier, der hier vorliegende Ausschnitt allerdings setzt etwas später ein, nämlich beim ersten Spiel. Zu Anfang wird der Spielverlauf gar nicht geschildert, sondern auf den Anpfiff folgt gleich der Abpfiff, kommt es doch nur darauf an, dass Deutschland gesiegt hat. Montiert werden banale Redefetzen der Moderatoren, die im schnellen Wechsel aufeinanderfolgen: Dabei fallen stereotype Worthülsen und lächerliche Äußerungen auf, deren Komik teils durch den Zusammenschnitt Wolfs entsteht („Es sind 22 Spieler, und dadurch gibt es wenigstens einige Abwechslung", „So ändern sich die Zeiten – das ist vielleicht für viele von Ihnen neu", „Das Spiel ruht nicht und deshalb läuft es weiter", „Der Sportler liegt am Boden – sofort ist das Publikum bereit, Beifall zu spenden"). Dass die Reporter immer wieder über das Wetter sprechen, ist darauf zurückzuführen, dass es sich um Berichterstattung im Hörfunk handelt, die Zuhörenden also das Spiel und dessen Rahmenbedingungen nicht sehen konnten. Ein gönnerhafter und herablassender Habitus des Reporters, der so heute nicht mehr möglich wäre, wird an einer Stelle deutlich („Na nu, Kinder … ").

### Kompetenzen, Aspekte literarischen Lernens

▸ *Wechselbeziehung von subjektiver Involviertheit und genauer Wahrnehmung:* Viele Lernende verbinden die Fußballreportage mit eigenen Erlebnissen, merken aber auch bald, dass hier mit einer Art von Montage gearbeitet wird, die anderen Gesetzen folgt als die normale Sportberichterstattung.

▸ *Aufmerksame Wahrnehmung sprachlicher Gestaltung:* Die Jugendlichen achten auf die sprachliche Form von Sportreportagen.

▸ *Bewusster Umgang mit Fiktionalität:* Die Jugendlichen denken über das Verhältnis von Realität (O-Töne) und Kunstwerk (Hörspiel) nach.

▸ *Prototypische Vorstellungen von Gattungen/Genres:* Die Jugendlichen lernen eine O-Ton-Collage kennen.

### Materialien

▸ Tondokument Radio-Collage, Track 12 ◉
▸ Arbeitsblatt 24 ◉

### Weitere Anregungen

Kultstatus genießt Ror Wolfs Hörspiel *Cordoba Juni 13 Uhr 45*, in dem er bei einem Weltmeisterschaftspiel zwischen Deutschland und Österreich die beiden Originalberichterstattungen kontrastiert. Dem siegessicheren, herablassenden deutschen Reporter mit norddeutscher Stimmfärbung (Armin Hauffe) steht ein jovialer, redseliger Edi Finger gegenüber, der – stark mundartlich gefärbt – für Österreich berichtet. Der Clou ist, dass Österreich überraschend siegte, was den jubelnden Finger zum wiederholten Ausruf „I werd' narrisch" veranlasste. Obwohl die Sympathien der Hörenden in Richtung Österreich gehen, wirkt doch Edi Fingers Moderationsstil aus der zeitlichen Distanz teilweise unfreiwillig komisch, sodass hier darauf verzichtet wurde, Ausschnitte aus dem Hörspiel zu bieten. Gleichwohl ist dieses Hörspiel besonders interessant, weil Wirkungen von Stimme, Sprechweise und Ausdrucksvarianten studiert werden können.

# 3.7 Praxisbeispiele für das 11. und 12. Schuljahr

## 3.7.1 In die literarische Welt eines Autors eintauchen (Franz Kafka: *Das Schloss*)

### Aufgabenstellung

Die Jugendlichen sollten schon einige kürzere Werke Kafkas gelesen haben. Sie hören ohne weitere spezielle Aufgabenstellung das Hörspiel. Es empfiehlt sich aber, nach größeren zeitlichen Einheiten, also zum Beispiel immer nach ca. 20 Minuten (je nach Sinnabschnitt) eine kleine Pause einzulegen, in der die Schülerinnen und Schüler still für sich Fragen und Gedanken aufschreiben sollen, die ihnen beim Hören gekommen sind. An diese Notizen anknüpfend kann dann ein literarisches Gespräch nach Abschluss des Hörens beginnen.

Schließlich erhalten die Jugendlichen einen Auszug aus einer Literaturgeschichte, einem Romanführer oder einem Literaturlexikon (zum Beispiel *Kindlers Literaturlexikon*) und sie vergleichen die dort gegebene Inhaltsangabe des Romans mit dem Hörtext.

### Erläuterungen

Es handelt sich um die Hörspielfassung des Romanfragments *Das Schloss*. Die Aufnahme wurde 1953 vom Südwestfunk und Radio Bremen produziert. Gert Westphal, der legendäre „Sprecher-Fürst", der 2002 starb, hat den 495 Seiten langen, sperrigen Roman szenisch adaptiert, sodass der Stoff, auf mehrere Personen verteilt und mit Musikakzenten versehen, auf zwei CDs (und in einer Doppelstunde) Platz hat. Das geht nur durch starke Eingriffe in den Inhalt, wodurch diese Fassung zugleich eine interessante Interpretationsvariante darstellt. Er selbst interpretiert die Hauptfigur. Sein Sprechstil wird heute oft als theatralisch und pathetisch empfunden, passt aber zu diesem Hörspieltext. Lediglich die Anmoderation wirkt zeitlich fern. Das Hörspiel aus der Blütezeit dieser Gattung schlägt einen von Anfang an in den Bann und lässt die Hörenden in eine wahrhaft „kafkaeske" Welt eintauchen. Ein Roman, der zur Weltliteratur gehört, aber in der Schule wohl kaum *gelesen* werden könnte, wird so zugänglich.

### Kompetenzen, Aspekte literarischen Lernens

▸ *Vorstellungsbildung:* Die Jugendlichen imaginieren beim Hören eine nichtrealistische Welt.

▸ *Verständnis der Handlungslogik:* Die Handlungslogik folgt eigenen Gesetzen, die es zu erkennen gilt.

▸ *Bewusster Umgang mit Fiktionalität:* Trotz realistischer Geräusche wird bald klar, dass es sich um eine Welt mit fantastischen Zügen handelt.

▸ *Verständnis metaphorischer und symbolischer Ausdrucksweise:* Die nicht realistisch verstehbare Handlung fordert zur metaphorischen oder symbolischen Lesart heraus.

▸ *Kenntnis literarischer Stoffe:* Kafkas poetische Welten gelten vor allem als sprichwörtlich gewordene Sinnbilder undurchsichtiger Machtstrukturen und sinnloser Bemühungen.

▸ *Ästhetische Wahrnehmung:* Das Hörspiel ermöglicht ein Abtauchen in eine andere Welt.

▸ *Vertrautheit mit dem literarischen Gespräch, Sich-Einlassen auf die Unabschließbarkeit des Sinnbildungsprozesses:* Der Hörtext lässt mehrere Interpretationsvarianten zu, ebenso ist die Frage nach den Freiheiten einer Adaption keine banale.

### Materialien

▸ Tondokument: Anfang des Hörspiels auf der Original-CD: Franz Kafka: *Das Schloss.* Sprecher: Gert Westphal u. a. Berlin: Der Audio Verlag, 2006.

### Weitere Anregungen

In Kafkas Manuskripten erscheint die Interpunktion willkürlich, jedoch erkennt man, so der Germanist Malcolm Paisley,

> ihre Konsequenz, sobald man gleichsam mit Hilfe des Ohrs zu lesen beginnt. Denn Kafkas Zeichensetzung dient nicht so sehr der Verdeutlichung der grammatischen Struktur der Sätze als vielmehr der leichteren Erfassung ihres Sinnes und der Markierung von Rhythmus und Tonfall. (Nachwort zu Franz Kafka, *Das Schloß in der Fassung der Handschrift*, Frankfurt a. M. 1982, S. 500)

Kafkas Prosa ist auch in ihrer Lautstruktur entschieden aufs Hören hin konzipiert. Der Autor selbst las gern und eindrucksvoll vor. Es überrascht somit nicht, dass sich das Werk so gut für Lesungen eignet und sich die Besten unter den Sprecherinnen und Sprechern an ihm versuchen. Es ist also auch sinnvoll, sich der Lesungen der kürzeren Texte im Unterricht zu bedienen.

Empfehlenswert ist ferner Reiner Stachs *Kafkas Spiele*, Düsseldorf 2011. Es handelt sich um die Aufzeichnung einer Veranstaltung, die 2011 im Folkwang-Museum Essen stattfand. Der Kafka-Biograf Reiner Stach stellte dort weitgehend unbekannte, reizvolle Kafka-Texte vor (gelesen von Axel Grube), die er klug und allgemein verständlich kommentiert und interpretiert. Der Titel der CD besagt, dass es hier nicht allein um den „düsteren" Kafka geht, sondern auch um unerwartete, heitere und komische Seiten. So erkennt man zwar weiterhin, was typisch für Kafka ist, aber das Bild des Autors wird facettenreicher und weniger stereotyp. Die CD ist sofort im Unterricht einsetzbar.

## 3.7.2 Sprechfassungen im historischen Wandel vergleichen (Johann Wolfgang Goethe: *Prometheus*)

### Aufgabenstellung

Die Jugendlichen erarbeiten sich vor dem Hintergrund von Zusatzwissen (literaturgeschichtlicher Kontext, Prometheus-Mythos) eine eigene Sprechfassung. Sie lernen sodann Sprechfassungen verschiedener Künstler kennen, die für historisch unterschiedliche Sprechstile, aber auch für teils extrem differente Textdeutungen stehen.

### Erläuterungen

Goethes Gedicht entstand wohl 1774, der überlieferte Text folgt jedoch der Fassung, die der Dichter 1777 handschriftlich aufzeichnete. Die Prometheus-Figur stammt aus der griechischen Mythologie. Dort bringt Prometheus gegen den Willen der Götter den Menschen das Feuer und befähigt sie damit zum technischen Fortschritt, was zu einer Emanzipation von den Göttern führt. Zeus, der höchste aller Götter, bestraft ihn dafür, indem er ihn an einen Felsen schmiedet. Goethes Gedicht zeigt Prometheus im Moment des größten Aufbegehrens gegen Zeus. Seine in freien Rhythmen verfasste Hymne gilt nach Inhalt und Form als typisches Sturm-und-Drang-Gedicht. Die Prometheus-Gestalt wurde mit der Entstehung des Genie-Gedankens im 18. Jahrhundert auch bei anderen Kunstschaffenden ein beliebtes Motiv, in dem sich ihr Wunsch nach Rebellion manifestierte. Bei dem folgenden Vergleich mehrerer Sprechfassungen geht es einerseits darum, historische Wandlungen im Sprechstil zu erkennen. Zum anderen werden sehr unterschiedliche Auffassungen der Prometheus-Figur deutlich (siehe auch Weithase 1968 und Anders 2001).

Die erste Tonaufnahme stammt aus dem Jahr 1917 und ist von dementsprechend schlechter Tonqualität. Der österreichische Schauspieler *Alexander Moissi* (1880–1935) gehörte zeitweise dem Ensemble Max Reinhardts in Berlin an. Er galt vor allem den drei Jahrzehnten vor seinem Tod als der berühmteste Schauspieler im deutschsprachigen Raum und avancierte aufgrund von Tourneen zu einer Art Weltstar. Seine gesanghaft überhöhte Sprechweise, die bisweilen „impressionistisch" genannt wird, aber für unsere Ohren eigentümlich tremolierend und „wabernd" ist und in ihrem Pathos mit zeittypisch rollendem R heute fremd anmutet, dürfte die Jugendlichen zum Lachen und Kopfschütteln bringen. Nirgendwo mehr als hier kann man erkennen, wie sich binnen 100 Jahren der Geschmack bezüglich des Sprechstils grundlegend gewandelt hat. Moissi, der vor allem für seine Darstellungen morbider und zerrissener Figuren der Literatur der klassischen Moderne berühmt war, zeigt einen wenig wilden, aufbegehrenden Prometheus, sondern einen eher weinerlichen, „dekadenten".

Zur nächsten Aufnahme auf der diesem Buch beiliegenden CD ist es ein sehr großer zeitlicher Sprung. Leider war es nicht möglich, auf der CD wichtige Zwischenschritte zu dokumentieren, zum Beispiel die sehr zeittypische Lesung *Ludwig Wüllners*. Diese Rezitation soll gleichwohl kurz charakterisiert werden, weil die Aufnahme leicht besorgt werden kann (sie findet sich auf der CD *Max von Schillings Das Hexenlied und Rezitationen*, Bayer Records 1999; eine 1-minütige Hörprobe der Aufnahme im Internet-Buchhandel vermittelt einen Eindruck von Wüllners Rezitationsstil). Der Künstler (1858–1938), von dem die Aufnahme aus dem Jahr 1928 stammt, ist zwar eine Generation vor Moissi geboren, gleichwohl wirkt seine Sprechweise vergleichsweise frisch. Der ebenfalls berühmte Schauspieler interpretiert Prometheus als polternden, bulligen Aufrührer. Seine Stimme lässt einen schon alten Prometheus vor dem inneren Auge entstehen, da Wüllner zur Zeit der Aufnahme bereits 70 Jahre alt war (Moissi war 37-jährig). Seine Sprechweise ist für heutiges Empfinden übertrieben theatralisch, er deklamiert betont expressiv, markant ist auch bei ihm das rollende R. Bis in die 20er Jahre hinein galt dieser besonders expressive Sprechstil als angemessene Bühnensprache. Dem sind Moissi und Wüllner hörbar verpflichtet (ausführlicher zu diesen beiden Sprechern: Rühr 2010, S. 80).

Wer möchte, kann als weiteren Schritt eine Lesung von *Will Quadflieg* dazwischenschalten, die im Internet unter http://www.youtube.com/v=Wy9icSuIwQo zu hören ist. Der Künstler (1914–2003) ist als ein bis zu seinem Tod unermüdlicher Schauspieler und Rezitator noch vielen Zeitgenossen bekannt. Er verkörperte zudem den Faust in Gustav Gründgens legendärer Inszenierung, die 1957 verfilmt wurde. Die vorliegende Aufnahme entstand 1999. Gleichwohl wird er auch schon dem „historischen" Stil zugerechnet (Anders 2001). Der Künstler spricht im Vergleich zu Wüllner etwas natürlicher, dennoch ähneln sich auch die beiden Interpretationen: Quadfliegs Sprechweise klingt für viele heutige Ohren pathetisch und theatralisch, auch er rollt das R wie Wüllner. Hier wie dort ist es ein alter Mann, der spricht, und auch Quadflieg interpretiert den Prometheus als Empörer, der dem Zeus all seine Verachtung entgegenschmettert.

Im Handel ist ferner eine Aufnahme mit Musikuntermalung erhältlich, auf der der 1952 geborene Allround-Künstler *Johannes Galli* spricht. Zwischen 1992 und 1994 nahm er eine Reihe bekannter Gedichte auf, zu denen Michael Summ musikalisch improvisierte. So entstanden laut Booklet „einmalige Momentaufnahmen". Im vorliegenden Fall spricht Galli den Prometheus ebenfalls – wie Wüllner – als Empörer, wenngleich auch mit weniger Pathos. Der rufende Gestus (Bühnenton) wird durch einen halligen Klang verstärkt. Die Klavieruntermalung dagegen konterkariert eher die Aussage, wirkt getragen und friedlich.

Die zweite Aufnahme auf der beiliegenden CD stammt von dem 1950 geborenen Schauspieler *Mathieu Carrière* und wurde vor 2006 (dem Erscheinungsjahr der Original-CD) aufgenommen. Der Künstler spricht im gedämpften Studioton. Ganz ohne zusätzliche musikalische Effekte auskommend, setzt er seine geschulte Stimme und Sprechweise für eine durchdachte und differenzierte Interpretation ein. Dieser „werktreuen" Grundhaltung gemäß ist Prometheus ein

Empörer, aber – unserer Zeit gemäß – ohne allen pathetischen Überschwang. Die weder sehr alt noch sehr jung wirkende Männerstimme lässt die literarische Figur zeitlos, ja „klassisch" wirken.

Die dritte Aufnahme stammt aus einer Produktion damals (1999) junger Schauspieler, die ein Goethe-Projekt realisierten mit dem offenkundigen Anspruch, den Klassiker neu und unerwartet zu interpretieren. *Michael Schefts*, geboren 1973 in Wien, spricht mit leicht österreichischer Einfärbung und in verhaltenem Ton den Prometheus als jemanden, der mit Zeus Mitleid hat und ihm ironisch-abgeklärt und gönnerhaft-herablassend begegnet. Wer keine Autorität mehr hat, gegen den braucht man sich auch nicht mehr aufzulehnen. Dies ist in der Tat eine völlige Uminterpretation und dürfte die Jugendlichen überraschen – eine Deutung, die erst in einer Zeit wie der unseren überhaupt denkbar wurde, in der Autoritäten nicht mehr wie selbstverständlich hingenommen werden. Während Carrières Aufnahme ein Textverständnis spiegelt, das sich am historischen Entstehungskontext orientiert, interpretiert Schefts die Figur vor dem Hintergrund der Gegenwart: beides legitime Ansätze, die sich auch in der Inszenierungspraxis von Theaterstücken wiederfinden lassen.

## Kompetenzen, Aspekte literarischen Lernens

▸ *Aufmerksame Wahrnehmung sprachlicher Gestaltung:* Die Beurteilung der Sprechfassungen verlangt eine genaue Betrachtung des Textes selbst.
▸ *Nachvollzug der Perspektiven literarischer Figuren:* Die diametralen Figureninterpretationen müssen nachvollzogen werden.
▸ *Kenntnis literarischer Stoffe:* Der Prometheus-Mythos gehört zur europäischen Bildsprache.
▸ *Literaturhistorisches Bewusstsein:* Es handelt sich um einen Text, der typisch für eine bestimmte Epoche, nämlich den Sturm und Drang, steht.
▸ *Vertrautheit mit dem literarischen Gespräch, Sich-Einlassen auf die Unabschließbarkeit des Sinnbildungsprozesses:* Sowohl für die werkgetreue als auch für die aktualisierende Version sprechen Gründe. Die Jugendlichen erkennen, dass literarisches Leben darin besteht, klassische Werke immer neu zu interpretieren.

## Materialien

▸ Tondokumente: Sprechfassungen von A. Moissi, M. Carrière, M. Schefts (Tracks 13 – 15 ⦿). Die Aufnahme mit Galli/Summ ist nicht auf der CD enthalten und muss daher selbst angeschafft werden: *Klassische Gedichte mit Musik*, Galli Verlag 1994.
▸ Arbeitsblatt Nr. 25 ⦿

## Weitere Anregungen

Wegen der Bekanntheit des Textes finden sich im Internet etwa bei YouTube viele weitere Rezitationen und Inszenierungen des *Prometheus*. Wer das Thema inhaltlich vertiefen will, sei verwiesen auf: Harro Müller-Michaels: „Prometheus – Leitfigur der westlichen Kultur." In: *Deutschunterricht*, Heft 6/2009, S. 28–31. Zum Vergleich von Sprechfassungen liegen Unterrichtsmodelle teils mit Hörbeispielen und Arbeitsblättern vor: zu Goethes *Zauberlehrling* (Schilcher 2004, Frederking 2008), zu Schillers *Die Bürgschaft* und *Der Handschuh* (Bütow/Wetekam 2005), zu Kästners *Sachlicher Romanze* (Frederking/Krommer/Maiwald 2008, S. 116 ff.). Tonmaterial zu mehreren Gedichten in unterschiedlichen Varianten bietet auch die Begleit-CD zu *Praxis Deutsch*, Heft 199/2006, *Vorlesen und Vortragen*).

## 3.7.3 Die Angemessenheit einer Sprechgestaltungs-Interpretation beurteilen (Johann Wolfgang Goethe: *Gingo biloba*)

### Aufgabenstellung

Die Jugendlichen interpretieren vor dem Hintergrund von biografischem und historischem Kontextwissen das Gedicht. Sie erkennen, wie semantisch mit Oppositionen gearbeitet wird (*ein* Wesen, das *zwei*geteilt ist, oder *zwei*, die als *eines* angesehen werden). Sie lesen es sprechgestaltend, gemäß ihrer Interpretation. Sie vergleichen die gedruckte Fassung des Gedichts, wie sie in der Hamburger Ausgabe vorliegt, mit der Autografenfassung, die im Internet abgebildet ist, und stellen fest, dass (neben Modernisierungen der Rechtschreibung auch Betonungshinweise gegeben sind, nämlich durch gesperrten Druck der Wörter *ein/eines* in Strophe II. Ferner ermöglicht die Gliederung in Strophen einen leichteren Überblick über den Gedankengang. Sie hören nun die Sprechfassung von Anna Thalbach, die offensichtlich weder die „Hamburger" Fassung vorliegen hatte, noch über den Bedeutungskontext des Gedichts informiert war und dementsprechend sinnentstellend betont. Hinzu kommt, dass sie die Satzschlusszeichen ignoriert, was die Aussage verfälscht.

### Erläuterungen

*Ginkgo biloba* ist ein Baum, der aus Ostasien stammt, seit etwa 1780 in botanischen Gärten und Parks in Europa vorkommt und auch gegenwärtig in den Gärten vieler Pflanzenliebhaber steht, zudem wegen seiner Robustheit an Rändern verkehrsreicher Straßen (zum Beispiel in Manhattan). Wegen des sehr hohen Alters vieler Bäume, wegen ihrer legendären Überlebensfähigkeit und wegen der Wirkung ihrer Blätter als Arznei wird der Gingko von jeher als ganz besonderer Baum angesehen. In Weimar gab und gibt es Ginkgos, jedoch wurde Goethes Gedicht von einem Baum inspiriert, den er im Heidelberger Schlossgarten gesehen hatte. Goethe war fasziniert von dem charakteristischen, fächerförmigen

Blatt, das einen – oft tiefen – Einschnitt aufweist, sodass es wie gespalten aussieht. Im Gespräch mit dem Altertumswissenschaftler Friedrich Creuzer deutete Goethe das Blatt sinnbildlich: „Eines und doppelt" (Eilert/Heide 1994: Daß ich eins und doppelt bin. In: Maria Schmid, Helga Schmoll gen. Eisenwerth: *Ginkgo. Ur-Baum, Arzneipflanze, Mythos, Dichtung und Kunst.* Stuttgart, S. 59). Ihm wurde das Blatt zum Symbol für Zweiheit in der Einheit.

Das Gedicht stammt aus dem Buch *Suleika* innerhalb der Gedichtesammlung *Westöstlicher Divan.* In den Rollen von Hatem und Suleika sind dort verschlüsselte Liebesgedichte zu finden, die Goethe und Marianne von Willemer – beide verheiratet – sich gegenseitig widmeten.

> Indem dieses Baumblatt die Verbindung von Auseinanderstrebendem, die Doppeltheit in der Einheit vor Augen führte, konnte es ihm zum sinnfälligen Ikon werden und die beiden Erfahrungen und Themenbereiche zeichenhaft repräsentieren, die ihn zu dieser Zeit am heftigsten und ausgiebigsten beschäftigten: die west-östlichen Dichtungen seines Divan, die Beziehung zu der so geliebten wie notwendig von ihm getrennten Marianne von Willemer. (ebd. S. 57)

Das Gedicht liegt in zwei Handschriften aus dem Jahr 1815 vor, von denen eine transskribiert und abgedruckt ist. Für den Druck 1819 veränderte Goethe die Schreibweise von „Ginkgo" in der Überschrift in „Gingo", wohl des Klanges wegen. Die Weimarer Souvenir-Industrie hat sich des dekorativen Ginkgoblatt-Motivs bemächtigt, sodass man dort allenthalben auf Schmuck und andere Gegenstände mit diesem Motiv trifft.

Entsprechend der zweigeteilten Form des Ginkgoblatts ist die semantisch oppositionell konstruierte zweite Strophe im Gedicht so zu betonen:

Ist es *ein* lebendig Wesen,
Das sich in sich selbst *getrennt?*
Sind es *zwei*, die sich erlesen,
Dass man sie als *eines* kennt? ↑

Thalbach betont stattdessen anders und senkt zudem die Stimme am Strophenende ab:

Ist es ein lebendig *Wesen*,
Das sich in sich selbst getrennt?
Sind es *zwei*, die sich erlesen,
Dass man sie als *eines* kennt? ↓

Bei dem ersten Verspaar betont sie das „Wesen", worum es in der Frage gar nicht geht. Bei dem zweiten Verspaar betont sie zwar sinngemäß den Gegensatz von „zwei" und „eins", aber verunklart den Sinn dadurch, dass sie die Stimme am

Ende senkt, sodass der Satz nicht wie eine Frage, sondern wie eine Behauptung und damit wie eine Antwort auf die eingangs gestellte Frage wirkt. Damit wird der Anschein erweckt, dass es sich klar um eine Pflanze handelt, die aus zwei Teilen besteht. Bei Goethe wird aber diese Frage gerade nicht beantwortet, sondern die Ambivalenz bleibt erhalten.

Auch den Sinn der 3. Strophe entstellt die Künstlerin, bei anderen Texten eine exzellente Interpretin, indem sie am Schluss die Stimme senkt.

> Solche Frage zu erwidern,
> Fand ich wohl den rechten Sinn;
> Fühlst du nicht an meinen Liedern,
> Daß ich eins und doppelt bin? ↓

Die rhetorische (zu bejahende) Frage, ob das Gegenüber etwas fühlt, hört sich nun so an, als ob das Gegenüber eben nichts fühlt, was die sprechende Person feststellt. Der Sinn wird ins Gegenteil verkehrt.

### Kompetenzen, Aspekte literarischen Lernens

▸ *Aufmerksame Wahrnehmung sprachlicher Gestaltung:* Nur durch genaue Textanalyse kann die Aufgabe gelöst werden.
▸ *Verständnis der Handlungslogik:* Dazu muss Kontextwissen herangezogen werden.
▸ *Verständnis metaphorischer und symbolischer Ausdrucksweise:* Das Ginkgoblatt wird explizit als Metapher gebraucht, jedoch muss selbst nachgedacht werden, wofür es steht.
▸ *Literaturhistorisches Bewusstsein:* Das Gedicht wird in den historischen Kontext gestellt.

### Materialien

▸ Tondokument: Lesung des Gedichts durch Anna Thalbach, Track 16 ⊙
▸ Arbeitsblatt 26 ⊙
▸ Abbildung der Handschrift Goethes: http://de.wikipedia.org/w/index.php?title=Datei:Goethe_Ginkgo_Biloba.jpg

# 4 Anhang

# 4.1 Literaturverzeichnis

Abraham, Ulf 1996: Stil Gestalten. Geschichte und Systematik der Rede vom Stil in der Deutsch-didaktik. Tübingen.

Ackermann, Max 2006: Hörwörter – etymologisch. In: Bernius, Volker u. a. (Hg.): Der Aufstand des Ohrs – die neue Lust am Hören. Göttingen. S. 59–75.

Aderhold, Egon 1994: Das gesprochene Wort. Sprechkünstlerische Gestaltung deutschsprachi-ger Texte. Berlin.

Akademie für Lehrerfortbildung und Personalführung Dillingen (Hg.) 2006: Hör hin – Hör her – Hör zu. Wege, Zuhören zu lernen (= Akademiebericht Nr. 410). O. O.

Akademie für Lehrerfortbildung und Personalführung Dillingen (Hg.) 2007: Erzähl uns eine Geschichte. Anregungen zum Erzählen und Zuhören für Grundschule und Sekundarstufe (= Akademiebericht Nr. 415). O. O.

Anders, Petra/Axel Krommer 2007: Lyrik des Augenblicks – der Live-Poet Bas Böttcher. In: Deutschunterricht. H. 6. S. 46–51.

Anders, Petra/Ulf Abraham 2008: Poetry Slam und Poetry Clip. In: Praxis Deutsch. H. 208. S. 6–15.

Anders, Petra 2010: Poetry Slam im Deutschunterricht. Aus einer für Jugendliche bedeutsamen kulturellen Praxis Inszenierungsmuster gewinnen, um das Schreiben, Sprechen und Zuhören zu fördern. Baltmannsweiler.

Anders, Petra 2011: Poetry Slam. Unterricht, Workshops, Texte und Medien. Baltmannsweiler.

Anders, Yvonne 2001: Untersuchungen zu Melodisierungs- und Sprechausdrucksmerkmalen ge-sprochener Dichtungen. In: Margret Bräunlich u. a. (Hg.): Gesprochene Sprache – transdiszi-plinär. Frankfurt/Main. S. 19–28.

Baader, Ute 2010: Eigene Hörspiele produzieren. Von der Idee zur CD: eine praktische Anlei-tung. Buxtehude.

Barian, Dorothee 2008: Lernaufgaben zum Hörverstehen. Der Jugendroman „Löcher" von Louis Sachar. In: Deutschunterricht. H. 5. S. 25–29.

Bastian, Annette 2003: Das Erbe der Kassettenkinder … ein spezialgelagerter Sonderfall. Brühl.

Baurmann, Jürgen/Mechthild Dehn 2004: Beurteilen im Deutschunterricht. In: Praxis Deutsch. H. 184. S. 6–13.

Baurmann, Jürgen/Wolfgang Menzel 2006: Vorlesen – Vortragen. In: Praxis Deutsch. H. 199. S. 6–13.

Bayerisches Staatsministerium für Arbeit und Sozialordnung, Familie und Frauen (Hg.) 2009: Wortschätze heben, Leselust beflügeln! Sprachliche Bildung bei Kindern – von Geburt an. Von Christa Kieferle. München.

Bechdolf, Ute 2006: Ganz Ohr – Ganz Körper. Zuhörkultur in Bewegung. In: Volker Bernius u. a. (Hg.): Der Aufstand des Ohrs – die neue Lust am Hören. Göttingen. S. 128–140.

Becker, Susanne 2004: Hörkompetenzen einschätzen und bewerten. In: Deutsch. Unterrichtspra-xis für die Klassen 5 bis 10. H. 1. S. 16f.

Beck, Rufus 2008: Die Kunst des Vorlesens. In: Frankfurter Rundschau vom 12.12.2008, zit. nach http://www.fr-online.de/in_und_ausland/panorama/?em_ct=1644818&em_loc=105, recher-chiert am 14.12.2008.

Beck, Rufus 2011: Tipps zum Vorlesen. http://www.vorlesewettbewerb.de/kids/alles-ueber/ tipps.php, recherchiert am 12.09.2011.

Beer, Werner/Klaus Metzger/Werner Simon 2008: Hörspiele in der Grundschule. Voraussetzun-gen – Modelle – Ergebnisse. Augsburg.

Behrens, Ulrike 2010: Aspekt eines Kompetenzmodells zum Zuhören und Möglichkeiten ihrer Testung. In: Volker Bernius/Margarete Imhof (Hg.): Zuhörkompetenz in Unterricht und Schu-le. Beiträge aus Wissenschaft und Praxis. Göttingen. S. 31–50.

Behrens, Ulrike/Katrin Böhme/Michael Krelle 2009: Zuhören – Operationalisierung und fach-didaktische Implikationen. In: Dietlinde Granzer u. a. (Hg.): Bildungsstandards Deutsch und Mathematik. Weinheim und Basel. S. 357–375.

Behrens, Ulrike/Birgit Eriksson 2009: Sprechen und Zuhören. In: Albert Bremerich-Vos u. a. (Hg): Bildungsstandards für die Grundschule konkret. Berlin. S. 43–74.

Beisbart, Ortwin 1993: Der Ton macht die Musik … Plädoyer für das Vorlesen in der Schule sowie einige Ratschläge für die Vermittlung dieser Fähigkeit. In: Ortwin Beisbart u. a. (Hg.): Leseförderung und Leseerziehung. Theorie und Praxis des Umgangs mit Büchern für junge Leser. Donauwörth. S. 167–176.

Bekes, Peter 2006: Die Aushöhlung des Wohlstandsbürgers – Günter Eichs Hörspiel-Klassiker „Träume". In: Deutschunterricht. H. 5. S. 36–42.

Belgrad, Jürgen/Ralf Schünemann (unter Mitarbeit von Iris Hentschel und Barbara Schupp) 2011: Leseförderung durch Vorlesen: Ergebnisse und Möglichkeiten eines Konzepts zur basalen Leseförderung. In: Ulrike Behrens/Birgit Eriksson (Hg.): Sprachliches Lernen zwischen Mündlichkeit und Schriftlichkeit. Bern. S. 144–170.

Berger, Norbert 2004: Donner, wehende Winde und ein rollender Zug. Ein Hörbild zu Fontanes *Die Brück am Tay*. In: Praxis Deutsch. H. 185. S. 35–39.

Bergk, Marion 1988: Aktives Zuhören beim Vorlesen. In: Praxis Deutsch. H. 88. S. 33–37.

Bergmann, Katja 2000: Hör-Gänge. Konzeption einer Hörerziehung für den Deutschunterricht. Oberhausen.

Bergmann, Katja 2004: „Und der Igel schwimmt doch!" Ein musikalisches Bilderbuch kreativ gehört. In: Praxis Deutsch. H. 185. S. 18–21.

Bergmann, Katja 2006: „Der Buchstaben-Fresser" von Paul Maar. Buchstaben hören und mit ihnen experimentieren. In: Die Grundschulzeitschrift. H. 193. S. 10–15.

Bernius, Volker/Mareile Gilles (Hg.) 2004: Hörspaß. Über Hörclubs an Grundschulen (mit 2 CDs). Göttingen.

Berthold, Siegwart (Hg.) 1985: Gedichte sprechen und interpretieren. Konzepte und Beispiele für den Deutschunterricht ab 5. Schuljahr. Bonn-Bad Godesberg.

Beyer, Reinhard 2003: Verstehen von Diskursen. In: Gert Rickheit u. a. (Hg.): Psycholinguistik/ Psycholinguistics. Ein internationales Handbuch. New York, Berlin. S. 532–544.

Binder, Sigrid/Mechthild Hagen/Joachim Kahlert (Hg.) 2007: GanzOhrSein. Ein fächerübergreifenes Grundschulprojekt. Braunschweig.

Birkle, Sonja 2010: Erwerb von Textmusterwissen durch Vorlesen? Eine empirische Studie in der Grundschule. In: Volker Bernius/Margarete Imhof (Hg.): Zuhörkompetenz in Unterricht und Schule. Beiträge aus Wissenschaft und Praxis. Göttingen. S. 150–162.

Böckelmann, Angelika 2002: Hörspiele für Kinder. Kinderliteratur als Vorlage für Hörspiele – Otfried Preußler als Autor – Bewertungskriterien. Oberhausen.

Böhme, Katrin/Alexander Robitzsch/Anne-Kathrin Busé 2010: Zur Abgrenzung des Hörverstehens gegenüber dem Leseverstehen mit Hilfe schwierigkeitsbestimmender Merkmale bei der Entwicklung von Testaufgaben. In: Volker Bernius/Margarete Imhof (Hg.): Zuhörkompetenz in Unterricht und Schule. Beiträge aus Wissenschaft und Praxis. Göttingen. S. 81–104.

Bönnighausen, Marion 2010: Intermedialer Literaturunterricht. In: Volker Frederking/Axel Krommer/Christel Meier (Hg.): Literatur- und Mediendidaktik (Taschenbuch des Deutschunterrichts, Band 2). Baltmannsweiler. S. 503–514.

Börder, Mette/Jörg Ehrnsberger 2003: Hörästhetik und auditive Medien im Deutschunterricht. Eine Bibliographie. In: Jutta Wermke (Hg.): Literatur und Medien (= Jahrbuch Medien im Deutschunterricht 2002). München. S. 283–300. 2. Teil. In: Volker Frederking (Hg.) 2004: Lesen und Symbolverstehen (= Jahrbuch Medien im Deutschunterricht 2003). München. S. 332–335.

Börder, Mette 2007: Hörbuch-Krimis für Kinder. In: Petra Josting/Klaus Maiwald (Hg.): Kinder- und Jugendliteratur im Medienverbund. Grundlagen, Beispiele und Ansätze für den Deutschunterricht (kjl&m 07.extra). München. S. 108–119.

Börsenverein des Deutschen Buchhandels 2006: Kinder und Jugendliche – Fans von Hörbüchern? Zit. nach: http://www.boersenverein.de/sixcms/media.php/976/Ohr%20liest%20mit%20-%20Auswertung%202006.pdf, recherchiert am 23.08.2011.

Brandt, Susanne 2008: Lauschen und Lesen. Berlin.

Bremerich-Vos, Albert/Dietlinde Granzer/Ulrike Behrens/Olaf Köller (Hrsg.) 2009: Bildungsstandards für die Grundschule konkret. Berlin.

Brenner, Peter J. 2006: Hörkulturen. Stimme und Schrift, Hören und Lesen in der abendländischen Kultur. In: Universitas. H. 717. S. 224–235.

Bütow, Wilfried/Burkhard Wetekam 2005: Hören, sehen, lesen – Brücken zu Schillers Balladen. In: Deutschunterricht. H. 2. S. 18–25.

Buresch, Wolfgang 2011: „Mit der Stimme berühren". Ein Gespräch mit Wolfgang Buresch. In: Televizion. H. 24/1. S. 46f.

Butzer, Günter/Joachim Jacob (Hg.) 2008: Metzler Lexikon literarischer Symbole. Stuttgart, Weimar.

Christmann, Ursula/Norbert Groeben 2001: Psychologie des Lesens. In: Bodo Franzmann u. a. (Hg.): Handbuch Lesen. Baltmannsweiler. S. 145–223.

Christmann, Ursula 2010: Lesepsychologie. In: Michael Kämper-van den Boogaart/Kaspar H. Spinner (Hg.): Lese- und Literaturunterricht. Teil 1: Geschichte und Entwicklung. Konzeptionelle und empirische Grundlagen (DTP, Band 11/1). Baltmannsweiler. S. 148–200.

Cichlinski, Gerd/Dietlinde Granzer 2009: Bildungsstandards Deutsch – Lernen mit Medien. In: Albert Bremerich-Vos/Dietlinde Granzer/Ulrike Behrens/Olaf Köller (Hg.): Bildungsstandards für die Grundschule konkret. Berlin. S. 202–216.

Claussen, Claus 2006: Tipps fürs Vorlesen. In: Praxis Deutsch. H. 199. S. 14.

Claussen, Claus 2011: Praxisbuch Vorlesen. Mit Büchern aufwachsen. Braunschweig.

Cybinski, Hans/Christian Neugebauer/Franziska Schiller 2003a: Geschichten aus Geräuschen erraten, aufschreiben, selber machen. Mühlheim.

Cybinski, Hans/Christian Neugebauer/Franziska Schiller 2003b: Zu Geschichten Geräusche machen. Mühlheim.

Dellefant, Eva Maria 2010: Der Knabe im Moor. Eine Ballade hören, verstehen und szenisch gestalten. In: Praxis Grundschule. H. 6. S. 21–28.

Drach, Erich [13]1969: Sprecherziehung. Die Pflege des gesprochenen Wortes in der Schule. Frankfurt/Main (erstmals 1922).

Draeger, Barbara/Markus Anders 2004: Stimmt's? – Stimmbildung für Lehrer und Schüler. In: Deutschunterricht. H. 2. S. 28–33.

Dringenberg, Brunhilde 2001: Das Hörspiel im Unterricht. In: Günter Lange u. a. (Hg.): Taschenbuch des Deutschunterrichts. Band 2. Baltmannsweiler. S. 669–694.

Eckert, Hartwig/John Laver 1994: Menschen und ihre Stimmen. Aspekte der vokalen Kommunikation. Weinheim.

Eckert, Hartwig 2006: Wenn Bücher sprechen lernen: Gattungsspezifische Probleme bei Hörbüchern. In: Richard W. Wagner/Andrea Brunner/Susanne Voigt-Zimmermann (Hg.): Hören – lesen – sprechen. München/Basel. S. 17–22.

Eggert, Hartmut 2002: Literarische Texte und ihre Anforderungen an die Lesekompetenz. In: Norbert Groeben/Bettina Hurrelmann (Hg): Lesekompetenz. Bedingungen, Dimensionen, Funktionen. Weinheim, München. S. 186–194.

Eisenberg, Gabriele 2004: … und hörst du nicht? Der Erlkönig spricht. Eine Ballade hörend erschließen. In: Deutsch. Unterrichtspraxis für die Klassen 5 bis 10. H. 1. S. 14f.

Emde, Marie-Louise 2007: Mucksmäuschenstill bei der Aufnahme. In: Grundschule Deutsch. H. 15. S. 10–12.

Ertmer, Cornelia 1996: Gestaltendes Sprechen in der Schule. Münster.

Fabian, Wolfgang/Frits Enk 2007: Hörspieladventskalender für Kinder. Ein Großprojekt mit Breitenwirkung. In: Deutschmagazin. H. 6. S. 49–53.

Feierabend, Sabine/Thomas Rathgeb 2011: Medienumgang Jugendlicher in Deutschland. In: Media Perspektiven. H. 6. S. 299–310.

Fischer-Lichte, Erika 2001: Ästhetische Erfahrung. Das Semiotische und das Performative. Tübingen und Basel.

Fischer-Lichte, Erika 2004: Ästhetik des Performativen. Frankfurt/Main.

Frederking, Volker/Axel Krommer/Klaus Maiwald 2008: Mediendidaktik Deutsch. Eine Einführung. Berlin.

Frederking, Volker 2008: Lyrikunterricht symmedial und digital. (Syn)Ästhetische Bildung mit „neuen Medien" am Beispiel von Goethes Ballade *Der Zauberlehrling*. In: Volker Frederking/ Matthis Kepser/Matthias Rath (Hg.): LOG IN! Kreativer Deutschunterricht und neue Medien. München.

Frederking, Volker 2010a: Modellierung literarischer Rezeptionskompetenz. In: Michael Kämper-van den Boogaart/Kaspar H. Spinner (Hg.): Lese- und Literaturunterricht. Teil 1: Geschichte und Entwicklung. Konzeptionelle und empirische Grundlagen (DTP, Band 11/1). Baltmannsweiler. S. 324–380.

Frederking, Volker 2010b: Symmedialer Literaturunerricht. In: Volker Frederking/Axel Krommer/Christel Meier (Hg.): Literatur- und Mediendidaktik (= Taschenbuch des Deutschunterrichts, Band 2). Baltmannsweiler. S. 515–545.

Friedrich, Gerhard 2000: Die Stimme und ihre Wirkungen. In: Ludowika Huber/Eva Odersky (Hg.) 2000: Zuhören – Lernen – Verstehen. Braunschweig. S. 58–71.

Frühauf, Conny/Christine Werner 2006: Hört mal, was da klingt! Spielerische Aktionen mit Geräuschen, Klängen, Stimme und Musik zur Förderung des Hörsinns. Münster.

Gailberger, Steffen 2010: Hörbücher und das simultane Lesen und Hören im Deutschunterricht. Befunde zu einer mehrdimensionalen Förderung von literarischen und Lesekompetenzen schwacher Schüler an der Schnittstelle von Schriftlichkeit und Mündlichkeit. In: Volker Bernius/Margarete Imhof (Hg.): Zuhörkompetenz in Unterricht und Schule. Beiträge aus Wissenschaft und Praxis. Göttingen. S. 105–134.

Gailberger, Steffen 2011: Lesen durch Hören. Leseförderung in der Sek. Mit Hörbüchern und neuen Lesestrategien. Mit Kopiervorlagen und Hörbuch „Paranoid Park" auf CD-ROM. Weinheim, Basel.

Gailberger, Steffen 2012: Lesen mit Hörbüchern. Förderung der Leseflüssigkeit und Lesemotivation. In: Deutsch differenziert. H. 2 (2012). S. 31–37.

Garbe, Christine 2009: Lesesozialisation. In: Christine Garbe/Karl Holle/Tatjana Jesch (Hg.): Texte lesen. Lesekompetenz – Textverstehen – Lesedidaktik – Lesesozialisation. Paderborn. S. 167–221.

Gattermaier, Klaus 2003: Literaturunterricht und Lesesozialisation. Eine empirische Untersuchung zum Lese- und Medienverhalten von Schülern und zur lesesozialisatorischen Wirkung ihrer Deutschlehrer. Regensburg.

Gegner, Christian 2012: Wem hört man gerne zu? Die Wirkung auditiv wahrnehmbarer Kriterien. In: Deutsch differenziert. H. 2. S. 21–25.

Geißner, Helmut 1981: Sprechwissenschaft. Theorie der mündlichen Kommunikation. Königstein.

Geißner, Helmut 2000: Kommunikationspädagogik. Transformationen der „Sprech"-Erziehung. St. Ingbert.

Glaboniat, Manuela 2008: Wer nicht hören will, muss üben … Zur Schulung der HV-Kompetenz aus der Sicht des Deutsch als Fremdsprache-Unterrichts. In: ide. H. 1. S. 51–65.

Göttert, Karl-Heinz 1998: Geschichte der Stimme. München.

Göttler, Hans 1991: Stilbildung durch Klangerfahrung. In: Eva Neuland/Helga Bleckwein (Hg.): Stil – Stilistik – Stilisierung. Linguistische, literaturwissenschaftliche und didaktische Beiträge zur Stilforschung. Frankfurt/Main. S. 195–207.

Groeben, Norbert 2003: Verstehen von Sprecherintentionen: Witz, Metapher, Ironie. In: Gert Rickheit u. a. (Hg.): Psycholinguistik/Psycholinguistics. Ein internationales Handbuch. Berlin, New York. S. 651–664.

Groeben, Norbert/Bettina Hurrelmann (Hg.) 2004: Lesesozialisation in der Mediengesellschaft. Ein Forschungsbericht. Weinheim, Münster.

Große, Wilhelm 2011: Spannung pur: „Das Bettelweib von Locarno". In: Deutschunterricht. H. 1. S. 44–49.

Gruber, Eva 2011: Das Erzählte *hören*. Überlegungen zur Materialität der Stimme. In: ide. H. 3. S. 27–34.

Grzesik, Jürgen 2005: Texte verstehen lernen. Neurobiologie und Psychologie der Entwicklung von Lesekompetenzen durch Erwerb von textverstehenden Operationen. Münster, New York, München, Berlin.

Günther, Carsten 1999: Prosodie und Sprachproduktion. Tübingen.

Günther, Herbert 2008: Sprache hören – Sprache verstehen. Sprachentwicklung und auditive Wahrnehmung. Weinheim und Basel.

Haas, Gerhard 1991a: Das Hörspiel – eine vergessene Gattung? In: Praxis Deutsch. H. 109. S. 13–19.

Haas, Gerhard 1991b: Hörspiel und Hörspielelemente im Unterricht der Primarstufe. In: Praxis Deutsch. H. 109. S. 22–25.

Hachenberg, Katja 2004: „Hörbuch": Überlegungen zu Ästhetik und Medialität akustischer Bücher. In: Der Deutschunterricht. H. 4. S. 29–38.

Hacke, Axel/Michael Sowa 2004: Der weiße Neger Wumbaba. Kleines Handbuch des Verhörens. München.

Häusermann, Jürg 2010: Das Medium Hörbuch. In: Jürg Häusermann/Korinna Janz-Peschke/Sandra Rühr: Das Hörbuch. Medium – Geschichte – Formen. Konstanz. S. 9–58.

Hagen, Mechthild 2006: Förderung des Hörens und Zuhörens in der Schule. Göttingen.

Hagen, Mechthild/Ludowika Huber 2010: Wie kann Zuhören gefördert werden? In: Volker Bernius/Margarete Imhof (Hg.): Zuhörkompetenz in Unterricht und Schule. Beiträge aus Wissenschaft und Praxis. Göttingen. S. 183–203.

Hartung, Anja/Wolfgang Reißmann 2007: Emotionales Erleben von Musik im Jugendalter. In: merz. H. 4. S. 23–30.

Hartung, Anja 2008: Humor im Hörfunk und seine Aneignung durch Kinder und Jugendliche. Eine qualitative Untersuchung. München.

Hartung, Anja 2009: Hörfunk. In: Bernd Schorb/Günthet Anfang/Kathrin Demmler (Hg.): Grundbegriffe Medienpädagogik Praxis. München. S. 113–115.

Hattendorf, Erna/Irene Hoppe 2008a: Etwas zu hören bekommen: Hörbücher im Hörtest. In: Grundschulunterricht Deutsch. H. 1. S. 9–11.

Hattendorf, Erna/Irene Hoppe 2008b: Ein Kinderbuch. „Lesende Ohren" und ein Zuhörheft. In: Grundschulunterricht Deutsch. H. 1. S. 23–26.

Hauck-Thum, Uta 2011: Geschlechtersensible Medienarbeit im Deutschunterricht der Grundschule. Baltmannsweiler.

Helfrich, Hede 2003: Kategoriale Wahrnehmung von Lauten. In: Gert Rickheit u. a. (Hg.): Psycholinguistik/Psycholinguistics. Ein internationales Handbuch. Berlin, New York. S. 518–524.

Herrman-Strenge, Andrea ²2004: Laute Flaute, stiller Sturm. Praxisbausteine zum Hören und Hinhören in Kindergarten und Vorschule. Dortmund (mit CD).

Hielscher, Martina 2003: Sprachrezeption und emotionale Bewertung. In: Gert Rickheit u. a. (Hg.): Psycholinguistik/Psycholinguistics. Ein internationales Handbuch. Berlin, New York. S. 677–707.

Hillegeist, Kerstin 2010: Gestaltendes Sprechen: Beobachen und Bewerten im Deutschunterricht. Baltmannsweiler.

Hintz, Ingrid 2006: Das Auge hört mit. Vorlesen mit dem Bilderbuchkino. In: Praxis Deutsch. H. 199. S. 16–18.

Hirschfeld, Ursula/Eberhard Stock 2011: Aussprache. In: Marita Pabst-Weinschenk (Hg.): Grundlagen der Sprechwissenschaft und Sprecherziehung. München, Basel.

Högemann, Claudia/Reinhild Miedzybrocki 2007: Hören, Zuhören, Verstehen 5/6 [und weitere Jahrgangsstufe]. Audio-CD, CD-ROM mit Arbeitsblätter und Lehrerhandreichung als Booklet. Bamberg.

Hörburger, Christian 1996: Hörspiel. In: Gert Ueding (Hg.): Historisches Wörterbuch der Rhetorik. Band 3, Sp. 1573–1584.

Holstein, Hermann 1979: Schulfunk im Schulunterricht. Didaktische und methodische Medienleistungen des Hörfunks im Medienverbund. Frankfurt/Main.

Hoppe, Almut 2001: Akustische Dimensionen von Literatur. Medientransformationen: Gedichte zu Bildern und Klanginstallationen zu Gedichten. In: Jutta Wermke (Hg.): Hören und Sehen. Beiträge zu Medien- und ästhetischer Erziehung. München. S. 73–88.

Hüttis-Graff, Petra 2008: Vom Hören zum Lesen. Literarisches Lernen mit Lese-Hör-Kisten. In: Petra Wieler (Hg.): Medien als Erzählanlass. Wie lernen Kinder im Umgang mit alten und neuen Medien? Freiburg im Breisgau. S. 105–123.

Hüttis-Graff, Petra 2009: Texte gemeinsam hören und individuelle Zugänge zu Schrift eröffnen. Soziale Lernsituationen zur Geschichte vom Löwen, der nicht schreiben konnte. In: Grundschulunterricht. H. 1. S. 11–16.

Hüttis-Graff, Petra/Daniela Merklinger 2010: Ohne Buchstaben Texte schreiben. Ein Hörspiel für Kinder als Zugang zu Schriftlichkeit. In: Dagmar Grenz (Hg.): Kinder- und Jugendliteratur. Theorie, Geschichte, Didaktik. Baltmannsweiler. S. 179–198.

Hurrelmann, Bettina/Michael Hammer/Ferdinand Nieß 1993: Leseklima in der Familie. Gütersloh.

Hurrelmann, Bettina 2002: Prototypische Merkmale der Lesekompetenz. In: Norbert Groeben/Bettina Hurrelmann (Hg.): Lesekompetenz. Bedingungen, Dimensionen, Funktionen. Weinheim und München. S. 275–286.

Hurrelmann, Bettina 2003: Ein erweitertes Konzept von Lesekompetenz und Konsequenzen für die Leseförderung. In: Georg Auernheimer (Hg.): Schieflagen im Bildungssystem. Die Benachteiligung der Migrantenkinder. Opladen. S. 177–194.

Husler, Frederick/Yvonne Rodd-Marling 1965: Singen. Die physische Natur des Stimmorganes. Anleitung zum Aufschließen der Singstimme. Mainz.

Huwiler, Elke 2005: Erzähl-Ströme im Hörspiel. Zur Narratologie der elektroakustischen Kunst. Paderborn.

Huwiler, Elke 2008: Literatur-Spuren im Hörspiel. Der Einfluss des Literarischen in der akustischen Kunst. In: Mitteilungen des Deutschen Germanistenverbands. H. 3. S. 274–286.

Imhof, Margarete 2003: Zuhören. Psychologische Aspekte auditiver Informationsverarbeitung. Göttingen.

Imhof, Margarete 2010: Zuhören lernen und lehren. Psychologische Grundlagen zur Beschreibung und Förderung von Zuhörkompetenzen in Schule und Unterricht. In: Volker Bernius/Margarete Imhof (Hg.): Zuhörkompetenz in Unterricht und Schule. Beiträge aus Wissenschaft und Praxis. Göttingen. S. 15–30.

Kammer, Marion von der 2004: Wege zum Text. Sechzehn Unterrichtsmethoden für die Entwicklung der Lesekompetenz. Baltmannsweiler.

Kampermann, Michael 1988: Ein Theaterstück erarbeiten. Eine Unterrichtsanregung (nicht nur) für Klasse 11. In: Praxis Deutsch. H. 88. S. 57.

Kelter, Stephanie 2003: Mentale Modelle. In: Gert Rickheit u. a. (Hg.) (2003): Psycholinguistik/Psycholinguistics. Ein internationales Handbuch. Berlin, New York. S. 505–517.

Kerenkewitz, Sarah/Klaus Martin Schulte 2008: Die rätselhaft-vertraute Welt der Hörspielserie *Die drei ???*. In: merz. H. 2. S. 80–84.

Kibler, Ingeborg 1995: Die Beurteilung von Hörspielkassetten – ein Leitfaden. In: Deutsches Medieninstitut (Hg.): Handbuch Medienerziehung im Kindergarten. Teil 2. S. 209–216.

Kieferle, Christa 2009: siehe Bayerisches Staatsministerium für Arbeit und Sozialordnung, Familie und Frauen (Hg.) 2009.

Kistner, Hans Peter/Rufus Beck 2005: „In Verbindung mit uns selbst" Interview mit Hörmedien-Star Rufus Beck. In: merz. H. 4. S. 63–65.

Kittler, Friedrich u. a. (Hg.) 2002: Zwischen Rauschen und Offenbarung. Zur Kultur- und Mediengeschichte der Stimme. Berlin.

Kleedorfer, Jutta 2007: Lesen mit den Ohren. Ein Hör- und Lesetrainingsprogramm aus Österreich. In: Jutta Wermke (Hg.): Hörästhetik – Hörerziehung. (= Jahrbuch Medien im Deutschunterricht 2007). München. S. 116–122.

Kliewer, Heinz-Jürgen 1984: Texte zum Hören. In: Jürgen Baurmann/Otfried Hoppe (Hg.): Handbuch für Deutschlehrer. Stuttgart u. a. S. 378–393.

Kliewer, Heinz-Jürgen 1988: Texte für Hörer – im Deutschunterricht vernachlässigt. In: Praxis Deutsch. H. 88. S. 20–25.

Kliewer, Heinz-Jürgen 2002a: Literatur hören. Überlegungen zu einem Curriculum. In: Medien + Erziehung. H. 3. S. 164–168.

Kliewer, Heinz-Jürgen/Ursula Kliewer 2002b: Gedichte im Unterricht. Grundschule und Orientierungsstufe. Baltmannsweiler.

Klippert, Werner 1997: Elemente des Hörspiels. Stuttgart.

Klose, Werner 1974: Didaktik des Hörspiels. Stuttgart.

Knechtel, Nora 2011: Mündliche und schriftliche Texte verstehen. Hör- und Leseverstehen in der Primarschule im Vergleich. In: Ulrike Behrens/Birgit Eriksson (Hg.): Sprachliches Lernen zwischen Mündlichkeit und Schriftlichkeit. Bern. S. 125–143.

Köhler, Stefan 2005: Hörspiel und Hörbuch. Mediale Entwicklung von der Weimarer Republik bis zur Gegenwart. Marburg.

Köller, Olaf/Michel Knigge/Bernd Tesch (Hg.) 2010: Sprachliche Kompetenzen im Ländervergleich. Münster, New York, München, Berlin.

Köster, Juliane 2005: Wodurch wird ein Text schwierig? Ein Test für die Fachkonferenz. In: Deutschunterricht. H. 5. S. 34–39.

Kopfermann, Thomas 2004: Lesen – Sprechen – Lesen. In: Deutschunterricht. H. 2. S. 4–11.

Korff Schmising, Barbara von 2003: Die Kraft der Stimme. Oralität im Schatten von Schrift und Bild. In: JuLit. H. 3. S. 19–26.

Krech, Eva-Maria 1987: Vortragskunst. Grundlagen der sprechkünstlerischen Gestaltung von Dichtung. Leipzig.

Krech, Eva-Maria 1991: Wirkungen und Wirkungsbedingungen sprechkünstlerischer Äußerungen. In: dies. u. a. (Hg.): Sprechwirkung. Grundfragen, Methoden und Ergebnisse ihrer Erforschung. Berlin. S. 193–250.

Krelle, Michael 2010: Zuhördidaktik. Anmerkungen zur Förderung rezeptiver Fähigkeiten des mündlichen Sprachgebrauchs im Deutschunterricht. In: Volker Bernius/Margarete Imhof (Hg.): Zuhörkompetenz in Unterricht und Schule. Beiträge aus Wissenschaft und Praxis. Göttingen. S. 51–68.

Krug, Hans-Jürgen [2]2008: Kleine Geschichte des Hörspiels. Konstanz.

Kruse, Iris 2010: Das Vorlesen lernförderlich gestalten. Astrid Lindgrens Märchen „Sonnenau" – ein Unterrichtsbeispiel zum „Höreraktivierenden Vorlesen". In: Grundschulunterricht. H. 1. S. 18–22.

Kürschner, Christian/Wolfgang Schnotz 2008: Das Verhältnis gesprochener und geschriebener Sprache bei der Konstruktion mentaler Repräsentationen. In: Psychologische Rundschau. H. 59 (3). S. 139–149.

Küspert, Petra/Wolfgang Schneider 1999: Hören, lauschen, lernen. Sprachspiele für Kinder im Vorschulalter. Göttingen.

Kuhlmann, Karin: Geschlechterkonzepte in Krimihörspielserien für Kinder. In: Kinder-/Jugendliteratur und Medien in Forschung Schule und Bibliothek (kjl&m). H. 3. S. 19–25.

Kultusministerkonferenz/Universität Duisburg-Essen/Institut zur Qualitätsentwicklung im Bildungswesen 2011: Kompetenzstufenmodell zu den Bildungsstandards im Fach Deutsch im Kompetenzbereich „Sprechen und Zuhören" für den Primarbereich. Entwurf in der Version vom 22.03.2011. Zit. nach: http://www.iqb.hu-berlin.de/arbbereiche/projekte?pg=p_18&spg=r_7, recherchiert am 14.09.2011.

Kultusministerkonferenz/Universität Duisburg-Essen/Institut zur Qualitätsentwicklung im Bildungswesen 2009: Kompetenzstufenmodell zu den Bildungsstandards im Kompetenzbereich „Sprechen und Zuhören" – hier Zuhören – für den Mittleren Schulabschluss. Stand: 22.04.2009. Zit. nach: http://www.iqb.hu-berlin.de/arbbereiche/projekte?pg=p_36&spg=r_6, recherchiert am 14.09.2011.

Landeszentrale für Gesundheit in Bayern (Hg.) 2002: Neue Abenteuer mit Olli Ohrwurm und seinen Freunden. Schule des Hörens für Kinder, Klasse 3 und 4. O. O.

Landeszentrale für Gesundheit in Bayern (Hg.) 2002: Olli Ohrwurm und seine Freunde, mit 2 CDs. O. O.

Langer, Klaus 2007: Das Hörspiel in der Grundschule. In: Grundschule Deutsch. H. 15. S. 23–28.

Lepa, Steffen/Yvonne Ehrenspeck 2008: Warum Lesen? Der Zusammenhang zwischen erwarteten Gratifikationen, Hörmediennutzung und dem fiktionalen Lesen von sieben- bis 16-jährigen Mädchen und Jungen. In: merz (Medien und Erziehung). H. 6. S. 34–45.

Lermen, Birgit H. 1975: Das traditionelle und neue Hörspiel im Deutschunterricht. Strukturen, Beispiele und didaktisch-methodische Aspekte. Paderborn.

Lösener, Annegret 2007: Gedichte sprechen. Ein didaktisches Konzept für alle Schulstufen. Baltmannsweiler.

Lösener, Hans/Ulrike Siebauer 2011: hochform@lyrik. Konzepte und Ideen für einen erfahrungsorientierten Lyrikunterricht. Regensburg.

Maiwald, Klaus 2010: Literatur im Medienverbund unterrichten. In: Heidi Rösch (Hg.): Literarische Bildung im kompetenorientierten Deutschunterricht. Freiburg im Breisgau. S. 135–156.

Manguel, Alberto 1999: Eine Geschichte des Lesens. Reinbek bei Hamburg.

Marci-Boehncke, Gudrun/Matthias Rath 2009: Das mediale Umfeld Jugendlicher. Prägung und Auswirkungen auf den Deutschunterricht. In: ide. H. 3. S. 30–38.

Marci-Boehncke, Gudrun 2010: Medienverbund und Medienpraxis im Literaturunterricht. In: Volker Frederking/Axel Krommer/Christel Meier (Hg.): Literatur- und Mediendidaktik (= Taschenbuch des Deutschunterrichts, Band 2). Baltmannsweiler. S. 482–502.

Marx, Harald/Tanja Jungmann 2000: Abhängigkeit der Entwicklung des Leseverstehens von Hörverstehen und grundlegenden Lesefertigkeiten im Grundschulalter: Eine Prüfung des Simple View of Reading-Ansatzes. In: Zeitschrift für Entwicklungspsychologie und Pädagogische Psychologie. H. 32 (2). S.81-93.

Medienpädagogischer Forschungsverbund Südwest 2010a: JIM-Studie 2010. Jugend, Information, (Multi-)Media. Basisuntersuchung zum Medienumgang 12- bis 19-Jähriger. Zit. nach: http://mpfs.de/index.php?id=181, recherchiert am 23.08.2011.

Medienpädagogischer Forschungsverbund Südwest 2010b: KIM-Studie 2010. Kinder und Medien, Computer und Internet. Basisuntersuchung zum Medienumgang 6- bis 13-Jähriger. Zit. nach: http://mpfs.de/index.php?id=192, recherchiert am 23.08.2011.

Mende, Annette 2010: Das Radio in der digitalen Welt. In: Media Perspektiven. H. 7–8. S. 369–378.

Menzel, Wolfgang 1990: Arbeitstechnik: Texte zum Vorlesen vorbereiten. In: Praxis Deutsch. H. 104. S. 26–33.

Meyer-Kalkus, Reinhart 2001: Stimme und Sprechkünste im 20. Jahrhundert. Berlin.

Mills, Tania 2007: Mit Kopfkino-Geschichten Hörverständnis üben. Klasse 3/4. Mühlheim.

Möbius, Thomas 2010: Grundlegungen einer symmedial-textnahen Didaktik älterer deutscher Literatur. München.

Mucke, Silvia 2011a: Der Stift zu Ihrem Buch. In: Eselsohr. H. Februar. S. 12.

Mucke, Sylvia 2011b: Die Kunst des richtigen Kürzens – auf dem Weg zum Hörbuch (Interview mit Angelika Schaack). In: Eselsohr. H. Mai. S. 6.

Mudrak, Andreas 2008: Hören und Lesen im Vergleich. Ein Wahrnehmungsexperiment zur Erzählung *Das Bettelweib von Locarno* von Heinrich von Kleist. In: ide. H. 1. S. 106–113.

Müller, Karla 2004a: Literatur hören und hörbar machen. In: Praxis Deutsch. H. 185. S. 6–13.

Müller, Karla 2004b: Literarische Stoffe kennen lernen – durch Hören. Eine Unterrichtsanregung zu „Jakob der Lügner". In: Praxis Deutsch. H. 185. S. 40–43.

Müller, Karla 2004c: Sprache der Gefühle – Rilke-Gedichte auf CD. In: Praxis Deutsch. H. 187. S. 62.

Müller, Karla 2006a: Hörbücher im Deutschunterricht. In: Die Grundschulzeitschrift. H. 193. S. 4–8.

Müller, Karla 2006b: Literarische Kompetenz durch Vorlesegespräche erwerben. „Despereaux" – ein Hörroman für Klassenstufe 4. In: Die Grundschulzeitschrift. H. 193. S. 50–55.

Müller, Karla 2006c: Sachtexte verstehen durch Vorlesen. Einen angemessenen und verständlichen Vortrag vorbereiten. In: Praxis Deutsch. H. 199. S. 46–51.

Müller, Karla 2007a: Klang erleben, hören verstehen. Was man mit Hörbüchern alles machen kann. In: Deutschmagazin. H. 6. S. 43–48.

Müller, Karla 2007b: Hörbücher. In: Petra Josting/Klaus Maiwald (Hg.): Kinder- und Jugendliteratur im Medienverbund. Grundlagen, Beispiele und Ansätze für den Deutschunterricht (kjl&m 07.extra). München. S. 96–107.

Müller, Karla 2010a: Die Prinzessin auf dem Kürbis. Märchen und Antimärchen hören und verstehen. In: Praxis Grundschule. H. 6. S. 13–20.

Müller, Karla 2010b: Literarisches Lernen mit Buch oder Hörbuch? Unterschiede und Gemeinsamkeiten der Literaturrezeption beim Lesen und Zuhören – und deren didaktisch-methodische Konsequenzen. In: Volker Bernius/Margarete Imhof (Hg.): Zuhörkompetenz in Unterricht und Schule. Beiträge aus Wissenschaft und Praxis. Göttingen. S. 135–149.

Müller, Karla 2010c: Hören und Lesen am Beispiel von Kinder- und Jugendliteratur. In: Volker Frederking/Hans-Werner Huneke/Axel Krommer/Christel Meier (Hg.): Taschenbuch des Deutschunterrichts. Band 2: Literatur- und Mediendidaktik. Baltmannsweiler. S. 656–668.

Müller, Karla 2011a: Hörmedien für Kinder und Jugendliche. In: Günter Lange (Hg.): Kinder- und Jugendliteratur der Gegenwart. Ein Handbuch. Baltmannsweiler. S. 447–464.

Müller, Karla 2011b: Märchen im Hörmedium. In: Märchenspiegel. H. 2. S. 14–19.

Müller, Karla 2012: Gedichte hören – und mehr. Sprechgestaltende und szenische Umsetzung von Gedichten. In: Deutsch differenziert H. 2. S. 13–20.

Müller-Dyes, Klaus/Wolfgang Schiller 2006: „Wunsch, Indianer zu werden". Klanginszenierungen literarischer Texte. In: Wolfgang Wangerin (Hg.): Musik und Bildende Kunst im Deutschunterricht. Baltmannsweiler. S. 258–279.

Näger, Sylvia 2005: Literacy – Kinder entdecken Buch-, Erzähl- und Schriftkultur. Freiburg.

Niefanger, Patricia 2006: „Der Glücksengel". Sprache, Musik und Bilder erzählen. In: Die Grundschulzeitschrift. H. 193. S. 16–21.

Nietzsche, Friedrich 1980: Sämtliche Werke. Kritische Studienausgabe in 15 Bänden. Hrsg. von Giorgio Colli/Mazzino Montinari. Band 5. München.

Nix, Daniel 2006: Das Lesetheater. Integrative Leseförderung durch das szenische Vorlesen literarischer Texte. In: Praxis Deutsch. H. 199. S. 23–29.

Ockel, Eberhard 2000: Vorlesen als Aufgabe und Gegenstand des Deutschunterrichts. Baltmannsweiler.

Ockel, Eberhard 2011: Leselehre. In: Marita Pabst-Weinschenk (Hg.): Grundlagen der Sprechwissenschaft und Sprecherziehung. München, Basel. S. 82–88.

Odendahl, Johannes 2011: Literarische Musikbeschreibungen im Unterricht. In: Der Deutschunterricht. H. 5. S. 92–96.

Ong, Walter 1982: Oralität und Literalität. Die Technologisierung des Wortes. Opladen.

Ossner, Jakob 2006: Kompetenzen und Kompetenzmodelle im Deutschunterricht. In: Didaktik Deutsch. H. 21. S. 5–19.

Ostermayer, Eva 2002: Hörkassetten – aber bitte mit Qualität. In: Sache, Wort, Zahl. H. 30. S. 40–44.

Ostrop, Jule 2010: Literarisches Lernen mit dem Grüffelo. Hören, Sehen, Sprechen, Schreiben. In: Praxis Grundschule. H. 6. S. 9–12.

Pabst-Weinschenk, Marita 2000: Die Sprechwerkstatt. Sprech- und Stimmbildung in der Schule. Braunschweig.

Pabst-Weinschenk, Marita 2004: Der Ton macht die Musik! Bekannte Sprechausdrucksmuster in ihrer Wirkung. In: Deutschmagazin. H. 1. S. 15–20.

Pabst-Weinschenk, Marita 2007a: „Gut zu hören und gut zuhören". In: Grundschule Deutsch. H. 15. S. 38–40.

Pabst-Weinschenk, Marita 2007b: Sprechkollagen. Texte einmal anders hören und vortragen. Jahrgangsstufe 12. In: Deutschmagazin. H. 4. S. 9–13.

Pabst-Weinschenk, Marita 2008: Hörbar gut. Eine Buchbesprechung zum Podcasten. In: Deutsch. Unterrichtspraxis für die Klassen 5 bis 10. H. 14. S. 28–33.

Pabst-Weinschenk, Marita 2010: So sprechen, dass man gut zuhören kann. In: Volker Bernius/Margarete Imhof (Hg.): Zuhörkompetenz in Unterricht und Schule. Beiträge aus Wissenschaft und Praxis. Göttingen. S. 163–182.

Partzsch, Maren 2009: Kinderfunk nicht mehr nur im Ohr. In: Eselsohr. H. 11. S. 26.

Payrhuber, Franz-Josef 1993: Gedichte im Unterricht – einmal anders. Praxisbericht mit vielen Anregungen für das 5. bis 10. Schuljahr. München.

Pennac, Daniel [2]2006: Wie ein Roman. Köln.

Pennac, Daniel [2]2009: Schulkummer. Köln.

Pieper, Irene 2010: Lese- und literarische Sozialisation. In: Michael Kämper-van den Boogaart/ Kaspar H. Spinner (Hg.): Lese- und Literaturunterricht. Teil 1: Geschichte und Entwicklung. Konzeptionelle und empirische Grundlagen (DTP, Band 11/1). Baltmannsweiler. S. 87–147.

Pissarek, Markus 2012: Schule macht Radio. Kinder erstellen eigene Radiobeiträge. In: Deutsch differenziert. H. 2. S. 38–44.

Pöttinger, Ida [2]2002: Lernziel Medienkompetenz. Theoretische Grundlagen und praktische Evaluation anhand eines Hörspielprojekts. München.

Preuß, Carola/Klaus Ruge 2003: Soundtrack-Spiel. Geräusche hören – erkennen – imitieren. Mühlheim.

Rackwitz, Rüdiger-Philipp 2007: „Achtung Aufnahme!" – mit dem Computer. In: Grundschule Deutsch. H. 15. S. 28–30.

Rau, Marie Luise [2]2009: Literacy. Vom ersten Bilderbuch zum Erzählen, Lesen und Schreiben. Bern u. a.

Reißmann, Wolfgang 2009: Hörmedien. In: Bernd Schorb/Günther Anfang/Kahrin Demmler (Hg.): Grundbegriffe Medienpädagogik Praxis. München. S. 116–118.

Richardson, Will 2011: Wikis, Blogs und Podcasts. Neue und nützliche Werkzeuge für den Unterricht. Überlingen.

Richter, Karin/Monika Plath [2]2007: Lesemotivation in der Grundschule. Empirische Befunde und Modelle für den Unterricht. Weinheim, München.

Riedler, Rudolf 1976: Schulfunk und Schulpraxis. Anregungen zur Didaktik des akustischen Unterrichtsmittels. München.

Ringling, Jörg 2007: Ein Hörspiel mit Schülern in der Sekundarstufe I produzieren, aber wie? In: Franz-Josef Payrhuber/Gudrun Schulz (Hg.): Lesen – Hören – Sehen. Kinder- und Jugendbücher in anderen Medien und Vorschläge zur Unterrichtsgestaltung. Baltmannsweiler. S. 33–43.

Ritterfeld, Ute/Sandra Niebuhr/Christoph Klimmt/Peter Vorderer 2006: Unterhaltsamer Mediengebrauch und Spracherwerb: Evidenz für Sprachlernprozesse durch die Rezeption eines Hörspiels bei Vorschulkindern. In: Zeitschrift für Medienpsychologie. H. 18 (2). S. 60–69.

Ritz-Fröhlich, Gertrud [4]1978: Weiterführender Leseunterricht in der Grundschule. Bad Heilbrunn.

Rösener, Rudolf 1979: Gesprochene Dichtung heute. Beispiele aus dem Bereich der Medien. In: Wilhelm L. Höffe (Hg.): Gesprochene Dichtung – heute? Zur Theorie und Praxis ästhetischer Kommunikation. Kastellaun. S. 93–101.

Rogge, Jan-Uwe/Regine Rogge 2004: Hörklassiker für Kinder. In: Der Deutschunterricht. H. 4. S. 64–78.

Rosebrock, Cornelia/Daniel Nix 2008: Grundlagen der Lesedidaktik und der systematischen schulischen Leseförderung. Baltmannsweiler.

Rosebrock, Cornelia/Daniel Nix/Carola Rieckmann/Andreas Gold 2011: Leseflüssigkeit fördern. Lautleseverfahren für die Primar- und Sekundarstufe. Seelze.

Rossié, Michael [4]2007: Sprechertraining. Texte präsentieren in Radio, Fernsehen und vor Publikum. Berlin.

Rühr, Sandra 2008: Tondokumente von der Walze zum Hörbuch. Geschichte – Medienspezifik – Rezeption. Göttingen.

Rühr, Sandra 2010: Geschichte und Materialität des Hörbuchs. In: Jürg Häusermann/Korinna Janz-Peschke/Sandra Rühr: Das Hörbuch. Medium – Geschichte – Formen. Konstanz. S. 59–138.

Sandfuchs, Uwe 2010: Leselust statt Lesefrust! Alternativen zum Reihum-Vorlesen. In: Grundschule. H. 11. S. 46f.

Sankofi, Martin 2008: „Den Podcast ins Klassenzimmer tragen". Eine Einführung und praktische Unterrichtsbeispiele. In: ide. H. 1. S. 85–91.

Schade, Ulrich/Stefan Barattelli 2003: Kognitionswissenschaftliche Beiträge zu Sprachprodukti-on und Sprachrezeption. In: Gert Rickheit u. a. (Hg.) (2003): Psycholinguistik/Psycholinguis-tics. Ein internationales Handbuch. Berlin, New York. S. 80–91.

Schau, Albrecht 1996: Szenisches Interpretieren. Ein literaturdidaktisches Handbuch. Stuttgart.

Schau, Albrecht 1999: Szenisches Interpretieren im Unterricht. Stuttgart.

Schiffer, Kathrin/Marco Ennemoser/Wolfgang Schneider 2002: Mediennutzung von Kindern und Zusammenhänge mit der Entwicklung von Sprach- und Lesekompetenzen. In: Norbert Groe-ben/Bettina Hurrelmann (Hg.): Medienkompetenz. Weinheim, München. S. 282–297.

Schilcher, Anita 2004: „Der Zauberlehrling" – fünfmal gehört. In: Praxis Deutsch. H. 185. S. 27–34.

Schilcher, Anita 2012: Lesen durch Hören. Hörstrategien erwerben, anwenden und überwachen. In: Deutsch differenziert. H. 2. S. 26–30.

Schill, Wolfgang 1998: Auditive Medien im Unterricht. Ein medienpädagogischer Orientierungs-rahmen. In: Medien praktisch. H. 1. S. 19–22.

Schill, Wolfgang/Jürgen Linke/Dieter Wiedemann (Hg.) 2004: Kinder & Radio. München.

Schlingloff, Gunda 2004: Gefahr – ein Hörspiel von Richard Hughes. In: Deutsch. Unterrichtspra-xis für die Klassen 5 bis 10. H. 1 S. 30–33.

Schlosser, Anne 2006: Jutta Bauers „Königin der Farben". Ein musikalisches Märchen, kreativ re-zipiert. In: Die Grundschulzeitschrift. H. 193. S. 22–31.

Schmedes, Götz 2002: Medientext Hörspiel. Ansätze einer Hörspielsemiotik am Beispiel der Ra-dioarbeiten von Alfred Behrens. Münster, New York, München, Berlin.

Schön, Erich 1987: Der Verlust der Sinnlichkeit oder die Verwandlung des Lesers. Mentalitäts-wandel um 1800. Stuttgart.

Schönicke, Judith/Angela Speck-Hamdan 2010: Hören ohne Grenzen. Sprache entdecken – In-terkulturelles Lernen – Deutsch als Zweitsprache. Braunschweig.

Schramm, Holger/Werner Wirth 2007: Stimmungs- und Emotionsregulation durch Medien. In: merz. H. 4. S. 14–22.

Schulz, Gudrun/Jana Eigenfeld 2011: Märchenhaftes hören, sprechen und gestalten. *Hänsel und Gretel* als Hörspiel zum Anhören und Selbstproduzieren. In: Grundschulunterricht. H. 1. S. 7–11.

Schulz von Thun, Friedemann 1981: Miteinander reden. Band 1: Störungen und Klärungen. All-gemeine Psychologie der Kommunikation. Band 2: Stile, Werte und Persönlichkeitsentwick-lung. Differentielle Psychologie der Kommunikation. Reinbek bei Hamburg.

Schwitalla, Johannes [3]2006: Gesprochenes Deutsch. Eine Einführung. Berlin.

Sekretariat der Ständigen Konferenz der Kultusminister der Länder in der Bundesrepub-lik Deutschland (Hg.) 2004: Bildungsstandards im Fach Deutsch für den Mittleren Schulab-schluss, Beschluss vom 4. 12. 2003. München.

Sekretariat der Ständigen Konferenz der Kultusminister der Länder in der Bundesrepublik Deutschland (Hg.) 2005: Bildungsstandards im Fach Deutsch für den Primarbereich, Beschluss vom 15. 10. 2004. München.

Siebauer, Ulrike/Hans Lösener 2008: Sprechgestaltung entdecken. Ein Lernparcours mit Übun-gen zum hörenden Lesen. http://www.loesener.de/uebungen, recherchiert am 26. 09. 2011.

Slembek, Edith 1984: Leseverstehen und Hörverstehen, zwei vernachlässigte Grundleistungen in der Kommunikation. In: Norbert Gutenberg (Hg.): Hören und Beurteilen. Gegenstand und Methode der Sprechwissenschaft, Sprecherziehung, Phonetik, Linguistik und Literaturwis-senschaft. Frankfurt/Main. S. 57–78.

Slembek, Edith 1995: Frauenstimmen in den Medien. In: Christa Heilmann (Hg.): Frauen-sprechen – Männersprechen. Geschlechtsspezifisches Sprechverhalten. München, Basel. S. 107–119.

Sperlich, Christine 2007: Vom Jugendbuch zum Radio-Feature – am Beispiel von Reinhold Zieg-lers *Version 5 Punkt 12*. In: Franz-Josef Payrhuber/Gudrun Schulz (Hg.): Lesen – Hören – Se-hen. Kinder- und Jugendbücher in anderen Medien und Vorschläge zur Unterrichtsgestal-tung. Baltmannsweiler. S. 44–59.

Spiegel, Carmen 2006: Heißt kommunizieren etwa auch zuhören? In: Roland Wagner u. a. (Hg.): hören – lesen – sprechen. München, Basel. S. 153–162.

Spinnen, Burkhard 2010: Auswärtslesen. Mit Literatur in die Schule. Eine Litanei. St. Pölten, Salzburg.

Spinner, Kaspar H. 1988: Wie man sich Geschichten anhört. Ein Textvorschlag. In: Praxis Deutsch. H. 88. S. 58–60.

Spinner, Kaspar H. 1993: Entwicklung des literarischen Verstehens. In: Ortwin Beisbart u. a. (Hg.): Leseförderung und Leseerziehung. Theorie und Praxis des Umgangs mit Büchern für junge Leser. Donauwörth. S. 55–64.

Spinner, Kaspar H. 2000: Szenisches Vortragen von Gedichten. In: Claus Ensberg u. a. (Hg.): Zugang zu den Lernenden finden. Braunschweig. S. 101–113.

Spinner, Kaspar H. 2004: Gesprächseinlagen beim Vorlesen. In: Gerhard Härle/Markus Steinbrenner (Hg.): Kein endgültiges Wort. Die Wiederentdeckung des Gesprächs im Literaturunterricht. Baltmannsweiler. S. 291–307.

Spinner, Kaspar H. 2005: Höreraktivierung beim Vorlesen und Erzählstruktur. In: Petra Wieler (Hg.): Narratives Lernen in medialen und anderen Kontexten. Freiburg/Breisgau. S. 153–166.

Spinner, Kaspar H. 2006: Literarisches Lernen. In: Praxis Deutsch. H. 200. S. 6–16.

Spinner, Kaspar H. 2007: Literarisches Lernen in der Grundschule. In: kjl&m (Kinder- und Jugendliteratur und Medien in Forschung, Schule und Bibliothek). H. 07.3. S. 3–10.

Spinner, Kaspar H. 2010: Literaturunterricht in allen Schulstufen und -formen: Gemeinsamkeiten und Besonderheiten. In: Heidi Rösch (Hg.): Literarische Bildung im kompetenzorientierten Deutschunterricht. Freiburg/Breisgau. S. 93–112.

Spitzer, Manfred 2006: Musik im Kopf. Hören, Musizieren, Verstehen und Erleben im neuronalen Netzwerk. Stuttgart, New York.

Staatsinstitut für Schulqualität und Bildungsforschung (Hg.) 2009: Ästhetische Bildung. Handreichung. München.

Stenzel, Gudrun 2008a: Radio für Kinder und Jugendliche. In: Rainer Wild (Hg.): Geschichte der deutschen Kinder- und Jugendliteratur. Stuttgart, Weimar. S. 437–443.

Stenzel, Gudrun 2008b: Von der Kinderschallplatte zum MP3-Player. In: Rainer Wild (Hrsg.): Geschichte der deutschen Kinder- und Jugendliteratur. Stuttgart, Weimar. S. 443–449.

Stock, Eberhard 1996: Deutsche Intonation. Leipzig u. a.

Strohmeier, Gert 2005: Politik bei Benjamin Blümchen und Bibi Blocksberg. In: Aus Politik und Zeitgeschichte. H. 41. S. 7–15.

Tgahrt, Reinhard (Hg.) 1984/1989: Dichter lesen, 2 Bände. Stuttgart.

Trautmann, Klaus Peter/Dorothee Schnatmeyer/Ingrid Volkmer 1995: Mit den Ohren sehen. Die Tonkassette – ein verkanntes Medium. Bielefeld.

Ueding, Gert ²1998: „Niemand kann größerer Redner sein als Hörer". Über eine Rhetorik des Hörens. In: Thomas Vogel (Hg.): Über das Hören. Einem Phänomen auf der Spur. Tübingen. S. 45–68.

Ueding, Gert 2011: Erzähltes gehört gehört. In: ide. H. 3. S. 63–70.

Umlauf, Konrad/Daniella Sarnowski 2000: Medienkunde. Wiesbaden.

Vowinckel, Antje 1998: Online – Offline. Ansätze eines interaktiven Hörspiels. In: Jörg Helbig (Hg.): Intermedialität. Theorie und Praxis eines interdisziplinären Forschungsgebiets. Berlin. S. 93–197.

Waldmann, Günter 1984: Unterrichtsmodell: Erarbeitung einer literarischen Gattung durch Umformung aus einer anderen Gattung: Eigenproduktion eines Hörspiels (8.–10. Klasse). In: Norbert Hopster (Hg.): Handbuch „Deutsch" für Schule und Hochschule. Sekundarstufe I. Paderborn, München, Wien, Zürich. S. 127–135.

Weber, Wibke 1997: Strukturtypen des Hörspiels – erläutert am Kinderhörspiel des öffentlich-rechtlichen Rundfunks seit 1970. Frankfurt/Main.

Weitendorf, Jan 2007: Vom Buch zum Hörbuch: Substitut oder Ergänzung? Facetten der Umsetzung. In: Franz-Josef Payrhuber/Gudrun Schulz (Hg.): Lesen – Hören – Sehen. Kinder- und Jugendbücher in anderen Medien und Vorschläge zur Unterrichtsgestaltung. Baltmannsweiler. S. 24–32.

Weithase, Irmgard 1968: Experimentelle Auswertung von Tonbandaufnahmen zur Untersuchung des Sprechstils. In: Hellmut Geißner/Wilhelm Höffe (Hg.): Sprechen – Hören – Verstehen. Tonträger und sprachliche Kommunikation. Wuppertal. S. 134–157.

Wermke, Jutta 1995a: O-Töne hören. Vom Klang der Welt im Klassenzimmer. In: ide. H. 4. S. 17–29.

Wermke, Jutta 1995b: Hören, Horchen, Lauschen. Zur Hörästhetik als Aufgabenbereich des Deutschunterrichts unter besonderer Beachtung der Umweltwahrnehmung. In: Kaspar H. Spinner (Hg.): Imaginative und emotionale Lernprozesse im Deutschunterricht. Frankfurt/Main u. a. S. 193–215.

Wermke, Jutta 1997: Integrierte Medienerziehung im Fachunterricht. Schwerpunkt: Deutsch. München.

Wermke, Jutta 1999a: Tempo – Rhythmus – Kontrast. Zur Veränderung der Rezeptionsbasis am Beispiel von Kinderhörkassetten. In: Norbert Groeben (Hg.): Lesesozialisation in der Mediengesellschaft (Sonderheft des Internationalen Archivs für Sozialgeschichte der deutschen Literatur). Tübingen. S. 190–204.

Wermke, Jutta 1999b: Kinderhörkassetten zwischen Literatur und Film. In: Deutschunterricht. H. 52. S. 371–379.

Wermke, Jutta 2003: Ein Wassermärchen-Hörspiel-Projekt. Zum didaktischen Nutzen von Transformationsprozessen 5./6. Jahrgangsstufe In: Deutschunterricht. H. 3. S. 19–26.

Wermke, Jutta 2008: Hörerziehung im Deutschunterricht. In: Kinder-/Jugendliteratur und Medien in Forschung Schule und Bibliothek (kjl&m). H. 3. S. 3–10.

Wermke, Jutta 2010: Hördidaktik und Hörasthetik. Lesen und Verstehen auditiver Texte. In: Volker Frederking/Axel Krommer/Christel Meier (Hg.): Literatur- und Mediendidaktik (= Taschenbuch des Deutschunterrichts, Band 2). Baltmannsweiler. S. 180–199.

Werner, Tilla/Michael Gierse 2007: Vom Hörbuch zum eigenen Hörspiel. In: Grundschule Deutsch. H. 15. S. 6–10.

Wieler, Petra 1997: Vorlesen in der Familie. Fallstudien zur literarisch-kulturellen Sozialisation von Vierjährigen. Weinheim.

Willerich-Tocha, Margarete 2004: „Je größer die Verzweiflung, umso weniger Sätze braucht es." Hörcollagen zu Hanna Kralls Erzählung Liebe. In: Praxis Deutsch. H. 185. S. 44–51.

Wittmann, Marc/Ernst Pöppel 2001: Neurobiologie des Lesens. In: Bodo Franzmann u. a. (Hg.): Handbuch Lesen. Baltmannsweiler. S. 224–239.

Wittmann, Wolfgang/ Inge Koch-Wittmann 2011: Lust auf Literatur – zwei Initiativen einer Schule. In: Deutschunterricht. H. 4. S. 45–47.

Zabka, Thomas 2003: Interpretationskompetenz als Ziel ästhetischer Bildung? In: Didaktik Deutsch. H. 15. S. 18–32.

Zymner, Rüdiger 1999: Lesen hören. Das Hörbuch. In: ders. (Hg.): Allgemeine Literaturwissenschaft – Grundlagen einer besonderen Disziplin. Berlin. S. 208–215.

# 4.2 Initiativen, Quellen, Tipps

## 4.2.1 Initiativen

**www.ganzohrsein.de** (Projekt der Ludwig-Maximilians-Universität München, Lehrstuhl für Grundschulpädagogik und -didaktik; Ziel des Projekts: Zuhör- und Hörförderung für Schul- und Unterrichtspraxis; Theorie und Praxis rund um das Thema „Hören").

**www.initiative-hoeren.de** (Kompetenzverbund aus zahlreichen Institutionen des Medien-, Kultur- und Gesundheitsbereichs; Ziele: Betonung der gesamtgesellschaftlichen Bedeutung des Hörens sowie dessen sowohl pädagogische, kulturelle als auch gesundheitliche Bedeutung; Projekte: verschiedene Materialien und Spiele rund um das Hören).

**www.ohrenspitzer.de** (Gefördert durch die Stiftung Medienkompetenz-Forum Südwest, Ziele: Förderung des Hörens und Zuhörens durch Hörspiele, aktive Gestaltung von Hörspielen und spielerische Hörschulung; Projekte: u. a. Spiele zur Hörschulung, Geräusche erfinden und gestalten).

**www.schule-des-hoerens.de** (Träger: „Initiative Hören", siehe oben; Ziele: Hören als Kunst- und Kulturform und als Voraussetzung für menschliche Kommunikation sowie bewussten Umgang mit den Medien näherbringen; Projekte: Hörspiele, Spiele und Übungen zum Thema „Hören", pädagogisches und didaktisches Material).

**www.stiftung-zuhoeren.de** (Zusammenschluss mehrerer Rundfunkanstalten, Stiftungen und Firmen; Ziele: Förderung des Hörens und Zuhörens als Mittel, die Welt zu erschließen, Freude am Hören zu wecken und den Umgang mit Medien zu schulen; Projekte: „Hörclubs" für den Kindergarten, Grundschule, Realschule, Interkulturelle Gruppen; diverse Initiativen zur Radioarbeit für Ältere).

**www.zuhoeren.at** (Österreichische Initiative in Kooperation mit der Stiftung Zuhören).

## 4.2.2 Spielerische Hörschulung

**www.auditorix.de** (Internetseite des Vereins Initiative Hören e. V. und der Landesanstalt für Medien Nordrhein-Westfalen (LfM); Verschiedene spielerische Zugänge zum Thema Hören, Geräusche, Stimme etc.).

**www.br-online.de/wissen-bildung/collegeradio/spezial/beitraege/boerni** (Internetseite des BR 2; Berni, der Wüstenfuchs lädt ein auf eine spielerische Erlebnisreise durch die Welt des Hörens).

**www.flubidux.com** (Verschiedene Spiele zum Thema Hören und Geräusche).

**www.initiative-hoeren.de/downloads/spiel/frage01.htm** („Das klingende Haus" – ein Spiel mit Olli Ohrwurm).

**www.initiative-hoeren.de/downloads/Uwe** Spiele/UWE_Online-Version.swf (Spielerische Hörtests mit Uwe).

**www.kindernetz.de/**(Seite des SWR 2).

**www.klick-tipps.net/Hoeren** (Link zu zehn für Kinder geeigneten Seiten).

**www.ohrenspitzer.de** (Gefördert durch die Stiftung Medienkompetenz-Forum Südwest; Ziele: Förderung des Hörens und Zuhörens durch Hörspiele, aktive Gestaltung von Hörspielen und spielerische Hörschulung; Projekte: u. a. Spiele zur Hörschulung, Geräusche erfinden und gestalten).

**www.radio108komma8.de** (Seite der Bundeszentrale für gesundheitliche Aufklärung [BZgA]; Reichhaltiges Spieleangebot [„Hör-Memory", „Klangory"], Lexikon rund ums Hören und Radio, Möglichkeit eigene Jingles zu komponieren).

**www.rossipotti.de/ausgabe15/hoergeschichte.html** (akustische Weltkarte).

## 4.2.3 Wettbewerbe, Hörspielproduktion

**www.audacity.de** (kostenfreie Open-Source-Software zur Tonaufnahme und -bearbeitung).

**www.audiyou.de** (Online-Audiothek für Klänge und Geräusche aller Art).

**www.br.de** (z. B. Earsinn-Wettbewerb mit preisgekrönten Aufnahmen).

**www.hoerspielbox.de/frameset.htm** (frei zugängliches Soundarchiv im Netz; kostenloser Download von Sounds in den Rubriken „Atmosphären", „Geräusche", „Instrumente" und „Laute").

**www.jamendo.com/de** (Community für freie, legale und unlimitierte Musik; kostenloser Download von Musik verschiedenster Künstler und Stilrichtungen).

**www.mediacultureonline.de/Produktion_eines_Hoerspiels.315.0.html** (Internetportal für Medienpädagogik, Medienbildung und Medienkultur in Zusammenarbeit des Landesmedienzentrums Baden-Württemberg der Landesanstalt für Kommunikation Baden-Württemberg; detaillierte Vorgehensweise bei Planung und Produktion eines Hörspiels).

**www.mediamanual.at/mediamanual/workshop/radiobox/radio.php** (Website der Abteilung Öffentlichkeitsarbeit-Bildungsmedien des Bundesministeriums für Unterricht, Kunst und Kultur; Informationen zur Planung und Umsetzung von Radio- und Hörspielprojekten in der Schule).

**www.ohrliestmit.de** (Leseförder-Initiative des Börsenvereins des Deutschen Buchhandels; Wettbewerb für kreatives Lesen und Hören, Anleitungen).

**www.soundsnap.com** (kostenpflichtiger Download von verschiedensten Geräuschen und Tönen).

**www.tatfunk.de** (Projekt der Eberhard von Kuenheim Stiftung; Schüler kreieren eigene Radiosendungen; ausgezeichnete Sendungen sind zum Download erhältlich).

## 4.2.4 Rechtliche Fragen

**alp.dillingen.de/ref/mp/recht/medrecht01.html** (medienrechtliche Informationen der Akademie für Lehrerfortbildung und Personalführung, Dillingen; bietet unter anderem die ausführliche Broschüre *Medienrecht und Schule* zum Download an)

**www.gema.de** (Gesellschaft für musikalische Aufführungs- und mechanische Vervielfältigungsrechte, Berlin; über die Website kann eine Datenbank der von der GEMA vertretenen Künstlerinnen und Künstler abgefragt werden)

**lehrerfortbildung-bw.de/sueb/recht/urh/checkl/musik_video.htm** (kurze *Checkliste: Musik und Video* der Landesakademie für Fortbildung und Personalentwicklung an Schulen, Esslingen)

**www.medieninfo.bayern.de** (Homepage von Medieninfo Bayern des Staatsinstituts für Schulqualität und Bildungsforschung, München)

## 4.2.5 Orientierungshilfen, Preise

**www.auditorix.de/nc/welt-der-hoerbuecher/auditorix-hoerbuchsiegel.html** (Auditorix-Hörbuchsiegel: Auszeichnung für Hörbücher).

**www.corine.de** (Innerhalb des auf Initiative des Landesverbands Bayern im Börsenverein des Deutschen Buchhandels und unter der Schirmherrschaft des bayerischen Ministerpräsidenten verliehenen Buchpreises gibt es seit 2004 auch eine Auszeichnung für Hörbücher).

**www.deutscher-hoerbuchpreis.de** (Homepage des Deutschen Hörbuchpreises).

**www.flubidux.de** (Seite für Kinder mit vielen Hörelementen).

**www.hdm-stuttgart.de/ifak/cd_des_monats** (CD des Monats des Instituts für angewandte Kindermedienforschung).

**www.hoerbuchkids.de** (Kinder- und Jugendseite des Online-Magazins *Hörbuchtipps*, erstellt vom fjh-Journalistenbüro in Marburg; Hörbuchtipps unabhängig von Verlagen von Journalisten professionell erstellt; Hörbuchempfehlungen für Kinder und Jugendliche bis 15 Jahre).

**www.hoerdat.de** (Hörspieldatenbank und -archiv mit Informationen zu Hörspielen seit 1924; kein Download möglich).

**www.hoergold.de** (unabhängiges Info-Portal für Hörbücher; kostenlose Hörproben).

**www.hoerkules.de/hb/long/longlisthoerkulino/index.htm** (Hörbuch-Preis des deutschen Buchhandels).

**www.hoerothek.de** (Privat initiiertes Hörbuchmagazin; bietet aktuelle Informationen und Rezensionen zu Hörbüchern).

**www.hr2.de** (Hörbuchbestenliste).

**www.mdr.de** (Kinderhörspielpreis des MDR-Rundfunkrats).

**www.musikschulen.de/projekte/leopold/index.html** (Auszeichnungen für hervorragende Musikproduktionen für Kinder).

**www.schallplattenkritik.de** (Preis der Deutschen Schallplattenkritik).

**www.toene-fuer-kinder.de** (Nachschlagewerk zu Hörspielen und -erzählungen, bietet auch eine Zusammenfassung des Kinderhörfunkangebots).

**www.zuhoeren.de/home/hoer-und-leseempfehlungen/cd-des-monats.html** (CD des Monats).

## 4.2.6 Download-Portale

**www.audible.de** (Internetseite der Audible GmbH; große Auswahl an Kinder- und Jugendhörbüchern zum Download im kopiergeschützten Audible-Datei-Format, welches von der Mehrzahl der MP3-Player und PDAs unterstützt wird).

**www.claudio.de** (Seite der CLAUDIO Medien GmbH; verschiedene Hörinhalte wie Audiomagazine, Hörbücher stehen zum Download im MP3-Format zur Verfügung).

**www.hoerbie.de** (Internetseite der Imaginarium Deutschland GmbH; großes Hörspielangebot für Kinder).

**www.hoerkiosk.de** (Seite der audio media verlag GmbH; Kinder- und Jugendhörbücher werden zum Download angeboten).

**www.hoerstern.de** (Seite namhafter Verlage, die Hörbücher für Kinder und Jugendliche zum kostenpflichtigen Download anbieten; mit Hörbuchfinder und Spartipps).

**www.librivox.org** (gemeinfreie, von Laien eingesprochene Texte).

**www.nord-sued.com** (zu vielen Bilderbüchern des Verlags kann man sich die Lesefassung kostenlos aus dem Internet auf den MP3-Player herunterladen).

**www.soforthoeren.de** (Seite der 4Readers GmbH & Co. KG; Hörbücher werden im MP3-Format kostenpflichtig angeboten).

**www.toni.de** (Angebot der RTL Disney Fernsehen GmbH & Co. KG [Super RTL]; große Hörbuchauswahl für Kinder von 3 bis 13 Jahren zum Download verfügbar).

**www.vorleser.net** (Angebot der Buchfunk Hörbuchverlag GbR; viel Kostenloses).

## 4.2.7 Radioangebote

### tägliche oder wöchentliche Sendungen

**www.baerenbude.de** (Bärenbude, WDR 5).

**www.br-online.de/kinder/radio-tv/radiomikro** (radioMikro, BR).

**www.kakadu.de** (Kakadu, Deutschlandradio).

**www.kindernetz.de/spielraum** (Spielraum – Das Kinderradio, SWR).

**www.lilipuz.de** (Lilipuz, WDR 5).

**www.mdr.de/figarino** (Figarino, MDR).

**www.ndr.de/info/programm/kinder** (Mikado, NDR).

**www.ohrenbaer.de** (Ohrenbär, RBB).

**www.radiobremen.de/wissen/kinder** (Radio Bremen Kinderzeit).

**www.sr-online.de/kinder** (SR 2 für junge Ohren).

## Webchannel

**www.lilipuz.de/kiraka** (WDR 5; Webchannel täglich von 6:00 bis 22:00 Uhr; Kindernachrichten, spannende Reportagen, Hörspiele und viel Musik).

**www.mdr.de/figarino/start/index.html** (Radio für Kinder des MDR; Reportagen zu weitem Themenspektrum, Hörspiele, Podcasts zum Download verfügbar).

**www.radijojo.de** (Mehrsprachiger Webchannel einer gemeinnützigen GmbH: Träger der freien Jugendhilfe; für Kinder im Alter von 3–13; Musik, Hörspiele, interaktive Spiele etc.; reichhaltiges Themenspektrum).

**www.wunderwolke.de/wp_03_radio.htm** (WuWo-Radio; Musik und Hörbuch-Geschichten).

## Podcasts

**www.br-online.de/kinder/radio-tv/podcasts** (Podcasts für Kinder).

**www.kidspods.de** (Podcastportal für Kinder).

**www.mdr.de/mdr-figarino/podcast/index.html** (Gedichte, Erzählungen, Märchen, Figarinos Werkstatt als Podcast erhältlich).

**www.ndr.de/info/podcast4096.html** (Kindernachrichten des NDR können als Podcast heruntergeladen werden).

**www.wdr.de/radio/home/podcasts/channelausspielung.phtml?channel=bilderimohr** (Sendung des WDR-Kinderfunks: Hör-Museum: Zu Bildern etc. werden Geschichten erzählt).

## Hörspiele, auch Downloads

**www.br-online.de/bayern2/hoerspiel-und-medienkunst/index.xml** (Hörspiele und Podcasts zum kostenlosen Download verfügbar: „Hörspiel-Pool" und „artmix.galerie").

**www.br-online.de/kinder** (BR-Kinderinsel; Musik, Geschichten, Hörspiele).

**www.radio-today.de/hoerspiel-download.php** (Hörspiele verschiedener Radiosender zum Download verfügbar).

**www.wdr.de/radio/hoerspiel** (Kinderhörspiele und weitere Hörspiele jeglicher Art).

## 4.2.8 Apps

Die Hinweise zu den Apps entsprechen wie die anderen Hinweise dieses Kapitels dem Stand bei Redaktionsschluss des vorliegenden Buches. Allerdings ist zu beachten, dass Apps einem sehr raschen Wandel unterliegen und die diesbezüglichen Hinweise entsprechend schnell veralten können.

www.carlsen.de
www.istoryapps.com/?cat=12
www.luebbe.de/Presse/Details/Id/1099651
www.minedition.com/de/main.php?sp=download
www.oetinger.de/buecher/apps.html
www.terzio.de/apps.html
www.zuuka.de

## 4.3 Synopsen zu den in Kapitel 3 behandelten Hörtexten

### 4.3.1 Synopse der behandelten Hörtexte nach Kompetenzen und Aspekten des literarisc⬛

| | Vorstellungs-bildung | Wechselbezie-hung Involviertheit/ Wahrneh-mung | Aufmerk-samkeit sprachliche Gestaltung | Perspekti⬛ literarisc⬛ Figuren |
|---|---|---|---|---|
| 3.2.1 Ein Hörbuch zum Bilderbuch hören (Waddell: *Gehen wir heim, kleiner Bär*) | | X | X | X |
| 3.2.2 Ein Gedicht hören und gestaltend sprechen (Dehmel: *Rumpumpels Geburtstag*) | | X | X | |
| 3.2.3 Zu Sprache und Musik Imaginationen entwickeln (Brüder Grimm: *Der Froschkönig*) | X | | | |
| 3.3.1 Ein mehrsprachiges Hörspiel hören (Mhlophe: *Der Zauber der Schildkröte*) | X | | X | |
| 3.3.2 Kurzprosa hören und sprachlich gestalten (Bote: *Wie Eulenspiegel in einen Bienenkorb kroch*) | | | X | X |
| 3.3.3 Lautpoesie hören und experimentierend sprechen (Morgenstern: *Das große Lalulā*) | X | | X | |
| 3.4.1 Krimi-Hörspiel hören und im Internet kommunizieren (*Die Alster-Detektive*) | | X | | |
| 3.4.2 Einen Balladen-Rap hören und sprechen (Fontane: *Herr von Ribbeck auf Ribbeck im Havelland*) | | | X | |
| 3.4.3 Buch und Hörspiel vergleichen (Funke: *Gespensterjäger auf eisiger Spur*) | | X | X | |
| 3.5.1 Buch-Hörspiel und Film-Hörspiel vergleichen (Held: *Die rote Zora*) | | X | | X |
| 3.5.2 Klassische Stoffe über das Hören kennenlernen (Schiller: *Wilhelm Tell*) | | | X | X |
| 3.5.3 *Spoken Word Poetry* kennenlernen und mitmachen (Böttcher: *Sommersonne*) | | X | X | |
| 3.6.1 Ein klassisches Hörspiel hören (Frisch: *Biedermann und die Brandstifter*) | | | | X |
| 3.6.2 Ein modernes Gedicht über die Hörfassung erschließen (Ostermaier: *fernsehabend*) | | X | X | |
| 3.6.3 Ein Originalton-Hörspiel hören (Wolf: *Rückblick auf große Tage*) | | X | X | |
| 3.7.1 In die literarische Welt eines Autors eintauchen (Kafka: *Das Schloss*) | X | | | |
| 3.7.2 Sprechfassungen im historischen Wandel vergleichen (Goethe: *Prometheus*) | | | X | X |
| 3.7.3 Die Angemessenheit einer Sprechgestaltung reflektieren (Goethe: *Gingo biloba*) | | | X | |

**rnens**

| dlungs-k | Fiktionalitäts-bewusstsein | Metaphorik, Symbolik | Prototypische Gattungen/ Genres | Literarische Stoffe | Literaturhisto-risches Bewusstsein | Ästhetische Wahrnehmung/ Genuss | Unabschließbar-keit des Sinnbil-dungsprozesses/ literarisches Gespräch |
|---|---|---|---|---|---|---|---|
| X |  |  |  |  |  | X |  |
|  |  |  |  |  |  | X |  |
|  |  |  | X | X |  | X |  |
| X | X |  | X |  |  | X | X |
|  |  |  | X | X | X |  |  |
|  | X |  |  |  |  | X | X |
| X |  |  | X |  |  | X |  |
|  |  |  | X | X | X | X |  |
| X |  |  | X |  |  |  |  |
| X |  | X |  | X |  |  |  |
| X |  |  |  | X | X |  |  |
|  |  |  |  |  |  | X |  |
|  | X | X | X | X |  |  | X |
|  |  | X |  |  |  | X |  |
|  | X |  | X |  |  |  |  |
| X | X | X |  | X |  | X | X |
|  |  |  |  | X | X |  | X |
| X |  | X |  |  | X |  |  |

## 4.3.2 Synopse der behandelten Hörtexte nach Gattungen und Formen des literarischen Lerne

| | | Gedicht | Kurzepik | Roman | dramatischer Text | reine Lesung |
|---|---|:---:|:---:|:---:|:---:|:---:|
| 3.2.1 | Ein Hörbuch zum Bilderbuch hören (Waddell: *Gehen wir heim, kleiner Bär*) | | X | | | |
| 3.2.2 | Ein Gedicht hören und gestaltend sprechen (Dehmel: *Rumpumpels Geburtstag*) | X | | | | X |
| 3.2.3 | Zu Sprache und Musik Imaginationen entwickeln (Brüder Grimm: *Der Froschkönig*) | | X | | | |
| 3.3.1 | Ein mehrsprachiges Hörspiel hören (Mhlophe: *Der Zauber der Schildkröte*) | | X | | | |
| 3.3.2 | Kurzprosa hören und sprachlich gestalten (Bote: *Wie Eulenspiegel in einen Bienenkorb kroch*) | | X | | | X |
| 3.3.3 | Lautpoesie hören und experimentierend sprechen (Morgenstern: *Das große Lalulā*) | X | | | | X |
| 3.4.1 | Krimi-Hörspiel hören und im Internet kommunizieren (*Die Alster-Detektive*) | | | | | |
| 3.4.2 | Einen Balladen-Rap hören und sprechen (Fontane: *Herr von Ribbeck auf Ribbeck im Havelland*) | X | | | | |
| 3.4.3 | Buch und Hörspiel vergleichen (Funke: *Gespensterjäger auf eisiger Spur*) | | | X | | |
| 3.5.1 | Buch-Hörspiel und Film-Hörspiel vergleichen (Held: *Die rote Zora*) | | | | | |
| 3.5.2 | Klassische Stoffe über das Hören kennenlernen (Schiller: *Wilhelm Tell*) | | | X | X | X |
| 3.5.3 | *Spoken Word Poetry* kennenlernen und mitmachen (Böttcher: *Sommersonne*) | X | | | | |
| 3.6.1 | Ein klassisches Hörspiel hören (Frisch: *Biedermann und die Brandstifter*) | | | | | |
| 3.6.2 | Ein modernes Gedicht über die Hörfassung erschließen (Ostermaier: *fernsehabend*) | X | | | | X |
| 3.6.3 | Ein Originalton-Hörspiel hören (Wolf: *Rückblick auf große Tage*) | | | | | |
| 3.7.1 | In die literarische Welt eines Autors eintauchen (Kafka: *Das Schloss*) | | | | | |
| 3.7.2 | Sprechfassungen im historischen Wandel vergleichen (Goethe: *Prometheus*) | X | | | | X |
| 3.7.3 | Die Angemessenheit einer Sprechgestaltung reflektieren (Goethe: *Gingo biloba*) | X | | | | X |

| ng u- n | Lesung mit Musik | inszenierte Lesung | Spoken Word Poetry | Rap | klassisches Hörspiel | O-Ton-Hörspiel | Film-Hörspiel | Hör-Krimi | Kinderhörspiel | Jugendhörspiel |
|---|---|---|---|---|---|---|---|---|---|---|
|  |  |  |  |  |  |  |  |  |  |  |
|  |  |  |  |  |  |  |  |  |  |  |
|  | X |  |  |  |  |  |  |  |  |  |
|  |  | X |  |  |  |  |  |  | X |  |
|  |  |  |  |  |  |  |  |  |  |  |
|  |  |  |  |  |  |  |  | X | X |  |
|  |  |  |  | X |  |  |  |  |  |  |
|  |  |  |  |  |  |  |  |  | X |  |
|  |  |  |  |  |  |  | X |  |  | X |
|  |  |  | X |  |  |  |  |  |  |  |
|  |  |  |  | X |  |  |  |  |  |  |
|  |  |  |  |  |  | X |  |  |  |  |
|  |  |  |  | X |  |  |  |  |  |  |
|  | X |  |  |  |  |  |  |  |  |  |
|  |  |  |  |  |  |  |  |  |  |  |

## 4.4 Arbeitsblätter

**1**

Name: _____ Datum: _____

### Was ich gerne höre

**1** Ich bin ☐ ein Junge ☐ ein Mädchen

**2** Zuhause höre ich

| | täglich | manchmal | selten | nie |
|---|---|---|---|---|
| Hörspiele wie *Benjamin Blümchen* | ☐ | ☐ | ☐ | ☐ |
| Geschichten, die jemand vorliest | ☐ | ☐ | ☐ | ☐ |
| Geschichten oder Hörspiele mit viel Musik | ☐ | ☐ | ☐ | ☐ |

**3** Ich benutze zum Hören

| | oft | manchmal | selten | nie |
|---|---|---|---|---|
| Kassetten | ☐ | ☐ | ☐ | ☐ |
| CDs | ☐ | ☐ | ☐ | ☐ |
| MP3-Player | ☐ | ☐ | ☐ | ☐ |
| Radio | ☐ | ☐ | ☐ | ☐ |
| Computer | ☐ | ☐ | ☐ | ☐ |

**4** Ich höre

| | oft | manchmal | selten | nie |
|---|---|---|---|---|
| morgens | ☐ | ☐ | ☐ | ☐ |
| vormittags | ☐ | ☐ | ☐ | ☐ |
| nachmittags | ☐ | ☐ | ☐ | ☐ |
| abends | ☐ | ☐ | ☐ | ☐ |
| an Wochentagen (Montag bis Freitag) | ☐ | ☐ | ☐ | ☐ |
| am Wochenende (Sonnabend, Sonntag) | ☐ | ☐ | ☐ | ☐ |

**5** Wenn ich höre, mache ich zugleich

| | oft | manchmal | selten | nie |
|---|---|---|---|---|
| gar nichts | ☐ | ☐ | ☐ | ☐ |
| meine Hausaufgaben | ☐ | ☐ | ☐ | ☐ |
| Spiele (zum Beispiel *Playmobil*) | ☐ | ☐ | ☐ | ☐ |
| Mal- oder Bastelarbeiten | ☐ | ☐ | ☐ | ☐ |

**6** Ich höre am liebsten
☐ allein ☐ mit einem Freund/einer Freundin ☐ mit jemandem aus der Familie

**7** Ich höre am liebsten
☐ immer wieder dasselbe ☐ oft etwas Neues

**8** Ich höre, wenn ich

| | oft | manchmal | selten | nie |
|---|---|---|---|---|
| mich allein fühle | ☐ | ☐ | ☐ | ☐ |
| lachen will | ☐ | ☐ | ☐ | ☐ |
| Spannung haben will | ☐ | ☐ | ☐ | ☐ |
| einschlafen will | ☐ | ☐ | ☐ | ☐ |
| ein bisschen traurig bin | ☐ | ☐ | ☐ | ☐ |

**9** Am allerliebsten höre ich _____ ,

weil _____

_____

_____

1

Name: _____   Datum: _____

# Wie höre ich aufmerksam zu?

**Vor dem Zuhören**

▸ Bin ich ungestört von anderen Geräuschquellen?

▸ Bin ich innerlich ruhig und gesammelt? Sonst: ausschütteln, gleichmäßig atmen, innere Störfaktoren erkennen und ausschalten („Damit beschäftige ich mich später").

▸ Habe ich alles, was ich eventuell brauche, griffbereit (Stift, Papier und so weiter)?

▸ Sitze ich entspannt (aber nicht in „Einschlafhaltung")?

▸ Was erfahre ich vorab über das, was ich gleich hören werde (Cover, Booklet)?

▸ Was weiß ich schon über das Thema?

▸ Was erwarte ich?

▸ Welches Zuhörziel habe ich?

  ☐ einen Gesamteindruck bekommen

  ☐ den Inhalt nacherzählen

  ☐ auf etwas besonders achten, nämlich _____

  ☐ Notizen machen, nämlich _____

**Während des Zuhörens**

▸ Ich schließe die Augen, wenn ich merke, dass ich mich dann besser konzentrieren kann.

▸ Ich stelle mir alles wie einen Film vor.

▸ Ich stoppe das Hörmedium oder melde mich mit dem vereinbarten Zeichen, wenn die Aufmerksamkeit nachlässt und ich den „Faden verliere".

▸ Ich spiele gegebenenfalls die letzten Minuten erneut ab.

▸ Ich mache mir gegebenenfalls Notizen.

▸ In Hörpausen erhole ich mich vom Zuhören, indem ich aufstehe, die Fenster öffne und tief durchatme, aber ich lenke mich nicht mit neuen Dingen ab (zum Beispiel mit dem Handy).

▸ In Hörpausen frage ich nach dem, was ich noch nicht ganz verstanden habe.

▸ In Hörpausen formuliere ich Erwartungen an das, was ich noch hören werde.

**Nach dem Zuhören**

▸ Ich formuliere die Ergebnisse (siehe die Zuhörziele oben) mündlich oder schriftlich.

▸ Ich vergleiche meine Ergebnisse mit denen meiner Mitschülerinnen und Mitschüler.

▸ Ich überprüfe meine Ergebnisse mit Hilfe der Lösungen, die im Unterricht besprochen wurden.

▸ Falls ein zweiter Hördurchgang erfolgt: Ich mache mir erneut meine Zuhörziele klar.

▸ Am Schluss: Ich mache mir klar: Was habe ich gelernt? Was war anders, was war gleich im Vergleich mit früheren Hörerlebnissen?

▸ Ich führe mein Hörportfolio.

3

Name: _____ Datum: _____

# Wie beschreibe ich Sprechausdruck?

| Sprechausdruck | | | |
| --- | --- | --- | --- |
| **Tempo** | **Dynamik** | **Melodie** | **Artikulation** |
| Geschwindigkeit | Betonung (Akzent) | Tonhöhe | Deutlichkeit |
| Geschwindigkeits- | Betonungswechsel | Tonhöhenverlauf/ | Deutlichkeitswechsel |
| wechsel | Lautstärke | Satzmelodie (Into- | Lautung |
| (Rhythmus) | Lautstärkewechsel | nation) | Laut-, Wort-, |
| Pausendauer | | Klangfarbe | Satzbindung |
| Pausenart | | | |

**Ergänze von Fall zu Fall weitere Adjektive.**

## Tempo:

**Geschwindigkeit:** *sehr schnell, schnell, geschwind, langsam, sehr langsam*
**Geschwindigkeitswechsel:** *schneller/langsamer werdend, abrupter/allmählicher Wechsel, gleichmäßig, bewegt*
**Pausendauer:** *kurze/lange/sehr lange Pause*
**Pausenart:** *grammatische Pause* (z. B. wegen einer Satzgrenze), *psychologische Pause* (z. B. wegen eines Erstaunens), *Atempause*

## Dynamik:

**Betonung:** *stark betont, betont, unbetont, gemäß/nicht gemäß dem Wortakzent*
**Betonungswechsel:** *eintönig, regelmäßig, gegen die Norm verstoßend*
**Lautstärke:** *sehr laut, laut, mittlere Lautstärke, leise, sehr leise*
**Lautstärkewechsel:** *lauter/leiser werdend, abrupter/allmählicher Wechsel*

## Melodie:

**Tonhöhe:** *sehr hoch, hoch, mittlere Tonhöhe, tief, sehr tief*
**Tonhöhenverlauf/Satzmelodie:** *monoton, gleichmäßig, abwechslungsreich*
**Tonhöhenverlauf in der Endphase von Sätzen/Versen/Wortgruppen:** *fallend, steigend, eben, fallend-steigend, steigend-fallend*
**Klangfarbe:** *warm, kalt, hell, dunkel, dünn, voll, verhaucht, klar*

## Artikulation:

**Deutlichkeit:** *überdeutlich, deutlich, undeutlich, unverständlich*
**Deutlichkeitswechsel:** *undeutlich/überdeutlich werdend; keine Wechsel: durchgehend undeutlich/deutlich*
**Lautung:** *standardsprachlich, mundartlich*
**Laut-, Wort- und Satzverbindung:** *legato/fließend, stakkato/abgehackt, stockend*

4

9

7

Name: _____     Datum: _____

## Hörspielprotokoll

| Ein-heit | Track | Zeit | Erzähler | Szene | Inhalt | Musik/Geräusche |
|---|---|---|---|---|---|---|
| 1 | 1 | 0:00 – 0:26 | – | – | noch keine Handlung | Musik mit stampfendem Rhythmus, Schiffssirene |
| 2 | 1 | 0:27 – 0:46 | | X | Mädchen und Junge auf Schulweg unterhalten sich, erster Schultag nach den Ferien | Geräuschkulisse Umwelt |
| 3 | 1 | 0:47 – 1:14 | X | | Alter Mann erklärt, wer die beiden sind: Coco und Lukas, Nachbarn und Freunde, 8.-Klässler | Geräuschkulisse Umwelt |
| | | | | | | |
| | | | | | | |
| | | | | | | |
| | | | | | | |
| | | | | | | |
| | | | | | | |
| | | | | | | |

Name: _____    Datum: _____

# Hinweisblatt für die Jury

1. **Bilde dir zunächst unabhängig von den anderen Jurymitgliedern ein Urteil, welches der Hörbücher du am besten findest, um es später der Klasse zum gemeinsamen Anhören zu empfehlen. Mach dir Notizen!**

   Berücksichtige folgende Kriterien:
   ▸ Thema des Hörbuchs (Wie könnte man es zusammenfassen?
     Warum sollte man sich mit ihm befassen?)
   ▸ Attraktivität des Inhalts (Was macht den Handlungsverlauf und
     die geschilderte Weltsicht attraktiv?)

   Hinzu kommen folgende Kriterien, die auch die Jury einer offiziellen Bestenliste verwendet:
   ▸ Aufnahmequalität
   ▸ sprecherische Leistung
   ▸ Text-Musik-Verhältnis

2. **Tauscht in der Jury eure Argumente aus und einigt euch auf ein Hörbuch, das der Klasse empfohlen werden soll.**

3. **Präsentiert euer Hörbuch.**
   Hinweise für die Präsentation:

   Eure Präsentation besteht
   ▸ aus Informationen zu Titel und Verfasser (an die Tafel!), zum Inhalt, zur akusti-
     schen Gestaltung: Die Klasse soll eine Vorstellung von Inhalt und Vorzügen des
     Hörbuchs bekommen. Es darf aber noch nicht zu viel verraten werden, damit die
     Neugier auf das Hörbuch erhalten bleibt;
   ▸ aus Tonbeispielen, die vorgespielt werden.

   Kombiniert Informationen und Tonbeispiele so, dass
   ▸ eine abwechslungsreiche, ansprechende Präsentation entsteht;
   ▸ ihr eure Zeit nicht überschreitet.

15

**11**

Name: _____  Datum: _____

# Beobachtungsbogen *Zuhören*

|  | ja | schon gut | teil-weise | nein |
|---|---|---|---|---|
| **Zuhörmotivation:** Der Schüler/die Schülerin kann | | | | |
| ▸ Zuhörmotivation herstellen | ☐ | ☐ | ☐ | ☐ |
| ▸ die Zuhörmotivation aufrechterhalten | ☐ | ☐ | ☐ | ☐ |

Bemerkungen: _____

| **Auditive Aufmerksamkeit:** Der Schüler/die Schülerin kann | | | | |
|---|---|---|---|---|
| ▸ eine Zuhörabsicht formulieren | ☐ | ☐ | ☐ | ☐ |
| ▸ sich konzentrieren (Konzentrationsdauer: _____ ) | ☐ | ☐ | ☐ | ☐ |
| ▸ Geräusche, Klänge und sprachliche Laute differenziert wahrnehmen | ☐ | ☐ | ☐ | ☐ |
| ▸ bewusst hören und selektieren | ☐ | ☐ | ☐ | ☐ |

Bemerkungen: _____

| **Hörverstehen:** Der Schüler/die Schülerin kann | | | | |
|---|---|---|---|---|
| ▸ lebendige Vorstellungen beim Hören entwickeln | ☐ | ☐ | ☐ | ☐ |
| ▸ ein angemessenes Gesamtverständnis aufbauen | ☐ | ☐ | ☐ | ☐ |
| ▸ zentrale Aussagen erfassen auf den Ebenen | ☐ | ☐ | ☐ | ☐ |
| • Sprache (Wörter, Sätze usw.) | | | | |
| • Sprechausdruck (Prosodie, nonverbale Elemente) | ☐ | ☐ | ☐ | ☐ |
| • Figuren/Sprechermerkmale (Stimme, Emotionen, Kommunikation usw.) | ☐ | ☐ | ☐ | ☐ |
| • Weltmodell/Situationsmerkmale (Raumvorstellung, Geräusche usw.) | ☐ | ☐ | ☐ | ☐ |
| ▸ Textwissen zum Verstehen heranziehen (Gattungsmuster usw.) | ☐ | ☐ | ☐ | ☐ |
| ▸ eigene Gedanken zu Hörtexten ausdrücken | ☐ | ☐ | ☐ | ☐ |
| ▸ zu Hörtexten Stellung nehmen | ☐ | ☐ | ☐ | ☐ |

Bemerkungen: _____

| **Hörerinnerung:** Der Schüler/die Schülerin kann | | | | |
|---|---|---|---|---|
| ▸ frühere Höreindrücke zum Verständnis von gegenwärtigen heranziehen | ☐ | ☐ | ☐ | ☐ |
| ▸ Unterschiede zwischen Höreindrücken erkennen | ☐ | ☐ | ☐ | ☐ |

Bemerkungen: _____

| **Zuhörstrategien:** Der Schüler/die Schülerin kann | | | | |
|---|---|---|---|---|
| ▸ Hörprobleme lösen (gezielt nachfragen, Hören wiederholen) | ☐ | ☐ | ☐ | ☐ |
| ▸ Verstehen und Nicht-Verstehen zum Ausdruck bringen | ☐ | ☐ | ☐ | ☐ |
| ▸ sich Notizen machen | ☐ | ☐ | ☐ | ☐ |
| ▸ mit anderen über Hörtexte sprechen | ☐ | ☐ | ☐ | ☐ |

Bemerkungen: _____

16

**13**

Name: _____ Datum: _____

# Was bewirkt Sprechausdruck?

**1. Lies den folgenden Satz laut und betone jeweils das fett gedruckte Wort.**
Je nach Betonung ändert sich der Sinn eines Satzes. Wie ändert sich
der Sinn?
Ergänze den Satz mit „und nicht ...".

*Gestern hat Thomas zufällig die Schwester von Mandy im Kaufhaus gesehen.*
*Gestern hat **Thomas** zufällig die Schwester von Mandy im Kaufhaus gesehen.*
*Gestern hat Thomas **zufällig** die Schwester von Mandy im Kaufhaus gesehen.*
*Gestern hat Thomas zufällig die **Schwester** von Mandy im Kaufhaus gesehen.*
*Gestern hat Thomas zufällig die Schwester von **Mandy** im Kaufhaus gesehen.*
*Gestern hat Thomas zufällig die Schwester von Mandy im **Kaufhaus** gesehen.*
*Gestern hat Thomas zufällig die Schwester von Mandy im Kaufhaus **gesehen.***

**2. Experimentiert beim folgenden Satz mit unterschiedlichen Pausen:**
**a)** Wie muss es klingen, wenn Julia Englisch kann,
und wie muss es klingen, wenn Igor Englisch kann?

*Igor sagt Julia kann sehr gut Englisch.*

**b)** Wandle den Satz in die indirekte Rede um und zwar für jede der
beiden Bedeutungen.

**3. Wähle einen Text aus einem Fachbuch und lies ihn einer Mitschülerin**
**oder einem Mitschüler vor:**
▸ erst eintönig, ohne große Hebungen und Senkungen der Stimme
und ohne bei Satzgrenzen Pausen zu machen,
▸ dann strukturiert mit Pausen, mit Stimmhebungen und Senkungen
bei Satzzeichen.
Diskutiert den Einfluss des Sprechausdrucks auf die Verständlichkeit.

**4. Lies den folgenden Satz eines Jugendlichen, der mit anderen eine Hütte**
**baut, auf folgende Weisen:**
a) müde    b) fröhlich    c) nachdenklich    d) aufgeregt    e) zornig
Beobachte, wie sich Lautstärke, Tempo und Betonung verändern.

*Wir brauchen ganz einfach noch mehr lange Bretter.*

> **Sprechausdrucksmittel (prosodische Mittel)** haben entweder eine
> ▸ *strukturierende Funktion:* Gliederung von Text und Satz,
>   Hervorhebung von Wörtern, welche für den Sinn besonders wichtig sind.
> ▸ *expressive Funktion:* Verdeutlichung der Stimmung

© 2012 Kallmeyer in Verbindung mit Klett · Friedrich Verlag GmbH | Alle Rechte vorbehalten. Materialien zu: Vorträge im Deutschunterricht

19

25

16

Name: _____    Datum: _____

## Vorlesen: Ich gebe Feedback

Sprecher(in): _____    Text: _____

| Mögliche Kriterien | Gut gemacht! | Meine Fragen |
|---|---|---|
| **Allgemeine Sprechtechnik** | | |
| ▸ **flüssig** | | |
| ▸ wenig **Versprecher** | | |
| ▸ gelassener Umgang mit Versprechern | | |
| ▸ angemessene **Mimik** und **Gestik** | | |
| ▸ offene **Körperhaltung** | | |
| **Textinterpretation** | | |
| ▸ spricht Sätze mit richtigem **Betonungsschwerpunkt** | | |
| ▸ trennt die **Sinnschritte** gut ab | | |
| ▸ **hebt und senkt** die Stimme passend | | |
| ▸ arbeitet **Spannung/Überraschungen/Pointen** gut heraus | | |
| ▸ spricht die **Figuren** lebendig | | |
| ▸ spricht passend zur **Textsorte** | | |
| ▸ hat etwas **gewagt** | | |
| **Sonstiges** | | |

| | | Meine Tipps |
|---|---|---|
| **Hörerbezug** | | |
| ▸ spricht **deutlich** | | |
| ▸ spricht **laut** genug | | |
| ▸ spricht **langsam** genug | | |
| ▸ man kann mitdenken **(Pausen!)** | | |
| ▸ **Blickkontakt** | | |
| ▸ unterhält, weckt **Interesse**/nicht langweilig | | |

Name: _____    Datum: _____

# Die Alster-Detektive: Giftige Lieferung

**1. Worum geht es im Hörspiel?**
Bildet 6 Gruppen (A bis F). Jede Gruppe hört sich die ihr in der folgenden Liste zugeordneten Tracks nochmals an und schreibt die wichtigsten Handlungsschritte in Stichworten oder ganzen Sätzen auf.

**Gruppe A:**
1: Wieder zu Hause
2: Die Neue
3: Schlechte Nachrichten

**Gruppe B:**
4: An Bord
5: Es geht los

**Gruppe C:**
6: Zwischen toten Tieren
7: Ohrenbetäubend
8: Hoffnung

**Gruppe D:**
9: Es stinkt zum Himmel
10: Was nun?
11: Vorsicht Falle

**Gruppe E:**
12: Mutlos
13: In der Klemme
14: Eiskalt

**Gruppe F:**
15: Ungewohnte Hilfe
16: Zugriff
17: Zu spät
18: Geschmackssache

**2. Die Gruppen tragen nacheinander ihre Inhaltsangaben vor.**
So entsteht ein Gesamtüberblick über das Hörspiel.

**3. Diskutiert und begründet eure Meinungen:**
▸ Kann jeder von uns Opfer von Gammelfleisch-Betrug werden?
▸ Warum blieb der Betrüger so lange unentdeckt?
▸ Bei wem holen sich die Kinder Hilfe? Könnt ihr das verstehen?

**4. Untersucht die Tracks genauer.**
Die 6 Gruppen werden neu gebildet, sodass sich jetzt jeder mit anderen Tracks als vorher beschäftigt. Hört nochmals die Tracks eurer Gruppe und untersucht:
▸ Welche Geräusche hört ihr heraus?
▸ Welche Aufgabe haben die Geräusche?
▸ Welche Musikelemente hört ihr heraus?
▸ Welche Aufgabe haben die Musikelemente?

**5. Besprecht im Klassenverband:**
▸ War das ein gut gemachter Hör-Krimi? Begründe!
▸ Welche Hörkrimis kennt ihr noch? Vergleicht! Gebt euch Empfehlungen!

30

Name: _____        Datum: _____

# Ror Wolf: *Rückblick auf große Tage*

1. **Erklären Sie den Titel von Wolfs Radiocollage über diese WM:**
   „Rückblick auf große Tage".
   Informieren Sie sich dazu über die Fußball-Weltmeisterschaft von 1974.

2. **Arbeiten Sie aus dem angegebenen Zeitungsartikel heraus, was Ror Wolf am Fußball interessiert und welcher Formen er sich bei der literarischen Verarbeitung bedient.**

   > *Stein, Stinka, Sztany* von Daniel Meuren
   > http://www.spiegel.de/sport/fussball/0,1518,295277,00.html (23.4.2004)

3. **Hören Sie den Tonausschnitt.** Sammeln Sie zunächst Ihre ersten Eindrücke. Hören Sie dann den Ausschnitt nochmals.

4. **Vergleichen Sie mit aktuellen Sport-Berichterstattungen.**
   Sammeln Sie in einer tabellarischen Übersicht, was bei der WM-Berichterstattung bis heute inhaltlich ähnlich ist und was die Aufnahme von 1974 eindeutig zu einer historischen macht.

5. **Diskutieren Sie:**
   Sind Originaltöne (hier Fragmente aus Reportagen) schon Kunst?

6. **Untersuchen Sie die Collagetechnik:**
   ▸ Was wählt Ror Wolf aus?
   ▸ Wie montiert er die Teile?
   ▸ Welcher Eindruck entsteht?

7. **Überlegen Sie:**
   Wenn Sie eine Toncollage zu einem aktuellen sportlichen Großereignis erstellen sollten:
   ▸ Welche Originaltöne würden Sie auswählen?
   ▸ Wie würden Sie diese kombinieren?
   ▸ Welche Wirkung wollen Sie auf diese Weise erzeugen?

37

26.1

Name: _____    Datum: _____

# Johann Wolfgang von Goethe: *Gingo biloba*

Dieses Baums Blatt, der von Osten
Meinem Garten anvertraut,
Gibt geheimen Sinn zu kosten,
Wie's den Wissenden erbaut.

5 Ist es e i n  lebendig Wesen,
Das sich in sich selbst getrennt?
Sind es zwei, die sich erlesen,
Dass man sie als e i n e s  kennt?

Solche Frage zu erwidern,
10 Fand ich wohl den rechten Sinn;
Fühlst du nicht an meinen Liedern,
Dass ich eins und doppelt bin?

Blatt des *Ginkgo biloba*

**1. a)** Lesen Sie leise das Gedicht.

**b)** Goethe kannte den Ginkgo-Baum (den er ohne k schrieb) aus Parks
und botanischen Gärten. Dieser aus Asien stammende Baum hat
eine charakteristische Blattform. Geben Sie vor dem Hintergrund
dieser Informationen den Gedankengang der 1. und 2. Strophe mit
eigenen Worten wieder.

**c)** Informieren Sie sich über den biografischen Zusammenhang,
in dem das Gedicht entstand, und interpretieren Sie vor diesem
Hintergrund die 3. Strophe.

**d)** Versehen Sie das Gedicht mit Notationen und lesen Sie es
gestaltend vor.

Name: _____     Datum: _____

Das Gedicht sieht in einer Transkription der Handschrift Goethes so aus:

Dieses Baums Blatt, der von Osten
Meinem Garten anvertraut,
Giebt geheimen Sinn zu kosten,
Wie's den Wissenden erbaut,
5  Ist es Ein lebendig Wesen,
Das sich in sich selbst getrennt?
Sind es zwey, die sich erlesen,
Daß man sie als Eines kennt?
Solche Frage zu erwiedern,
10  Fand ich wohl den rechten Sinn,
Fühlst du nicht an meinen Liedern,
Daß ich Eins und doppelt bin?

**2. a)** Vergleichen Sie diese Fassung mit der auf der vorigen Seite abgedruckten.
Ermitteln Sie die Veränderungen, die spätere Herausgeber der Werke Goethes
am Text der Handschrift vorgenommen haben.

**b)** Suchen Sie Erklärungen für die Veränderungen.

**3.** Hören Sie Goethes Gedicht in der sprechgestalterischen Interpretation
von Anna Thalbach.

**a)** Zeichnen Sie die Betonungen, Pausen, Stimmhebungen
und -senkungen, die Thalbach vornimmt, in den Text ein.

**b)** Beurteilen Sie die Interpretation. Ist diese Ihrer Meinung nach
dem Gedicht angemessen?

41

## 4.5 Übersicht über die Materialien auf der CD

| Kapitel | Thema |
|---------|-------|
| – | Schülerbefragung Primarstufe |
| – | Schülerbefragung Sekundarstufe |
| – | Zuhörstrategien |
| – | Prosodische Mittel |
| – | Aussprachevarianten |
| – | Klangfarbe und Persönlichkeit |
| – | Hörspielprotokoll |
| – | Hörspiel-Analyse |
| – | Adaptions-Analyse |
| – | Hörbuch-Jury |
| – | Beobachtungsbogen für die Lehrkraft: Zuhören |
| – | Vorlese-Tipps |
| – | Sprechausdruck: Funktionen |
| – | Beobachtungsbogen für die Lehrkraft: Sprechgestaltung |
| – | Selbstreflexionsbogen Vorlesen |
| – | Feedbackbogen Vorlesen |
| 3.2.2 | **Paula Dehmel:** *Rumpumpels Geburtstag* • Hören und gestaltend sprechen |
| 3.2.3 | **Brüder Grimm:** *Der Froschkönig* • Zu Sprache und Musik Imaginationen entwickeln |
| 3.3.2 | **Nach Hermann Bote:** *Wie Till Eulenspiegel in einen Bienenkorb kroch* • Kurzprosa hören und sprachlich gestalten |
| 3.3.3 | **Christian Morgenstern:** *Das große Lalulā* • Lautpoesie hören und experimentierend sprechen |
| 3.4.1 | **Hamburger Bürgerschaft:** *Die Alster-Detektive* • Ein Krimi-Hörspiel hören und im Internet kommunizieren |
| 3.4.2 | **Theodor Fontane:** *Herr von Ribbeck auf Ribbeck im Havelland* • Einen Balladen-Rap hören und sprechen |
| 3.4.3 | **Cornelia Funke:** *Gespensterjäger auf eisiger Spur* • Buch und Hörspiel vergleichen |
| 3.5.1 | **Kurt Held:** *Die rote Zora* • Buch-Hörspiel und Film-Hörspiel vergleichen |
| 3.5.2 | **Friedrich Schiller:** *Wilhelm Tell* • Klassische Stoffe über das Hören kennenlernen |
| 3.5.3 | **Bas Böttcher:** *Sommersonne* • *Spoken Word Poetry* kennenlernen und mitmachen |
| 3.6.2 | **Albert Ostermaier:** *fernsehabend* • Ein modernes Gedicht über die Hörfassung erschließen |
| 3.6.3 | **Ror Wolf:** *Rückblick auf große Tage* • Ein Originalton-Hörspiel hören |
| 3.7.2 | **Johann Wolfgang von Goethe:** *Prometheus* • Sprechfassungen im historischen Wandel vergleichen<br>Track 13: A. Moissi; Track 14: M.Carrière, Track 15: M. Schefts |
| 3.7.3 | **Johann Wolfgang von Goethe:** *Gingo biloba* • Die Angemessenheit einer Sprechgestaltung reflektieren |

| Arbeitsblatt | Audiotrack | | Arbeitsblatt |
|---|---|---|---|
| Was ich gerne höre | – | | 📄 1 |
| Was ich gerne höre | – | | 📄 2 |
| Wie höre ich aufmerksam zu? | – | | 📄 3 |
| Wie beschreibe ich Sprechausdruck? | – | | 📄 4 |
| Mit der Aussprache spielen | – | | 📄 5 |
| Verrät die Stimme die Person? | – | | 📄 6 |
| Hörspielprotokoll | – | | 📄 7 |
| Elemente eines Hörspiels untersuchen | – | | 📄 8 |
| Die Hörspielfassung eines Erzähltextes untersuchen | – | | 📄 9 |
| Hinweisblatt für die Jury | – | | 📄 10 |
| Beobachtungsbogen Zuhören | – | | 📄 11 |
| Gut vorlesen – wie macht man das? | – | | 📄 12 |
| Was bewirkt Sprechausdruck? | – | | 📄 13 |
| Beobachtungsbogen Sprechgestaltung | – | | 📄 14 |
| Vorlesen: Wie ich mich selbst einschätze | – | | 📄 15 |
| Vorlesen: Ich gebe Feedback | – | | 📄 16 |
| Rumpumpels Geburtstag | ◀ 1 | 0:59 | 📄 17 |
| | ◀ 2 | 3:22 | – |
| Wie Till Eulenspiegel in einen Bienenkorb kroch | ◀ 3 | 3:13 | 📄 18 |
| Das große Lalulā | ◀ 4 | 0:57 | 📄 19 |
| Die Alster-Detektive: Giftige Lieferung | – | – | 📄 20 |
| Theodor Fontane: Herr von Ribbeck auf Ribbeck im Havelland | ◀ 5 | 3:25 | 📄 21 |
| | ◀ 6 | 1:31 | – |
| | ◀ 7 | 3:12 | – |
| | ◀ 8 | 1:21 | – |
| | ◀ 9 | 0:33 | |
| Bas Böttcher: Sommersonne | ◀ 10 | 1:28 | 📄 22 |
| Albert Ostermaier: fernsehabend | ◀ 11 | 1:45 | 📄 23 |
| Ror Wolf: Rückblick auf große Tage | ◀ 12 | 3:00 | 📄 24 |
| Johann Wolfgang von Goethe: Prometheus | ◀ 13 | 2:12 | 📄 25 |
| | ◀ 14 | 1:53 | |
| | ◀ 15 | 2:54 | |
| Johann Wolfgang von Goethe: Gingo biloba | ◀ 16 | 0:37 | 📄 26 |

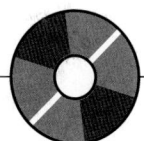

Die diesem Buch beigelegte CD ist sowohl über einen CD-Player als auch über einen Computer abspielbar.

➡ Legen Sie die CD in einen CD-Player ein und spielen Sie wie bei jeder anderen Audio-CD alle Tracks nacheinander ab oder wählen Sie über die Tasten des CD-Players den gewünschten Track aus.
➡ Legen Sie die CD in das CD-/DVD-Laufwerk eines Computers ein. Der Computer kann die CD wahlweise als Audio-CD abspielen oder als Daten-CD-ROM. Schließen Sie den eventuell automatisch startenden Audio-Player bei Bedarf und lassen Sie sich den Inhalt der CD-ROM im Dateimanager anzeigen. Starten Sie die Datei **start.pdf**: Nun stehen Ihnen die Arbeitsblätter (im PDF-Format) und die Audiotracks (im MP3-Format) zur Verfügung.

Zur Benutzung der CD-ROM benötigen Sie Software zur Anzeige von PDF-Dateien (zum Beispiel den kostenlos herunterladbaren *Adobe Reader*) und zum Abspielen von MP3-Dateien (in der Regel auf jedem Computer vorinstalliert).